할 수 있다!

컴퓨터 기초 (Windows 11)

이 책의 구성

01 컴퓨터와 친해지기

- 컴퓨터와 윈도우
- 하드웨어와 소프트웨어
- 컴퓨터 장치
- 바탕 화면의 구성 요소
- 작업 표시줄의 구성 요소
- 컴퓨터 켜고 끄기

미/리/보/기

문서를 작성하거나 영화를 보기 위해서는 컴퓨터 장치와 컴퓨터를 효율적으로 운영할 수 있는 프로그램인 운영체제가 필요합니다. 이번 장에서는 컴퓨터를 본격적으로 사용하기 전에 컴퓨터의 장치 구성과 운영체제 중 '윈도우'의 화면 구성과 기능을 살펴보겠습니다. 컴퓨터를 바르게 켜고 끄는 것부터 시작해 보겠습니다.

6

학습 포인트

이번 장에서 학습할 핵심 내용을 소개합니다.

미리보기

학습 결과물을 미리 살펴봅니다.

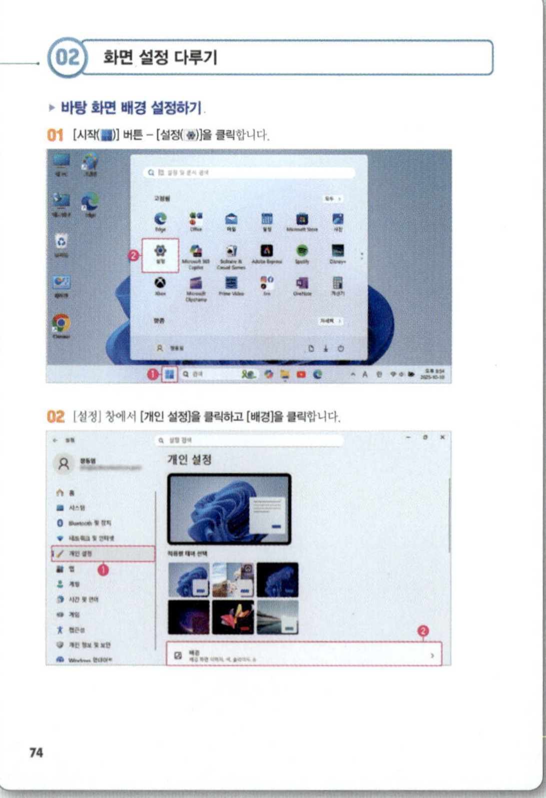

따라하기 학습

학습 과정을 순서대로 따라 할 수 있도록 구성하여 누구나 쉽게 이해하고 기능을 습득할 수 있습니다.

잠깐

본문에서 다루지 못한 내용이나 알아두면 유용한 내용을 설명합니다.

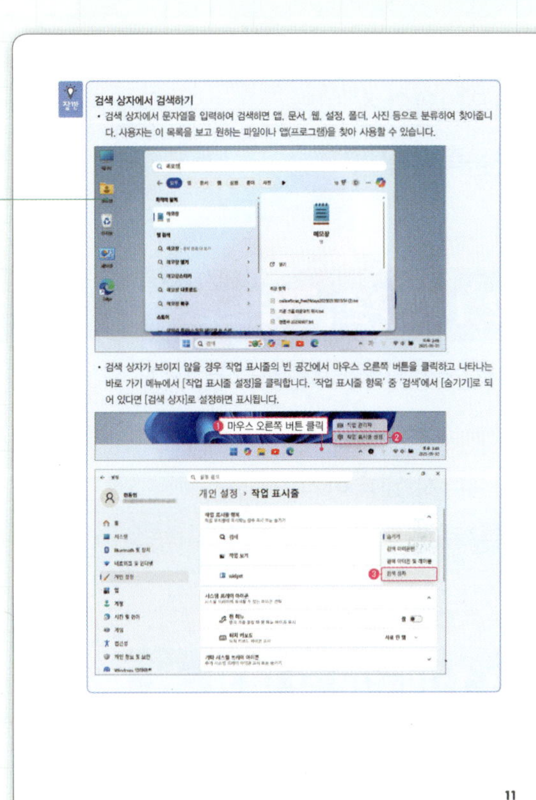

잠깐

검색 상자에서 검색하기

• 검색 상자에서 문자열을 입력하여 검색하면 앱, 문서, 웹, 설정, 폴더, 사진 등으로 분류하여 찾아줍니다. 사용자는 이 목록을 보고 원하는 파일이나 앱(프로그램)을 찾아 사용할 수 있습니다.

• 검색 상자가 보이지 않을 경우 작업 표시줄의 빈 공간에서 마우스 오른쪽 버튼을 클릭하고 나타나는 바로 가기 메뉴에서 [작업 표시줄 설정]을 클릭합니다. '작업 표시줄 항목' 중 '검색'에서 [숨기기]로 되어 있다면 [검색 상자]로 설정하면 표시됩니다.

11

응용력 키우기

01 시작 메뉴를 두 줄씩 보이게 변경해 봅니다.

힌트 [설정]에서 [개인 설정] – [시작]을 클릭한 후 레이아웃을 '권장 사항 더 보기'로 설정합니다.

02 (한글) 앱을 시작 메뉴의 고정됨에 등록해 봅니다.

52

응용력 키우기

응용문제를 통해 본문에서 학습한 내용을 정리하고 복습합니다.

힌트

응용문제를 푸는데 필요한 정보 또는 방법을 안내합니다.

이 책의 목차

01 컴퓨터와 친해지기

- 컴퓨터와 윈도우
- 하드웨어와 소프트웨어
- 컴퓨터 장치
- 바탕 화면의 구성 요소
- 작업 표시줄의 구성 요소
- 컴퓨터 켜고 끄기

미 / 리 / 보 / 기

문서를 작성하거나 영화를 보기 위해서는 컴퓨터 장치와 컴퓨터를 효율적으로 운영할 수 있는 프로그램인 운영체제가 필요합니다. 이번 장에서는 컴퓨터를 본격적으로 사용하기 전에 컴퓨터의 장치 구성과 운영체제 중 '윈도우'의 화면 구성과 기능을 살펴보겠습니다. 컴퓨터를 바르게 켜고 끄는 것부터 시작해 보겠습니다.

01 윈도우, 너란 존재는?

▶ 컴퓨터(Computer)

정보 검색, 뉴스 읽기, 게임, 이메일 등 우리 일상생활 곳곳에서 컴퓨터를 사용하고 있습니다. 이러한 컴퓨터는 '하드웨어(hardware)'라고 불리는 여러 가지 기계들이 서로 연결되어 하나의 시스템(system)을 이루고 있습니다. 하드웨어는 형태가 있어 손으로 만질 수 있는 장치로, 컴퓨터 본체를 비롯하여 모니터, 프린터, 마우스, 키보드와 같은 것을 말합니다. 그러나 하드웨어만으로는 아무것도 할 수 없습니다. 만질 수는 없지만 컴퓨터 장치에 명령할 수 있는 프로그램인 '소프트웨어(software)'가 있어야 컴퓨터 시스템을 효율적으로 운영할 수 있으며, 문서도 만들고 영화도 볼 수 있습니다. 소프트웨어는 윈도우나 한글, 마이크로소프트 엣지, 동영상 플레이어 등과 같은 것을 말합니다.

▲ 하드웨어

▲ 소프트웨어

▶ 운영체제

소프트웨어 중에는 사용자가 손쉽게 컴퓨터를 사용할 수 있게 해주고 컴퓨터 시스템을 효율적으로 운영할 수 있게 도와주는 '시스템 소프트웨어'가 있습니다.

대표적인 시스템 소프트웨어로는 운영체제(Operating System)가 있으며 마이크로소프트사에서 개발한 '윈도우', 애플사에서 개발한 'iOS' 운영체제가 있습니다.

▲ 윈도우(Windows)

▲ iOS

윈도우는 컴퓨터에 명령을 내릴 때 키보드로 문자를 일일이 입력해 작업을 수행하는 명령어 인터페이스(도스) 대신, 마우스로 아이콘 및 메뉴 등을 클릭해 명령할 수 있는 그래픽 사용자 인터페이스를 지원합니다. 'Windows', 즉 '창문들'이라는 이름 그대로 한 화면에서 여러 개의 창을 동시에 열어 작업할 수 있는 멀티태스킹 기능을 제공하며, 현재는 PC뿐 아니라 모바일 기기와도 연동되는 윈도우 11을 개발하여 서비스하고 있습니다.

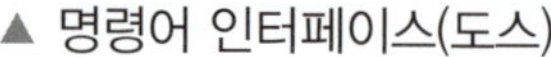

▲ 명령어 인터페이스(도스)

▲ 그래픽 사용자 인터페이스(윈도우)

잠깐

응용 소프트웨어

운영체제에서 실행되는 모든 소프트웨어를 뜻하며, 문서를 작성할 수 있는 한글, 인터넷을 할 수 있는 마이크로소프트 엣지, 동영상을 볼 수 있는 동영상 플레이어 등이 있습니다.

▶ 컴퓨터 기본 구성 장치

컴퓨터 시스템은 기본적으로 처리 장치와 저장 장치가 있는 컴퓨터 본체와 입/출력 장치인 모니터, 키보드, 마우스 등으로 구성되어 있습니다.

❶ 처리 장치(Processing Device)

- 입력 장치로부터 명령을 받아 처리한 후 그 결과를 출력 장치로 보내는 일련의 과정을 제어하고 조정합니다.
- 중앙처리장치(CPU) : 컴퓨터의 '두뇌' 역할을 합니다.

❷ 저장 장치(Storage Device)

- **주기억장치(RAM)** : 현재 CPU가 처리하고 있는 내용을 임시로 저장합니다.
- **보조기억장치(HDD, SSD)** : 주기억장치보다는 느리지만 컴퓨터의 전원을 꺼도 데이터가 영구적으로 보존됩니다.

▲ 주기억장치(RAM)

▲ 보조기억장치(HDD, SDD)

❸ 입력 장치(Input Device)

사용자의 명령이나 데이터를 입력받아 컴퓨터에 전달합니다.

- **키보드** : 특정 키를 눌러 컴퓨터가 동작하도록 지시를 내리거나 글자를 입력하여 문서를 작성합니다.
- **마우스** : 컴퓨터 화면 위에서 커서 또는 아이콘 등을 이동하거나 앱(프로그램)을 실행/종료할 때 사용합니다.

▲ 키보드(Keyboard)

▲ 마우스(Mouse)

❹ 출력 장치(Output Device)

- **처리된 데이터를 사람이 이해할 수 있는 형태로 출력합니다.**
- **모니터(Monitor)** : 컴퓨터에서 처리한 결과를 보여줍니다.
- **프린터(Printer)** : 컴퓨터의 출력 장치로 컴퓨터에서 처리된 정보를 사람이 볼 수 있는 형태로 인쇄합니다.

▲ 모니터(Monitor)

▲ 프린터(Printer)

▶ 바탕 화면의 구성 알아보기

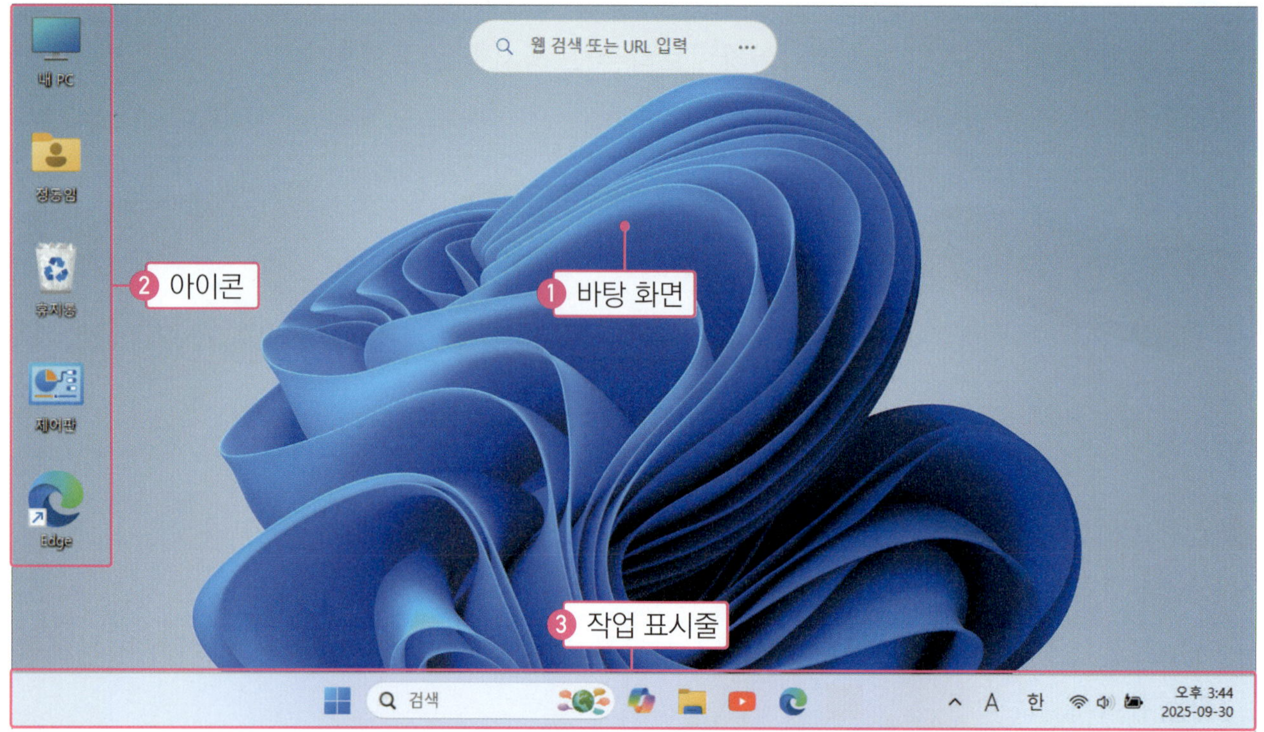

1. **바탕 화면** : 윈도우가 시작되면 보이는 가장 기본 화면입니다.
2. **아이콘** : 앱(프로그램)이나 기능을 알기 쉽도록 그림 형태로 표현합니다.
3. **작업 표시줄** : 화면 하단에 나타나는 [시작(⊞)] 버튼을 포함한 긴 막대 모양의 줄입니다.

▶ 작업 표시줄의 구성 알아보기

1. **시작 버튼** : '앱, 설정 및 문서 검색', 고정된 앱, 맞춤으로 구성되어 있습니다.
2. **검색 상자** : 앱(프로그램)은 물론 파일, 폴더, 인터넷까지 여러 가지를 검색할 수 있습니다.
3. **고정된 앱** : 작업 표시줄에 고정된 앱(프로그램)으로, 클릭 한 번으로 빠르게 앱을 실행할 수 있습니다. 자주 사용하는 앱을 추가하거나 삭제할 수 있습니다.
4. **입력 도구 모음** : 충전 상태, 인터넷 연결 상태, 각종 외부기기의 연결 상태 등을 확인할 수 있고, 한글과 영문 전환도 할 수 있습니다.
5. **날짜 및 시간/알림 센터** : 현재 날짜 및 시간을 확인할 수 있고, 각종 알림 및 설정을 제어할 수 있습니다. 새로운 알림은 숫자로 표시되고, 방해 금지를 설정할 수도 있습니다.
6. **바탕 화면 보기** : 모든 창을 최소화하고 바탕 화면을 볼 수 있습니다.

검색 상자에서 검색하기

- 검색 상자에서 문자열을 입력하여 검색하면 앱, 문서, 웹, 설정, 폴더, 사진 등으로 분류하여 찾아줍니다. 사용자는 이 목록을 보고 원하는 파일이나 앱(프로그램)을 찾아 사용할 수 있습니다.

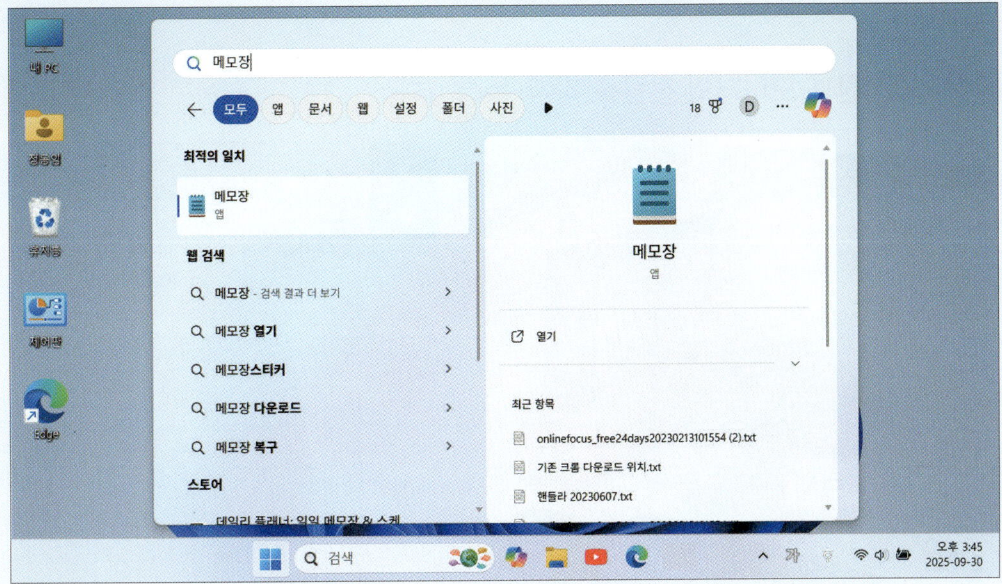

- 검색 상자가 보이지 않을 경우 작업 표시줄의 빈 공간에서 마우스 오른쪽 버튼을 클릭하고 나타나는 바로 가기 메뉴에서 [작업 표시줄 설정]을 클릭합니다. '작업 표시줄 항목' 중 '검색'에서 [숨기기]로 되어 있다면 [검색 상자]로 설정하면 표시됩니다.

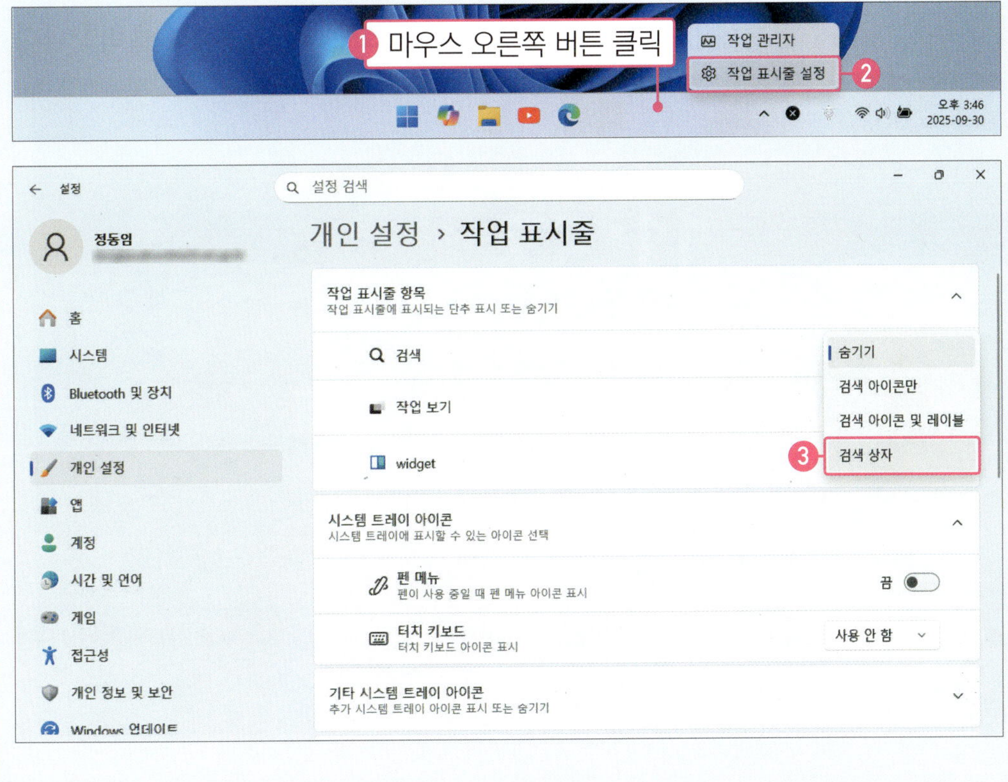

컴퓨터와의 첫 만남

▶ 컴퓨터 켜기

01 컴퓨터 **본체의 전원**과 **모니터의 전원**을 각각 누릅니다.

잠깐

스피커가 컴퓨터에 연결되어 있다면 스피커의 전원도 켜 줍니다.

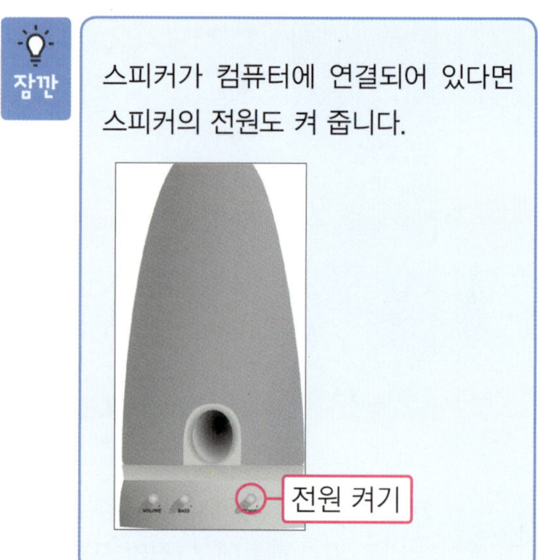

02 컴퓨터가 부팅되고 운영체제의 잠금 화면이 나타나면 **화면 아무 곳이나 클릭**합니다.

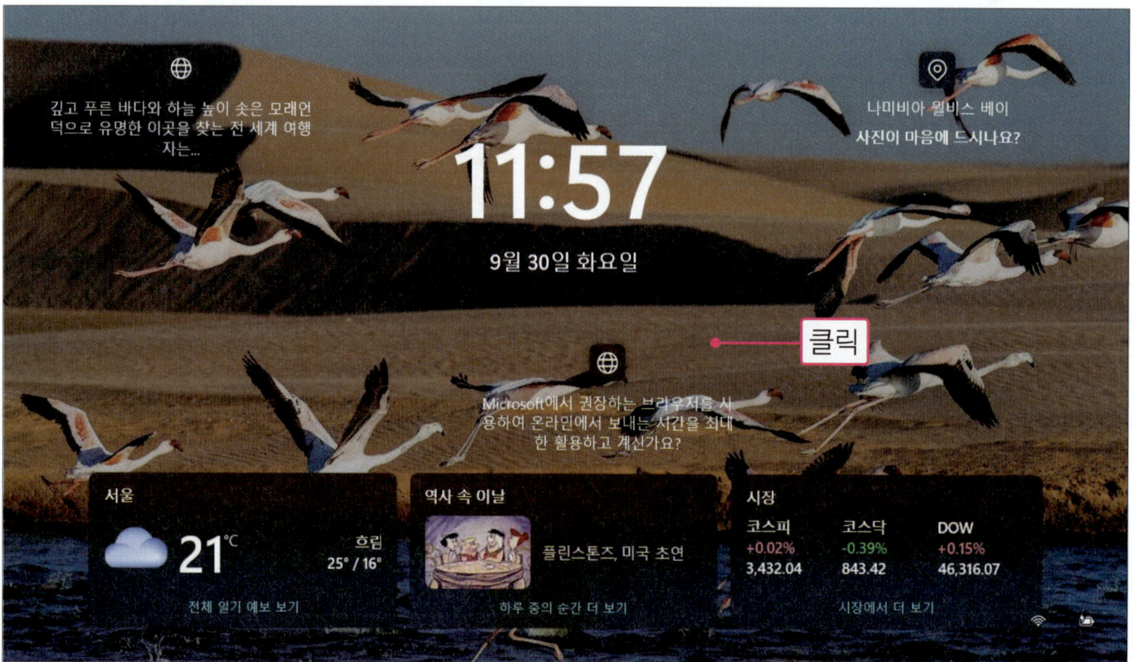

사용자의 컴퓨터의 환경에 따라 처음 나타나는 화면이 다를 수 있습니다. 로그인을 요청하거나 암호를 요청하는 화면이 표시될 수도 있습니다.

▸ 컴퓨터 종료하기

01 컴퓨터를 종료하기 위해서 먼저 작업 표시줄의 **[시작(⊞)] 버튼을 클릭**합니다.

02 **[전원(⏻)]을 클릭**한 후 **[시스템 종료]를 클릭**하여 윈도우를 종료합니다.

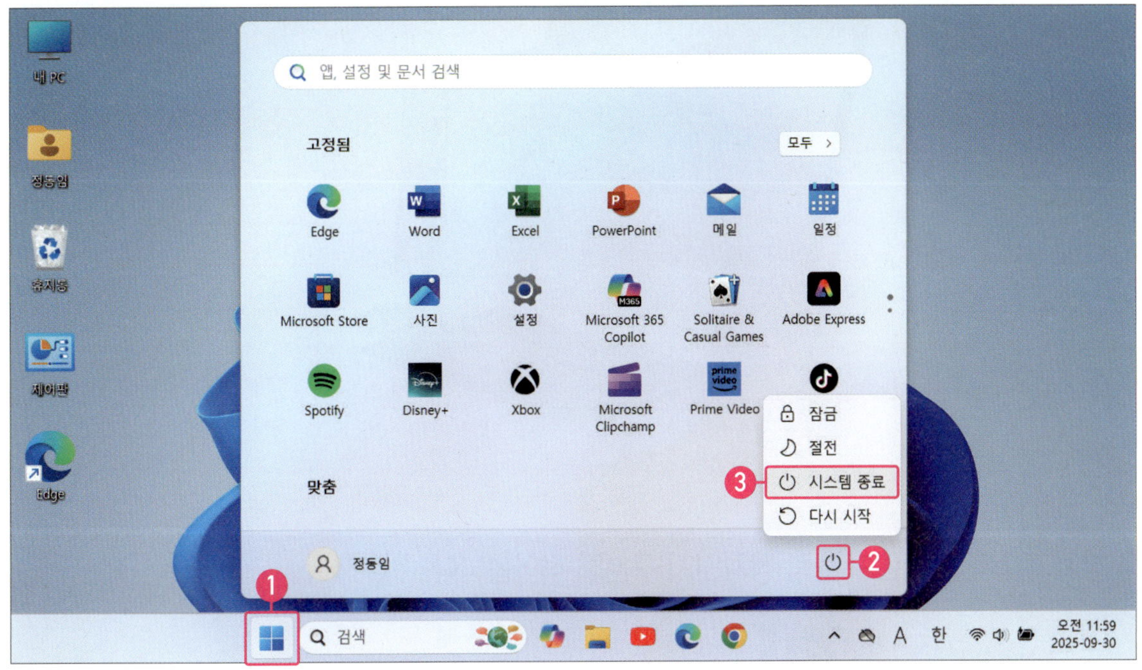

잠깐

컴퓨터 시스템을 종료하려면 먼저 모든 앱(프로그램)을 종료해야 합니다. 만약 종료되지 않은 앱이나 저장하지 않은 파일이 있다면 저장한 후 종료하라는 경고음과 경고 메시지가 나타납니다.

잠깐

시스템 종료

- **잠금** : 컴퓨터를 사용하지 않을 경우 다른 사람이 컴퓨터를 볼 수 없게 잠그는 기능입니다.
- **절전** : PC가 켜져 있지만 저전원 상태입니다. 앱(프로그램)이 실행 중이므로 절전 모드를 해제하면 바로 이전 상태로 되돌아갑니다.
- **시스템 종료** : 앱을 모두 닫고 컴퓨터를 종료합니다.
- **다시 시작** : 앱을 모두 닫고 컴퓨터를 다시 시작합니다.

잠금
절전
시스템 종료
다시 시작

응용력 키우기

01 컴퓨터 장치의 이름을 적어봅니다.

02 다음 장치가 입력 장치인지 출력 장치인지 구분해 적어봅니다.

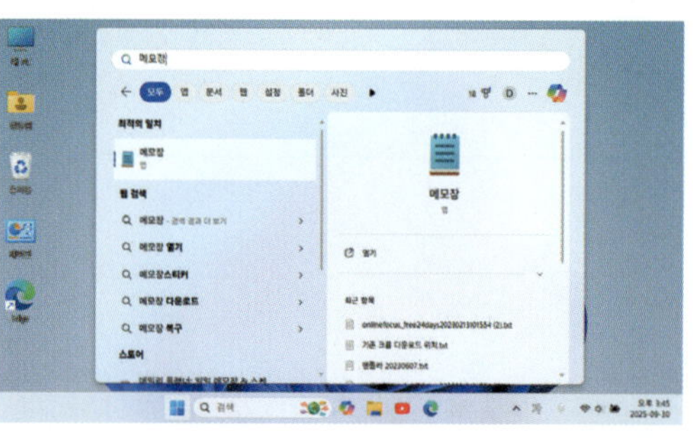

03 사용자가 컴퓨터를 손쉽게 사용할 수 있도록 도와주는 동시에 컴퓨터 시스템을 효율적으로 운영하게 해주는 시스템 소프트웨어에 ○표를 해봅니다.

04 바탕 화면을 구성하는 요소들의 이름을 적어봅니다.

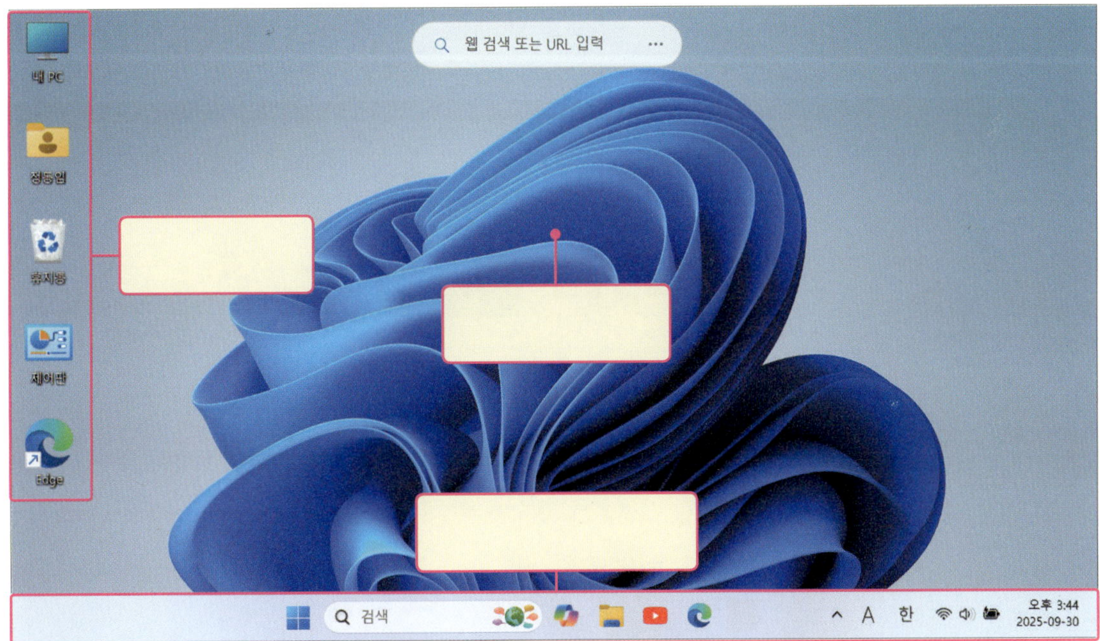

05 다른 앱에서 작업 중 작업 표시줄의 어느 곳을 클릭하면 바로 바탕 화면으로 이동할 수 있는지 해당 번호를 적어봅니다.

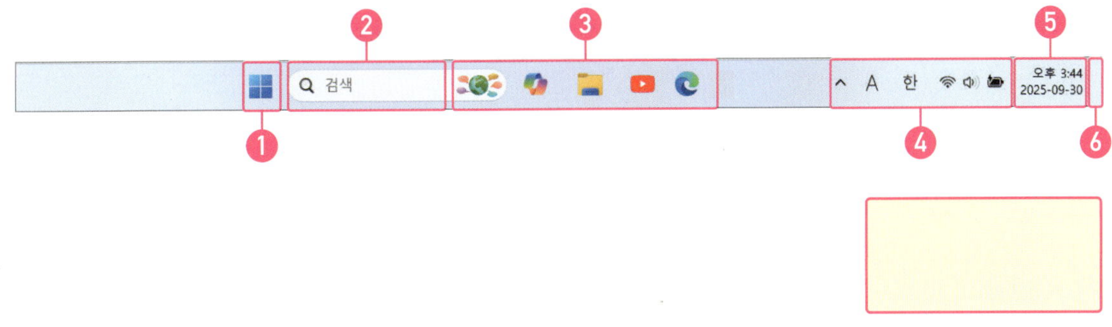

02 마우스, 키보드랑 놀기

- 마우스 사용법
- 마우스 연습 사이트 검색
- 마우스 동작 연습
- 키보드 사용법
- 한컴 타자연습 사이트 검색
- 한컴 타자연습

미/리/보/기

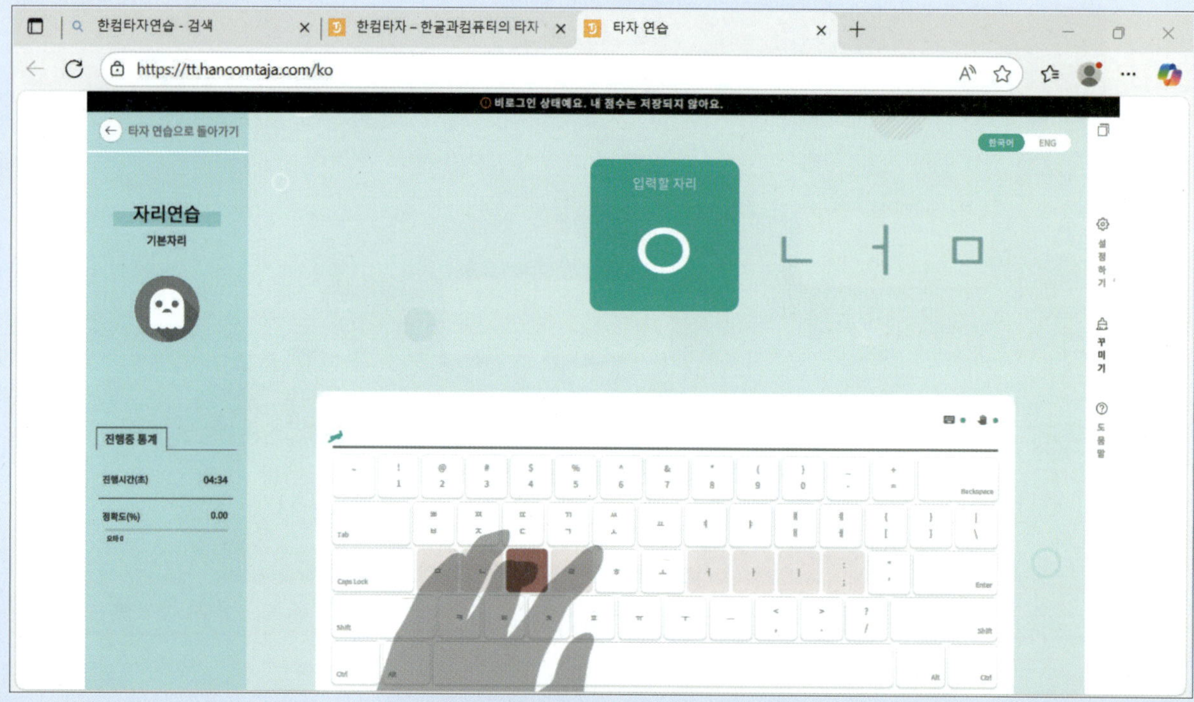

컴퓨터를 잘 사용하려면 먼저 마우스랑 키보드를 잘 다룰 수 있어야 합니다. 게임을 통해 클릭, 드래그 등 마우스 동작을 연습하고, 타자연습 사이트에서 자리 연습과 낱말 및 문장을 입력하는 연습을 하며 키보드 사용법을 익혀 보겠습니다.

01 마우스와 키보드 살펴보기

▸ 마우스의 구성 알아보기

마우스를 움직이면 모니터 화면 속의 마우스 포인터가 움직입니다. 주로 마우스는 화면에 있는 글자나 그림을 클릭하거나 끌어서 컴퓨터에 명령을 내립니다.

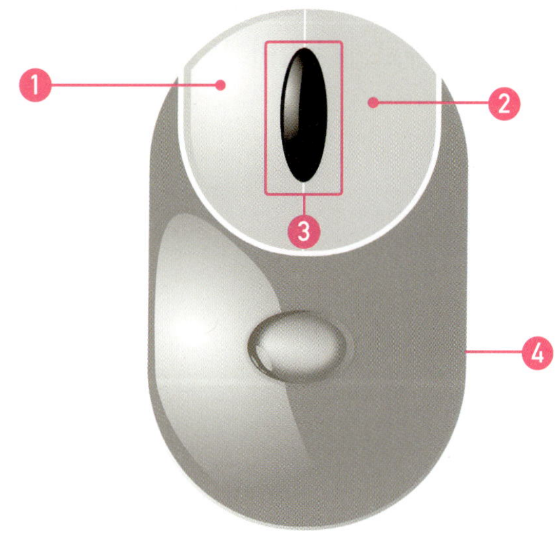

❶ **왼쪽 버튼** : 가장 많이 사용하는 버튼입니다. 클릭해서 선택할 때 이용합니다.

❷ **오른쪽 버튼** : 메뉴 호출 등의 명령을 이용할 때 사용합니다.

❸ **휠** : 위아래로 굴려서 문서와 웹 페이지를 빠르게 스크롤 할 수 있고, 누르는 버튼으로 사용할 수도 있습니다.

❹ **센서** : 마우스의 바닥에 있고, 마우스를 움직일 때 위치를 감지하여 컴퓨터에 전달해 줍니다.

- **휠 버튼** : 휠을 버튼처럼 클릭할 경우, 탭 닫기나 자동 스크롤 기능으로 사용할 수 있습니다.
- **측면 버튼** : 마우스 종류에 따라 측면에 버튼이 있는 경우, 앞/뒤로 가기, 멀티미디어 제어 등을 할 수 있습니다.

마우스 종류

- **일반형 마우스** : 가장 보편적인 마우스로 인터넷 서핑, 문서 작성, 간단한 작업에 적합합니다.
- **버티컬 마우스** : 손목을 자연스럽게 세운 자세에서 조작할 수 있게 설계되어 손목터널증후군 예방에 도움을 주며 장시간 사용할 수 있습니다.
- **게이밍 마우스** : 빠른 반응 속도, 높은 DPI, 다양한 버튼, 게임 장르에 따라 맞춤 세팅이 가능합니다.
- **펜 마우스** : 펜처럼 쥐고 사용하는 형태로, 그림을 그리거나 정밀한 작업을 할 때 사용합니다.

▶ 마우스 사용법 알아보기

손가락과 손바닥으로 마우스를 감싸듯이 쥐어 사용합니다.

- **클릭** : 마우스 왼쪽 버튼을 한 번 누르는 동작입니다.

- **더블 클릭** : 마우스 왼쪽 버튼을 빠르게 두 번 누르는 동작입니다.

- **드래그** : 마우스 왼쪽 버튼을 누른 채 움직이는 동작입니다.

- **오른쪽 버튼 클릭** : 마우스 오른쪽 버튼을 한 번 누르는 동작입니다.

- **스크롤** : 휠을 위쪽이나 아래쪽으로 돌리는 동작입니다.

▸ 키보드의 구성 알아보기

기본적으로 알아 두어야 할 키와 기능을 살펴봅니다.

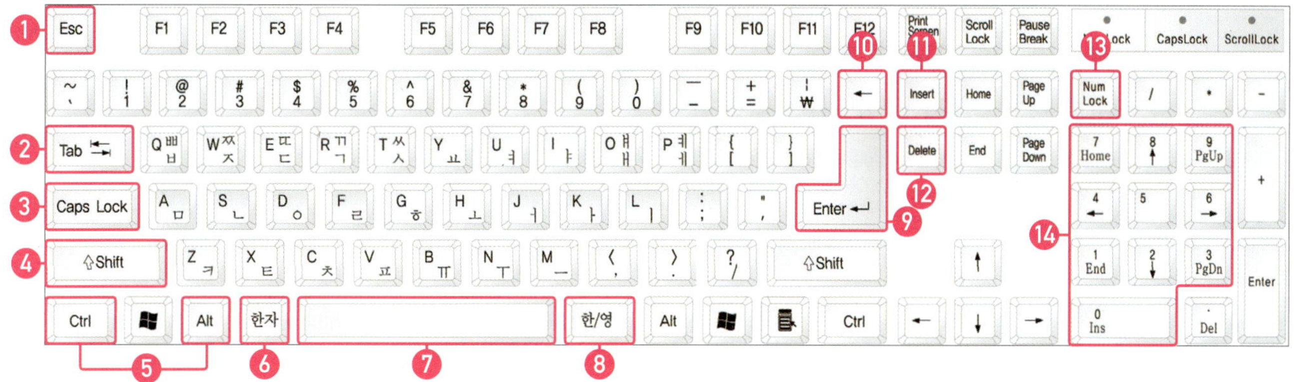

❶ Esc(이에스씨) : 작업을 취소하거나 그 전 단계로 복귀합니다.

❷ Tab(탭) : 정해진 위치만큼 커서를 이동합니다.

❸ Caps Lock(캡스 락) : 영문 대/소문자를 선택(키보드 오른쪽 숫자 키패드 위에 'Caps Lock'에 불이 들어오면 영문 대문자로 입력됨)합니다.

❹ Shift(시프트) : 키보드의 윗글쇠(예 !, @, #, {, ㄲ, ㄸ, ㅉ, ㅃ, })를 입력할 때 사용하거나 영문 대/소문자를 반전합니다. 다른 키와 서로 조합하여 단축키(예 Shift + Delete = 파일 영구 삭제)로도 사용합니다.

❺ Ctrl(컨트롤)/ Alt(알트) : 다른 키와 서로 조합하여 단축키(예 Ctrl + C = 복사, Ctrl + V = 붙여넣기)로 사용합니다.

❻ 한자 : 한글을 한자로 변환합니다.

❼ Space Bar(스페이스 바) : 빈칸을 삽입할 때 사용합니다.

❽ 한/영 : 한 번 누를 때마다 한글과 영어로 전환됩니다.

❾ Enter(엔터) : 줄을 바꿀 때나 명령을 실행할 때 사용합니다.

❿ Backspace(백 스페이스) : 커서 앞(왼쪽)의 글자를 지울 때 사용합니다.

⓫ Insert(인서트) : 커서의 삽입/수정 상태를 바꿀 때 사용합니다.

⓬ Delete(딜리트) : 커서 뒤(오른쪽)의 글자를 지울 때 사용합니다.

⓭ Num Lock(넘 락) : 숫자 키패드의 사용 여부를 선택합니다.

⓮ 숫자 키패드 : 키보드 오른쪽 숫자 키패드 위에 'Num Lock'에 불이 들어오면 숫자가 입력되고 꺼져 있으면 방향키로 사용합니다.

마우스 동작 연습하기

01 작업 표시줄의 **검색 상자를 클릭**합니다. 커서가 깜박이면 **'minimouse'라고 입력**합니다. 검색 결과에서 **[검색 결과 더 보기]를 클릭**합니다.

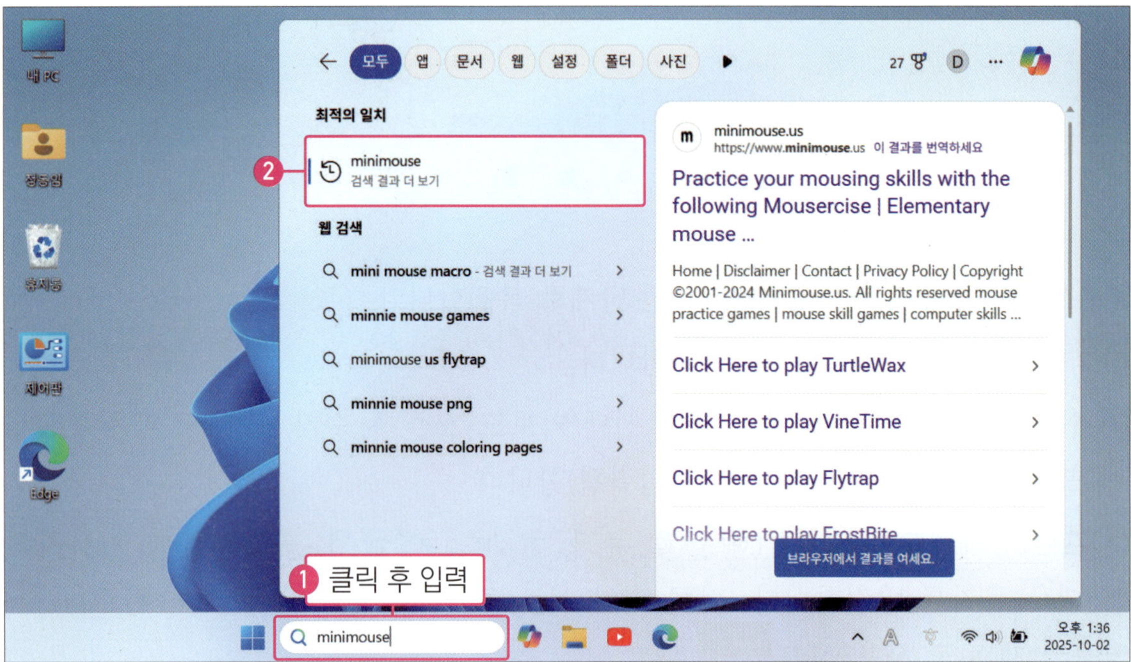

02 인터넷이 컴퓨터와 연결되어 있다면 바로 'Microsoft Edge' 앱이 실행되면서 웹에서의 검색 목록이 나타납니다. **[Practice your mousing....]을 클릭**합니다.

'Bing'은 마이크로소프트사에서 제공하는 검색 엔진 서비스입니다. 웹에서 자료를 쉽게 찾을 수 있도록 도와주는 사이트로, 검색 상자와 연결되어 바로 검색할 수 있어서 편리합니다. 네이버, 다음, 구글도 검색 엔진에 해당됩니다.

03 사이트가 나타나면 **상하 막대(스크롤 바)를 아래로 드래그**하거나 마우스의 휠을 아래로 돌려 살펴봅니다. **마우스 오른쪽 버튼을 클릭**한 후 바로 가기 메뉴에서 **[한국어으(로) 번역]을 클릭**합니다.

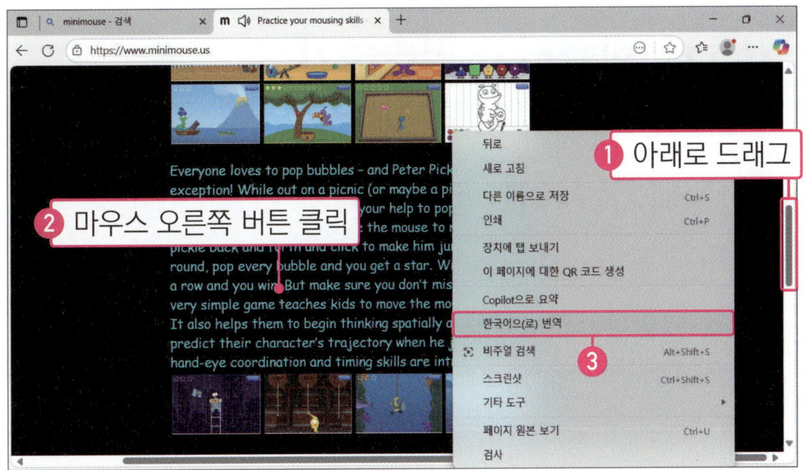

04 영문으로 표기된 내용이 한국어로 표기되는 것을 확인할 수 있습니다. 게임에 대한 설명을 읽어봅니다. **상하 막대(스크롤 바)를 위로 드래그**하거나 마우스의 휠을 위로 돌려 화면을 이동합니다.

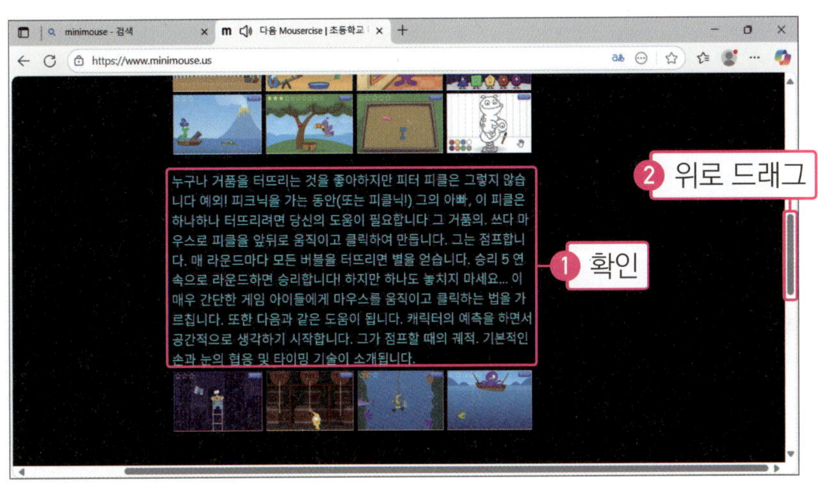

05 마우스 동작을 연습할 수 있는 **게임을 직접 해봅니다.** 다시 하려면 **[다시 플레이] 버튼을 클릭**합니다.

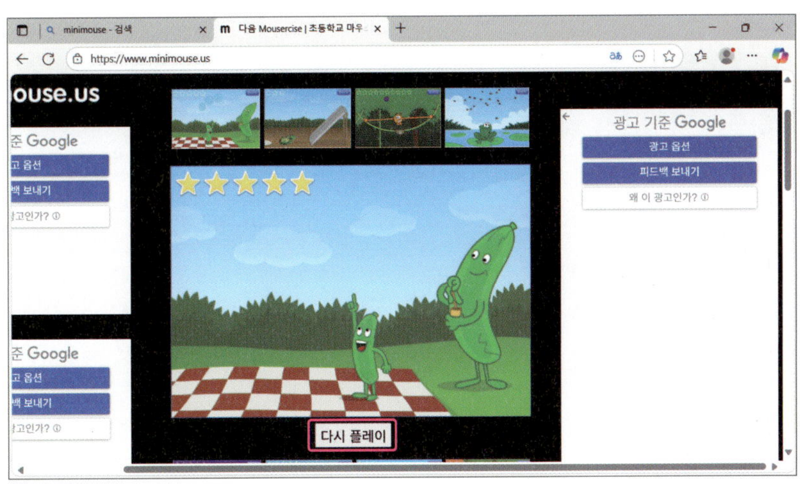

06 다른 게임을 클릭해 다른 마우스 동작도 연습해 봅니다.

한컴타자 연습하기

▶ '한컴타자' 사이트 접속하기

01 작업 표시줄의 **검색 상자에서 '한컴타자'라고 입력**한 후 검색된 목록 중 **[검색 결과 더 보기]를 클릭**합니다.

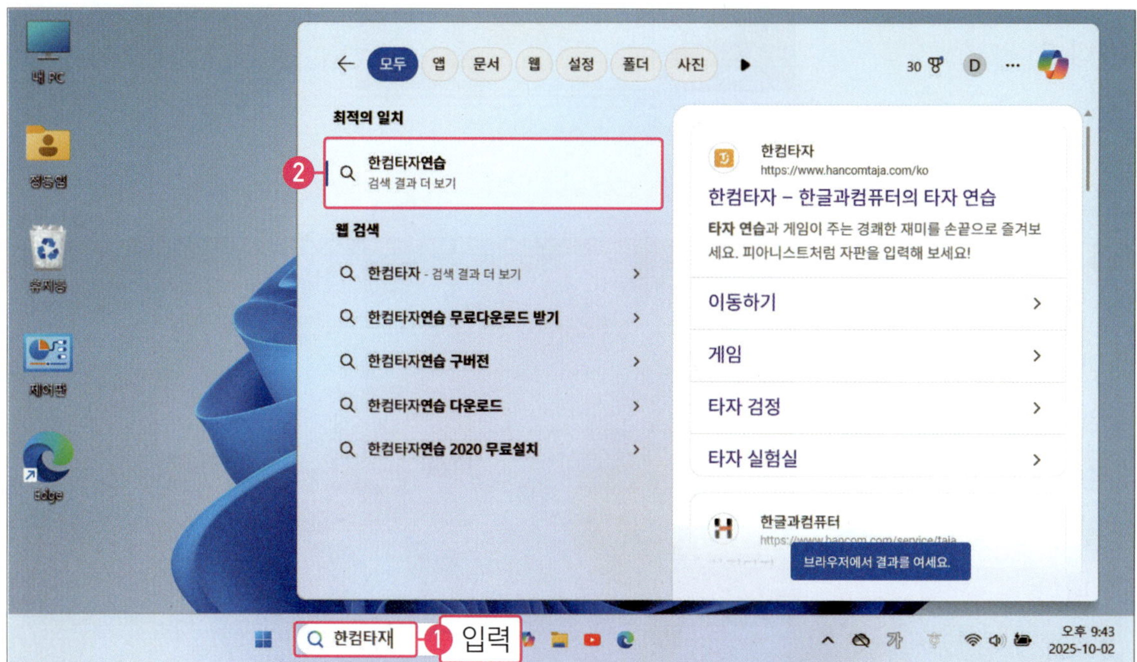

02 검색된 웹 사이트 중 **'한컴타자'를 클릭**합니다.

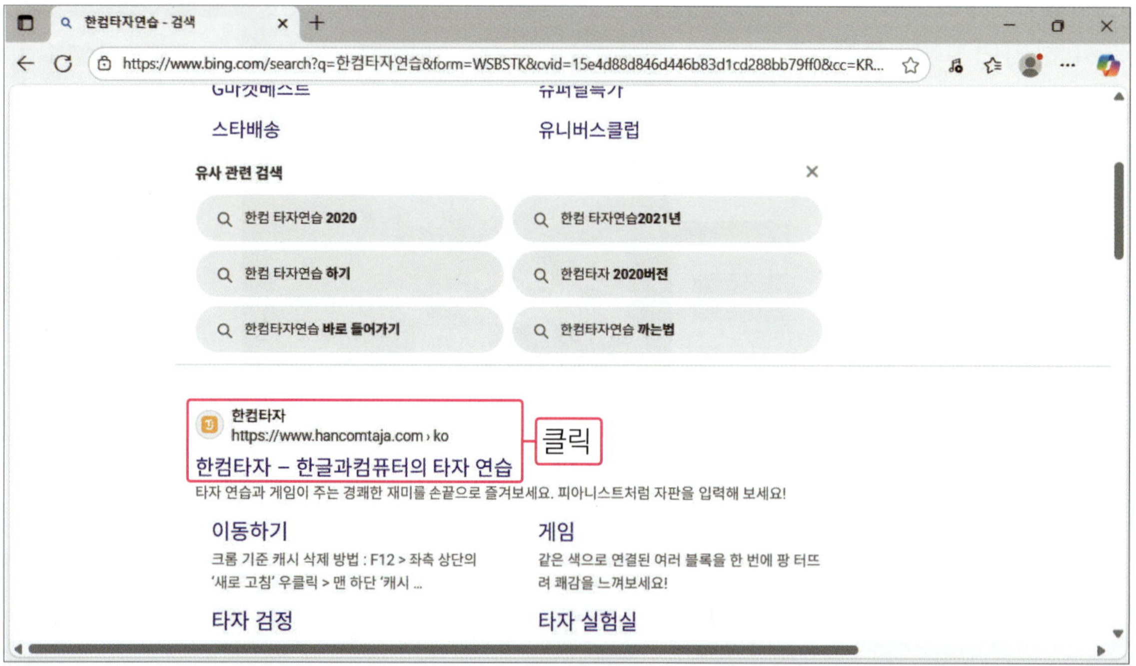

잠깐

한컴타자 사이트의 업데이트에 따라 화면이 다를 수 있습니다.

03 한컴타자에 접속하면 타자 연습을 하기 위해 메뉴 중 **[타자 연습]을 클릭**합니다.

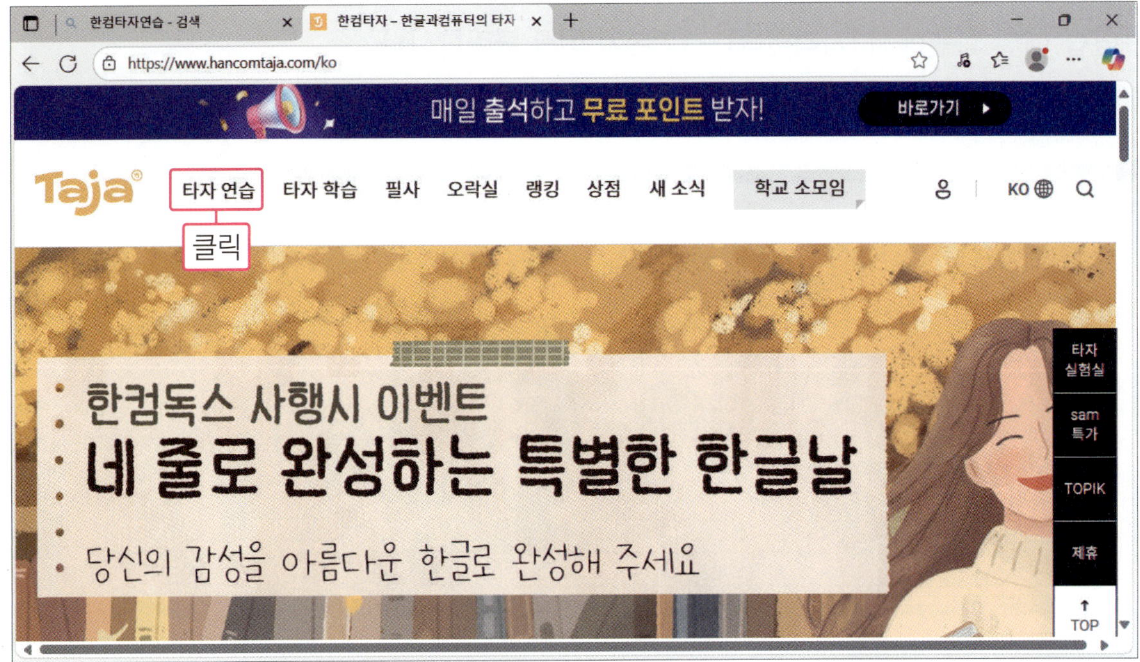

04 최초 실행 시 로딩 시간이 소요되므로 잠시 기다립니다.

05 자리연습, 낱말연습, 단문연습, 장문연습을 할 수 있는 화면이 열립니다.

▶ 타자 연습하기 : 자리연습

01 타자연습 메인 화면에서 **[자리연습] – [기본자리]를 클릭**합니다.

02 메뉴 설명 화면이 나타나면 내용을 확인합니다. 아래쪽의 **'해당 내용을 확인하였고, 더 이상 팝업을 보지 않겠습니다.'에 체크**한 후 **[닫기] 버튼을 클릭**합니다.

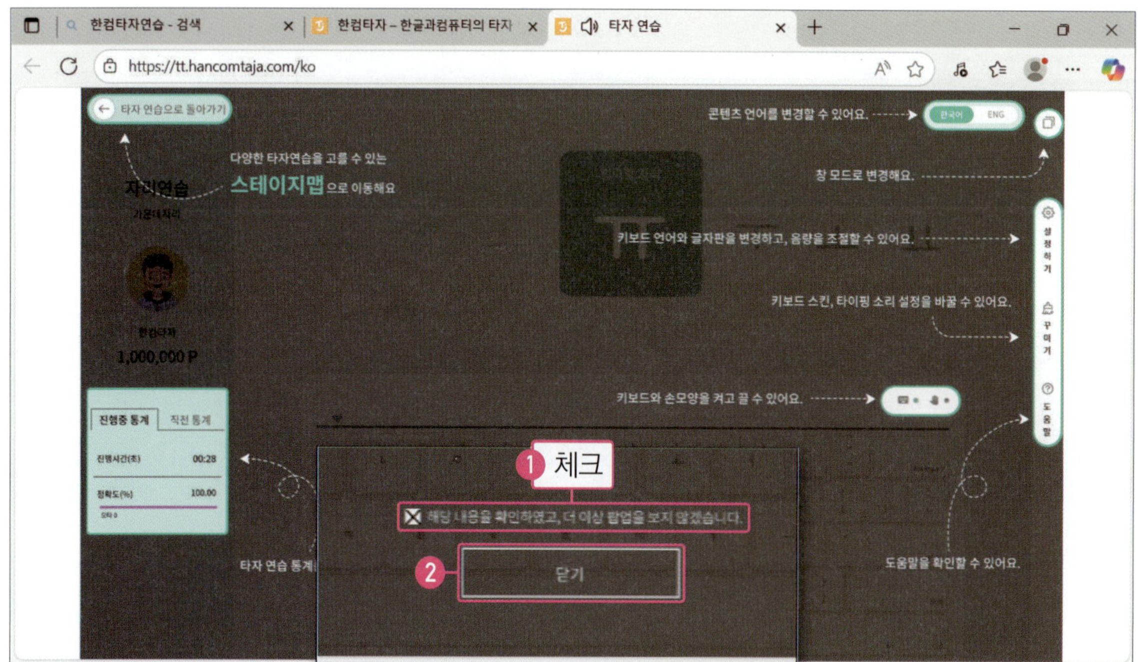

03 전체 화면에서 타자 연습을 하기 위해 [□(**창모드 전환**)]를 **클릭**합니다.

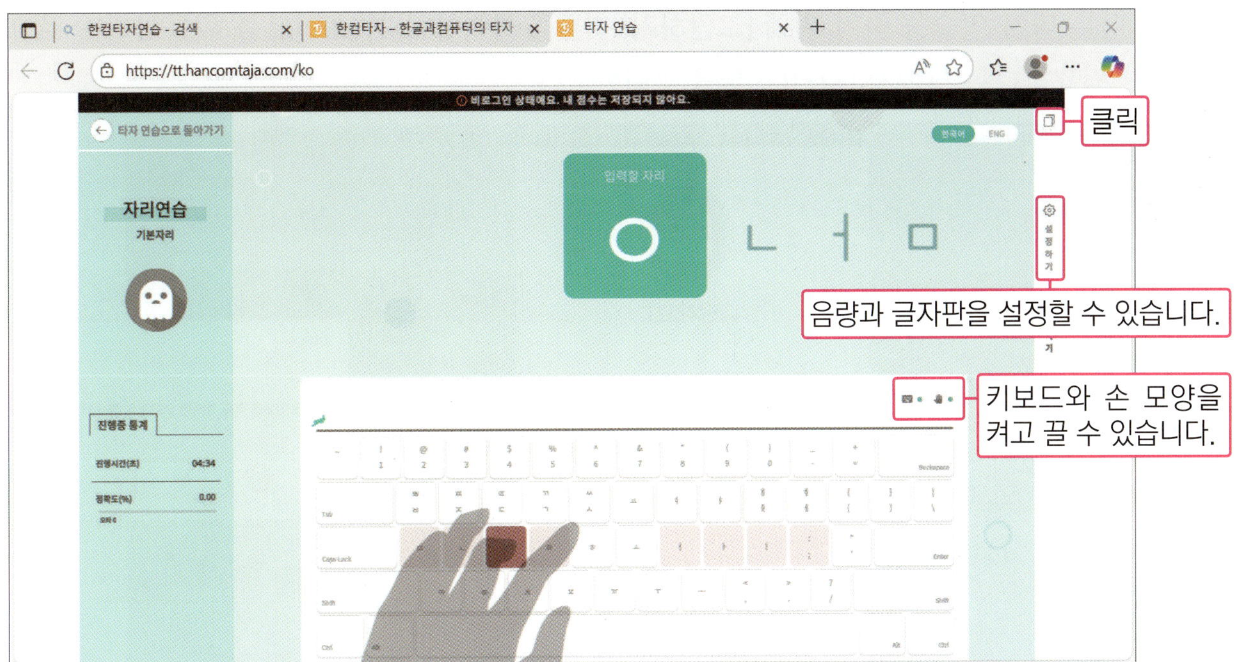

전체 화면을 종료하려면 ESC 키를 누릅니다.

04 전체 화면으로 창이 전환되고, 키보드에 나타난 손 모양과 동일하게 실제 키보드에서도 같은 자리에 손을 위치시킵니다. 제시된 'ㅇ'을 누를 손가락과 키의 위치가 빨간색으로 화면에 표시되면 실제 키보드에서 **해당하는 위치의 키를 똑같이 누릅니다.** 맞으면 정확도가 올라가고, 틀리면 오타수가 표시됩니다.

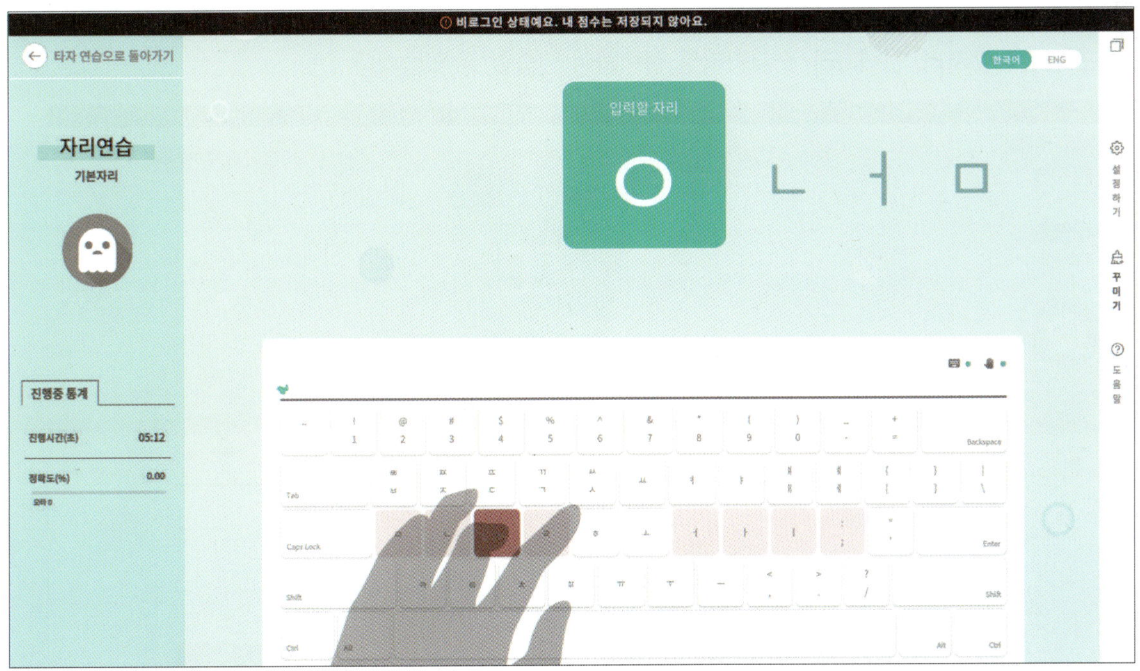

제시된 글쇠를 실제 키보드에서 잘못 누르면 글쇠가 빨간색으로 표시됩니다.

05 제시된 글쇠를 모두 입력하면 **정확도, 소요 시간, 오타수를 확인**할 수 있는 창이 나타납니다. 다른 타자 연습을 하기 위해 **[그만하기] 버튼을 클릭**합니다. 포인트를 획득하려면 로그인이 필요하다는 창에서 **[확인] 버튼을 클릭**합니다.

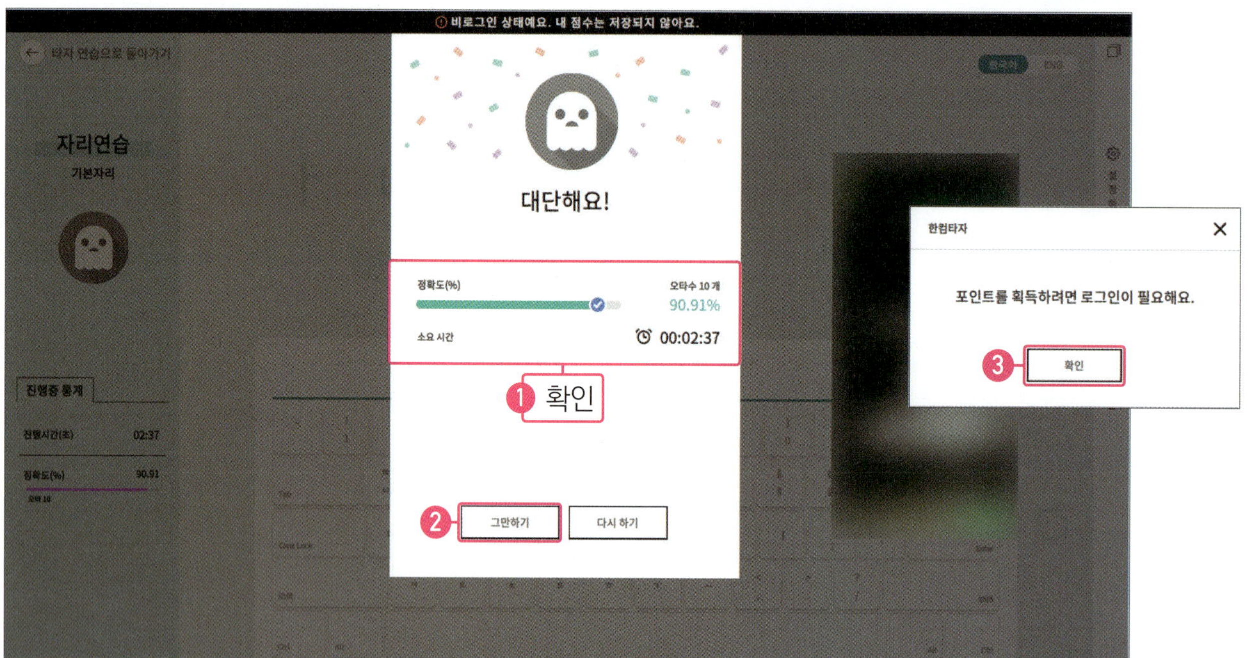

내 점수를 저장하고 포인트를 획득하려면 회원가입 후 연습하는 것이 좋습니다. 제시된 글쇠는 연습할 때마다 다릅니다.

자리연습

타자 연습 메인 화면으로 이동하면 자리연습에서 기본자리 외에도 왼손윗자리, 왼손아랫자리, 오른손윗자리, 오른손아랫자리, 전체자리, 숫자자리를 선택하여 연습할 수 있습니다.

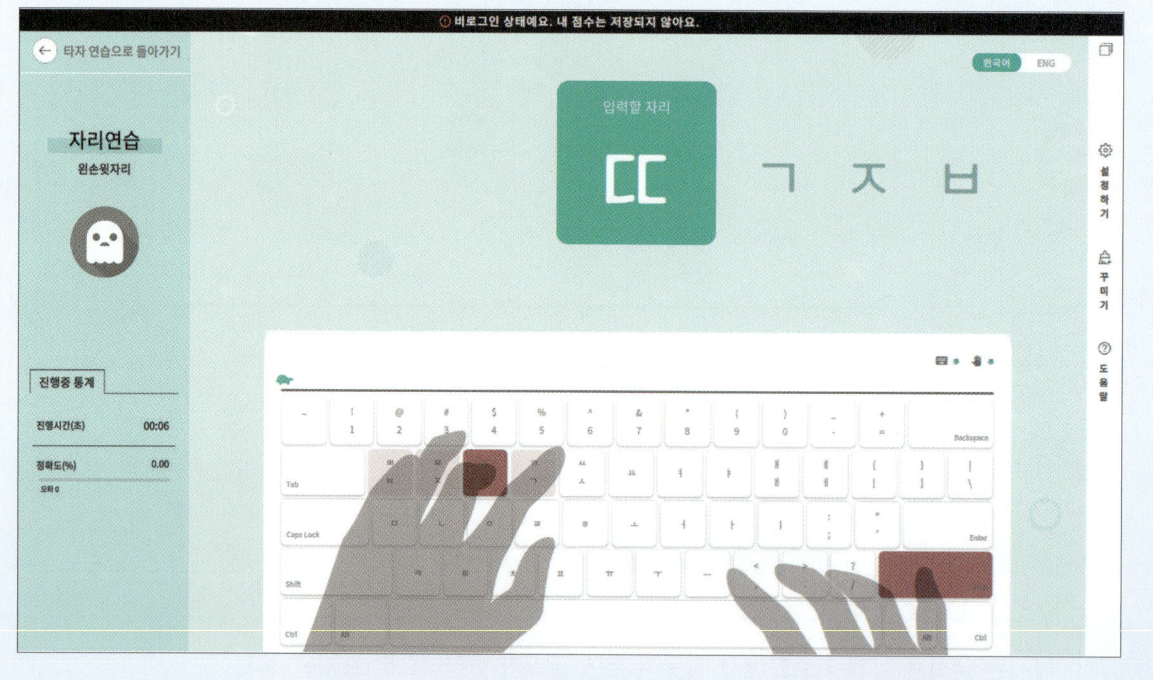

▶ 타자 연습하기 : 낱말연습

01 타자 연습 메인 화면에서 **[낱말연습]을 클릭**합니다.

02 **제시된 낱말에 맞게 키보드의 키를 눌러 입력**합니다. 제시된 낱말을 입력한 후 Space Bar 키나 Enter 키를 누르고 다음 낱말을 입력합니다.

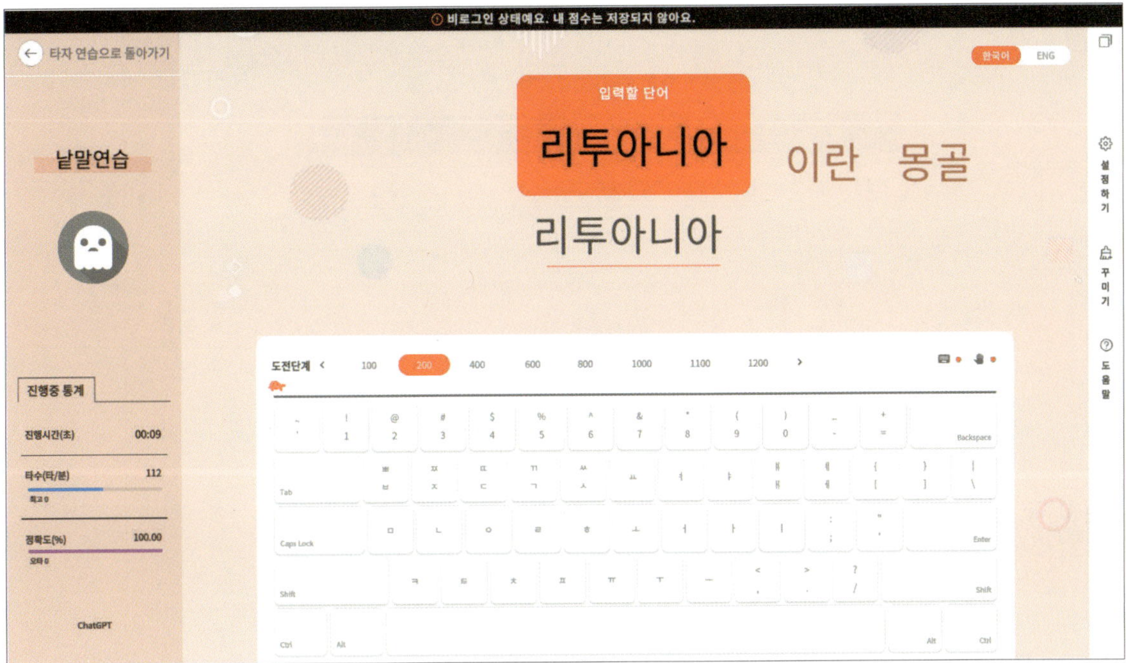

03 제시된 낱말을 모두 입력하면 자리연습과 마찬가지로 **타수와 정확도를 확인**할 수 있는 창이 나타납니다. **[그만하기] 버튼을 클릭**하면 비회원인 경우 포인트를 획득하려면 로그인이 필요하다는 창에서 **[확인] 버튼을 클릭**합니다.

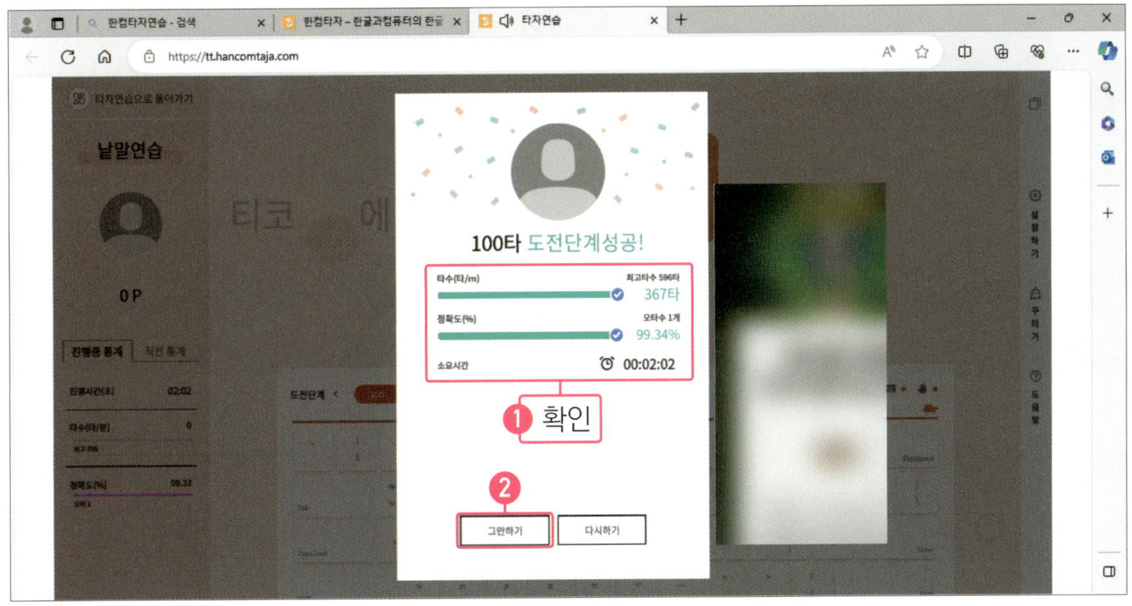

잠깐

계속 연습하려면 [다시 하기] 버튼을 클릭하여 낱말연습을 합니다.

▶ 타자 연습하기 : 단문연습

01 타자 연습 메인 화면에서 **[단문연습]을 클릭**합니다.

02 **제시된 문장을 입력**하고, **각 낱말 사이의 빈칸은** Space Bar **키를 누릅니다. 문장이 끝나면 마침표인** . **키를 누른 후** Space Bar **키나** Enter **키를 눌러 다음 문장을 입력**합니다.

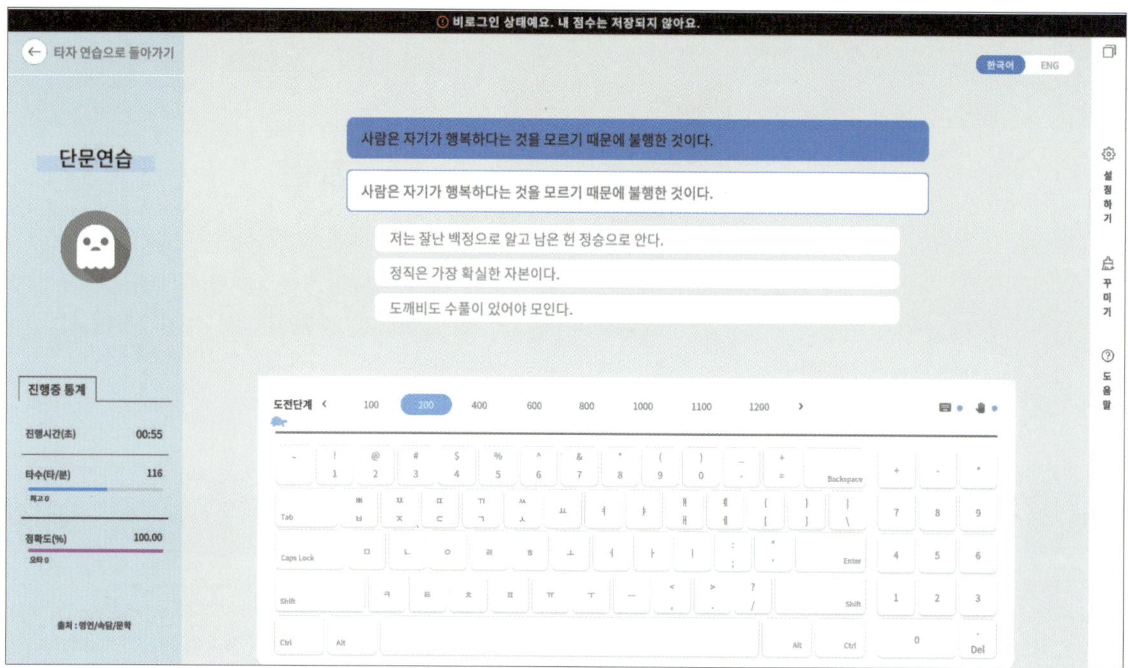

03 제시된 문장을 모두 입력하면 타수와 정확도, 소요 시간을 확인할 수 있는 창이 나타납니다. **[그만하기] 버튼을 클릭**하면 비회원인 경우 포인트를 획득하려면 로그인이 필요하다는 창에서 **[확인] 버튼을 클릭**합니다.

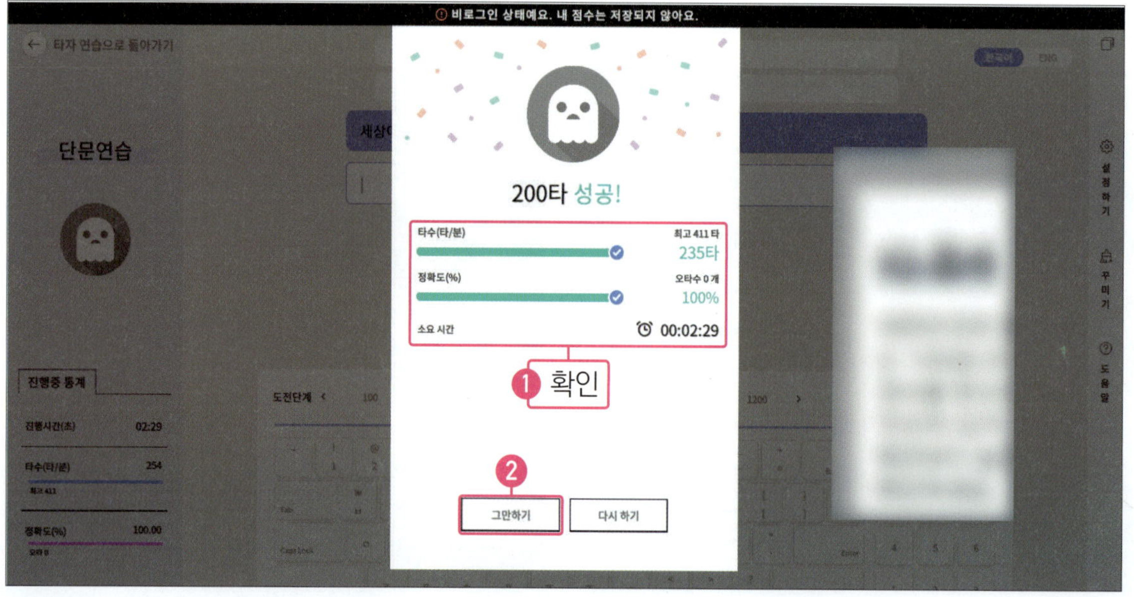

잠깐

처음 문장을 연습하는 경우 빠르게 입력하는 것보다 정확하게 자리에 맞게 입력하는 것이 중요합니다.

▸ 타자 연습하기 : 장문연습

01 타자 연습 메인 화면에서 **[장문연습]을 클릭**합니다. **제시된 문장을 입력**하고, **각 낱말 사이의 빈칸은** Space Bar **키,** 문장 내 숫자와 문장 부호까지 정확히 입력하고 **한 문장이 끝나면** Space Bar **키나** Enter **키를 누르고 다음 문장을 입력**합니다.

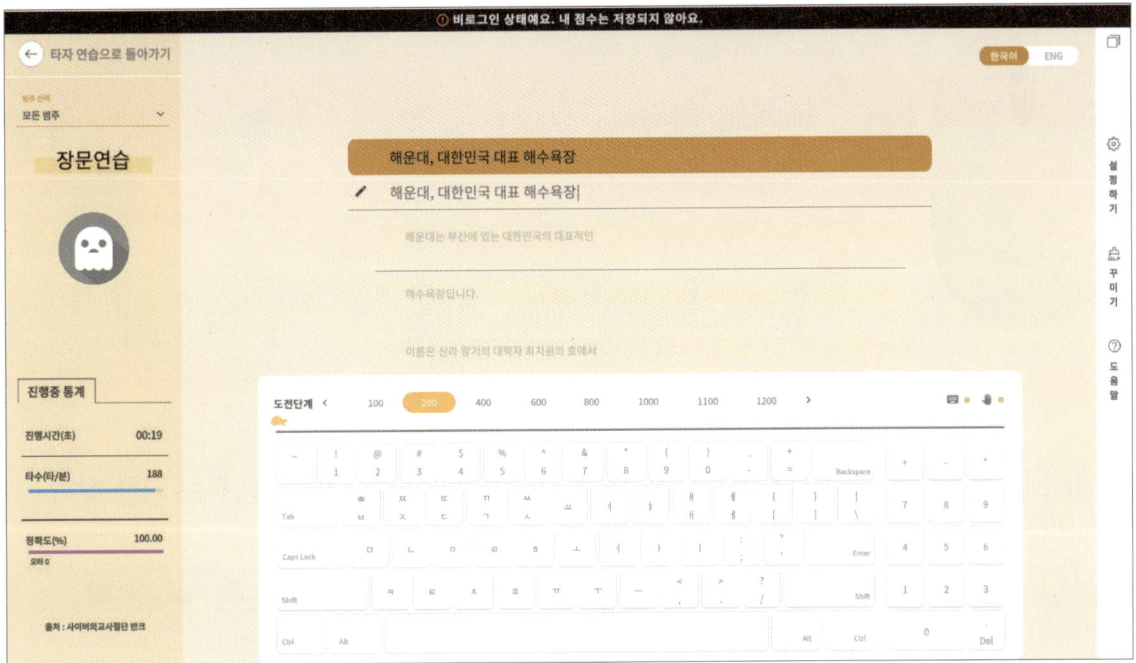

02 제시된 문장을 모두 입력하면 타수와 정확도, 소요 시간을 확인할 수 있는 창이 나타납니다. **[그만하기] 버튼을 클릭**하면 비회원인 경우 포인트를 획득하려면 로그인이 필요하다는 창에서 **[확인] 버튼을 클릭**합니다.

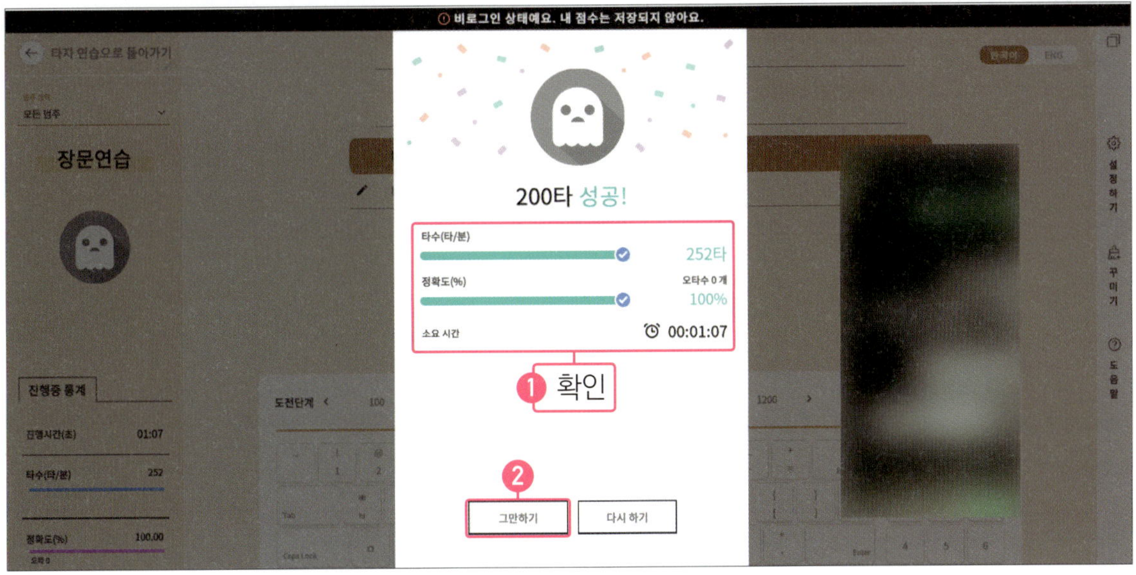

제시된 문장을 모두 입력하면 100타 단위로 달성인지 미달성인지 표시됩니다. 타수를 올리려면 목표를 가지고 반복해서 연습합니다.

응용력 키우기

01 마우스에서 위쪽이나 아래쪽 방향으로 돌려서 화면을 올리거나 내릴 때 사용하는 것의 명칭과 번호를 적어봅니다.

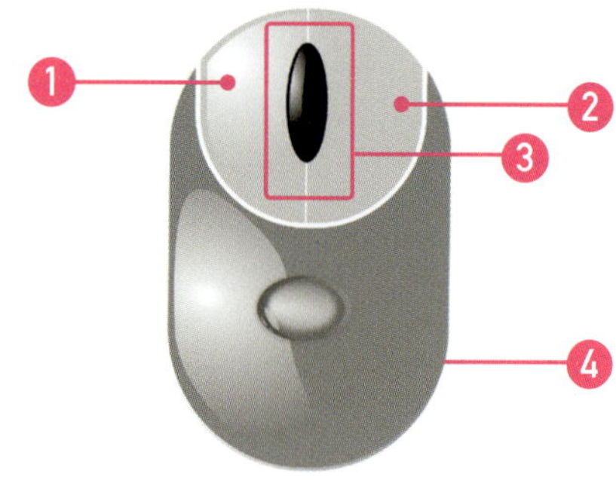

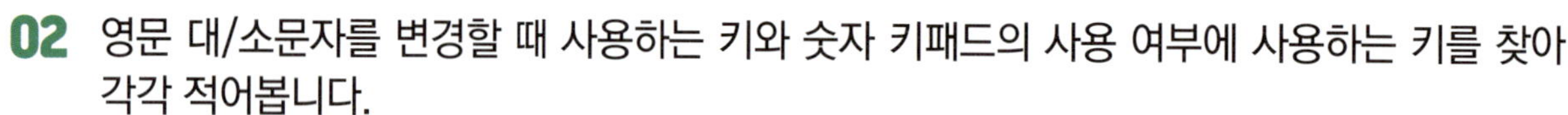

02 영문 대/소문자를 변경할 때 사용하는 키와 숫자 키패드의 사용 여부에 사용하는 키를 찾아 각각 적어봅니다.

• 영문 대/소문자를 변경할 때 사용하는 키

• 숫자 키패드의 사용 여부에 사용하는 키

03 '한글타자' 사이트에서 [낱말연습]을 실행한 후 손 모양을 끄고 연습해 봅니다. 타수와 정확도를 적어봅니다.

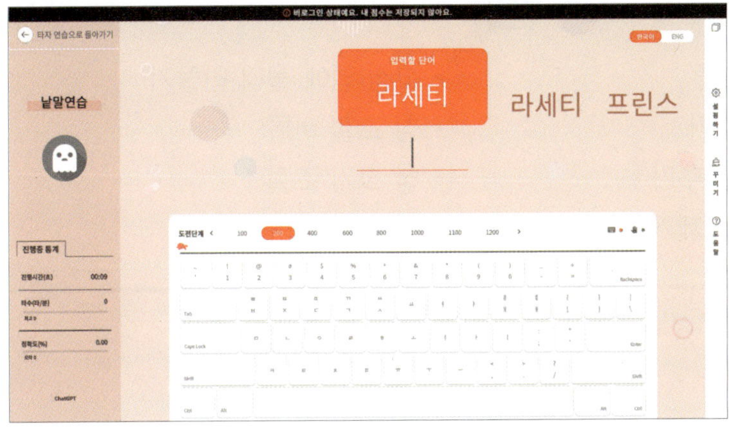

• 타수

• 정확도

04 '한글타자' 사이트에서 [장문연습]을 실행한 후 연습해 봅니다. 오타수와 소요 시간을 적어봅니다.

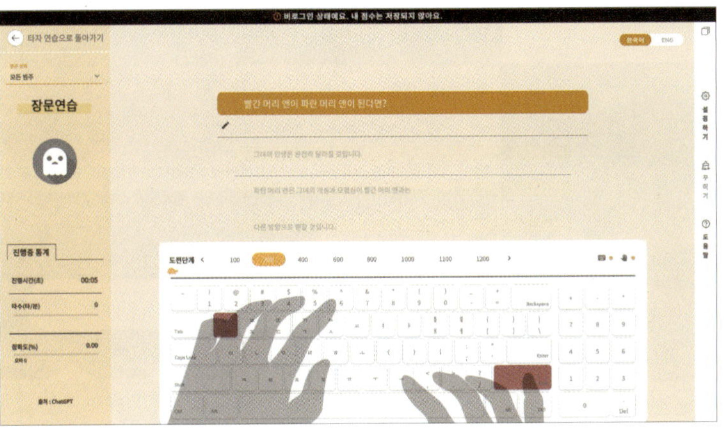

• 오타수

• 소요 시간

03 새로운 창 열기

- 시작 메뉴의 레이아웃
- 시작 메뉴에 폴더 추가
- 시작 메뉴에 고정 앱 추가
- 시작 메뉴에 고정 앱 제거
- 고정 앱에 폴더 만들기
- 창 조절 버튼
- 창 크기 조절
- 창 스냅 기능

미/리/보/기

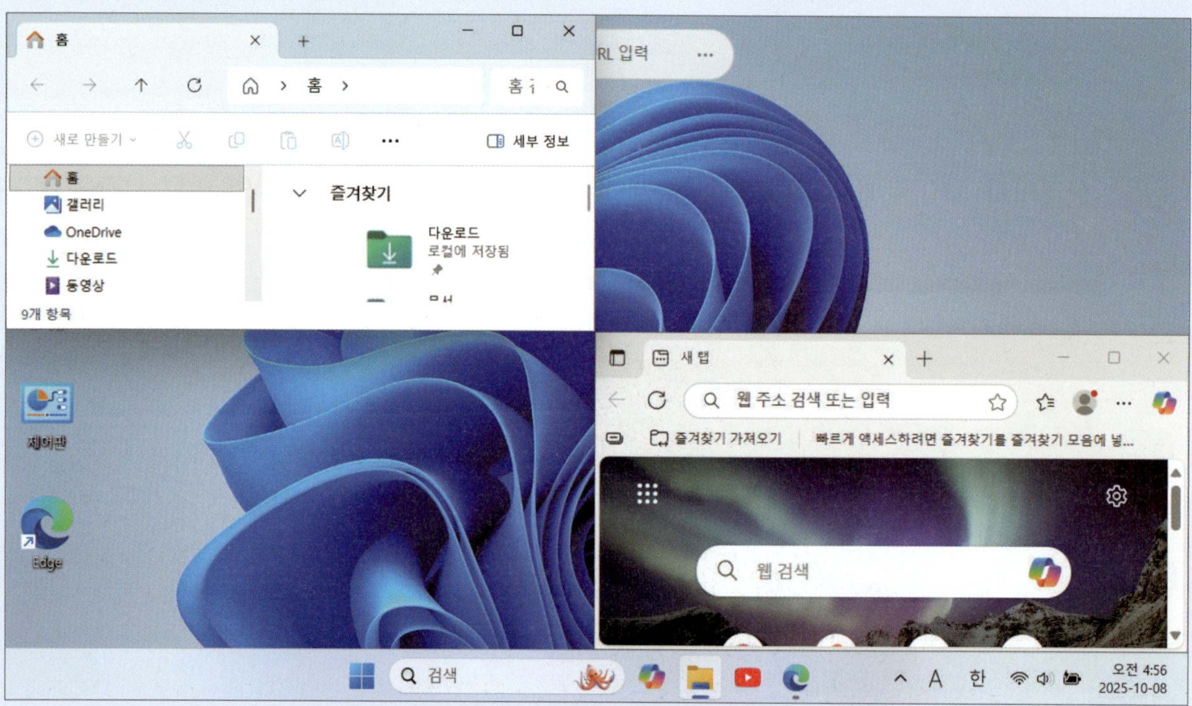

업무를 효율적으로 진행하기 위해 자주 사용하는 앱은 시작 메뉴에 고정하고, 잘 사용하지 않는 앱은 제거하는 등 시작 메뉴를 구성하는 다양한 방법을 알아보겠습니다. 창의 크기를 조절하고 이동하는 방법과 윈도우의 스냅 기능을 활용하여 한 화면을 여러 개의 창으로 분할해서 동시에 작업할 수 있는 방법도 함께 알아보겠습니다.

01 [시작] 메뉴와 창 살펴보기

▸ 시작 메뉴 구성 요소 알아보기

❶ [시작] 버튼 : 작업 표시줄의 [⊞]를 클릭하여 시작 메뉴를 엽니다.

❷ 검색 창 : 컴퓨터와 웹에서 필요한 정보를 검색할 수 있습니다.

❸ 고정됨 : 자주 사용하는 앱을 시작 메뉴에 고정하여 바로 실행할 수 있습니다.

❹ 모두 : 컴퓨터에 설치된 모든 앱 목록을 볼 수 있으며, 이곳에서 실행시킬 수 있습니다. 특정 앱을 시작 메뉴에 고정하거나 제거할 수 있습니다.

❺ 맞춤 : 최근에 실행했던 앱이나 문서를 볼 수 있습니다.

❻ 사용자 계정 : 현재 로그인되어 있는 사용자의 계정을 표시합니다. 윈도우는 여러 명이 사용할 수 있는 운영체제로, 계정을 만들고 설정할 수 있습니다.

❼ 전원 : 잠근 화면, 절전, 시스템 종료, 다시 시작 옵션을 선택할 수 있는 전원 버튼입니다.

▶ 창 조절 버튼 알아보기

윈도우에서는 각 앱이 실행될 때 한 화면, 즉 사각형 창에서 실행됩니다. 앱이 달라도 창의 모습은 다음처럼 사각형으로 나타나며 창 조절 버튼으로 창 크기를 조절할 수 있습니다.

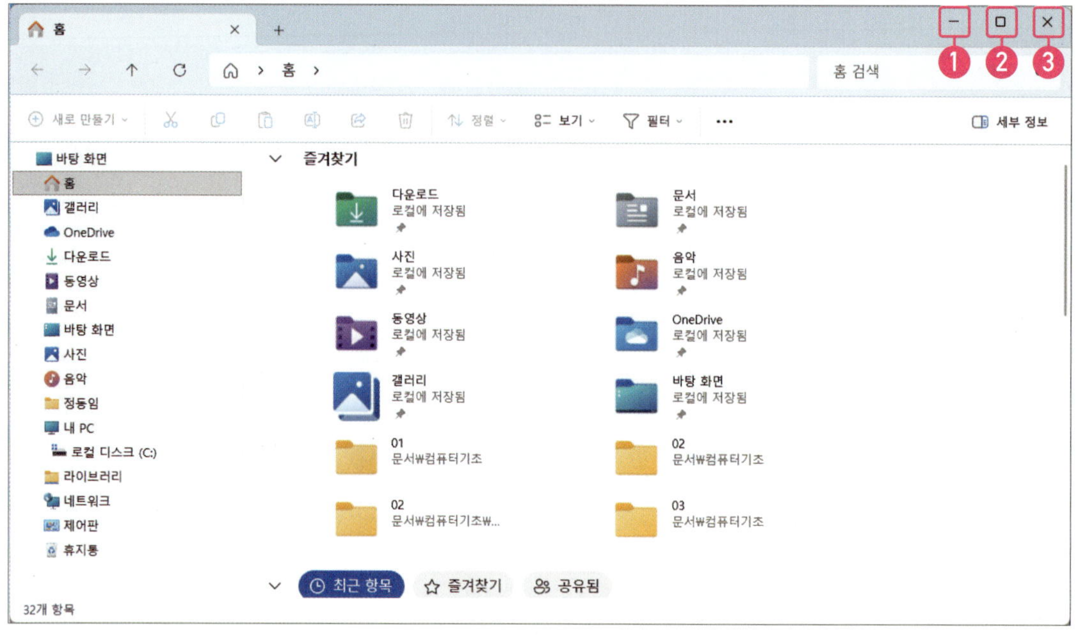

❶ [−](최소화) : 바탕 화면에서 창은 사라지고 작업 표시줄로 최소화합니다.

❷ [□](최대화) / [⧉](이전 크기로 복원) : 바탕 화면 전체로 화면을 최대화하거나 이전 창의 크기로 되돌립니다.

❸ [×](닫기) : 창을 닫아줍니다.

[⊞] 키를 활용한 창 조절 바로 가기 키

- [⊞] + [↑]/[↓] : 사용 중(활성화)인 창을 최소화/이전 크기로 복원/최대화합니다.
- [⊞] + [←]/[→] : 사용 중(활성화)인 창을 왼쪽/오른쪽으로 이동하면 크기가 절반으로 조절됩니다.
- [⊞] + [M]/[⊞] + [Shift] + [M] : 모든 창을 한꺼번에 최소화/복원합니다.

시작 화면 다루기

▶ 시작 메뉴 레이아웃 설정하기

01 [시작(■)] 버튼을 클릭한 후 고정됨 앱에서 [설정(⚙)]을 클릭합니다.

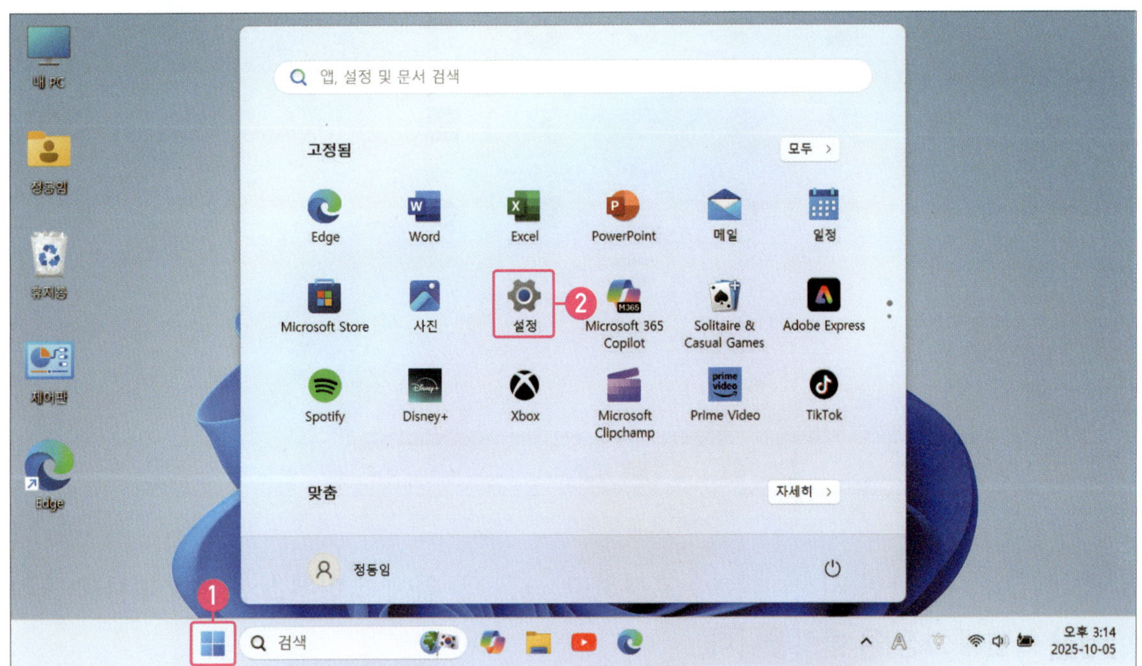

02 [개인 설정] – [시작]을 클릭합니다. '레이아웃'에서 자주 사용하는 앱이 많은 경우 '고정된 항목 더 보기'를 선택하고, 자주 사용하는 앱이 적을 경우 '권장 사항 더 보기'를 선택합니다. 여기서는 '기본값' 설정 그대로 둡니다.

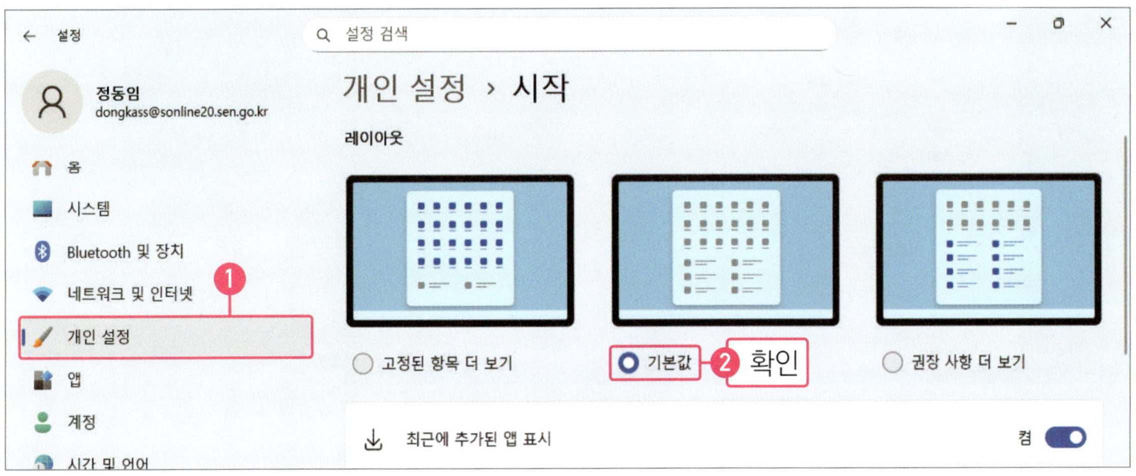

윈도우 11에서는 시작 메뉴 크기를 수동으로 변경할 수 없습니다. 크기는 고정되어 있고, 레이아웃 선택에 따라 자동으로 변경됩니다. '기본값' 설정은 고정된 앱이 3줄씩 보이는데, '고정된 항목 더 보기'를 선택하면 사용자가 추가한 고정된 앱이 한꺼번에 다 보이게 되고, '권장 사항 더 보기'를 선택하면 고정된 앱이 2줄로 보이게 됩니다.

▸ 시작 화면에 앱 고정하기

01 [시작(■)] 버튼 – [모두]를 클릭합니다.

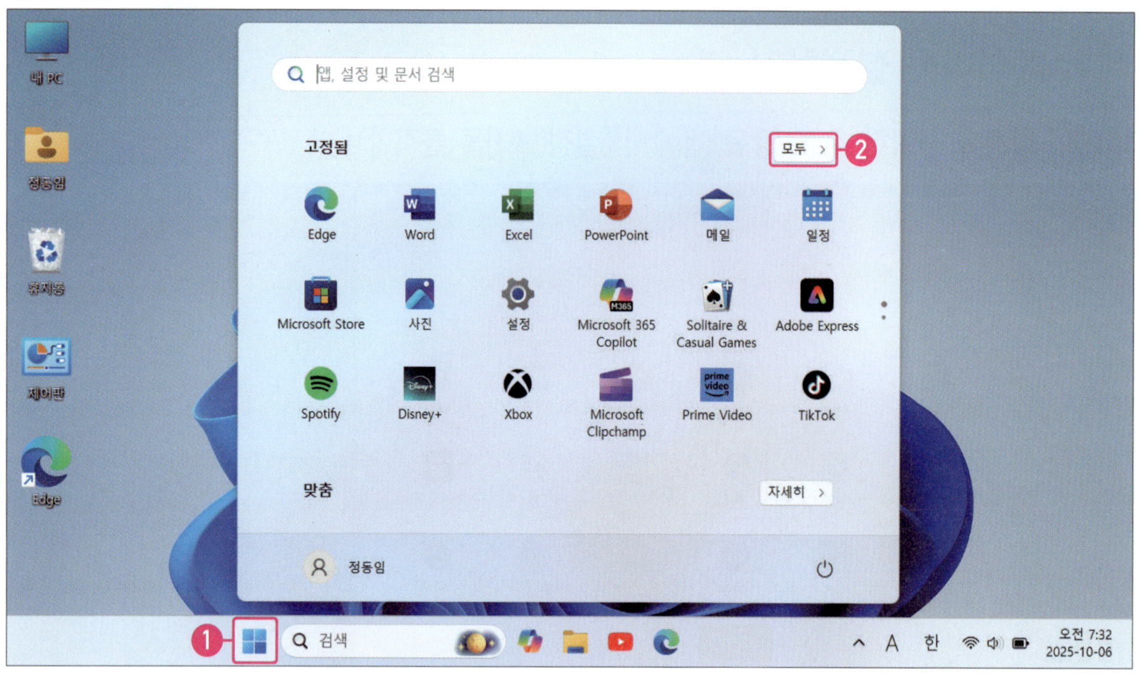

02 모든 앱 목록이 나타나면 시작 메뉴에 고정하고 싶은 앱 위에서 **마우스 오른쪽 버튼을 클릭하고 [시작 화면에 고정]을 클릭**합니다.

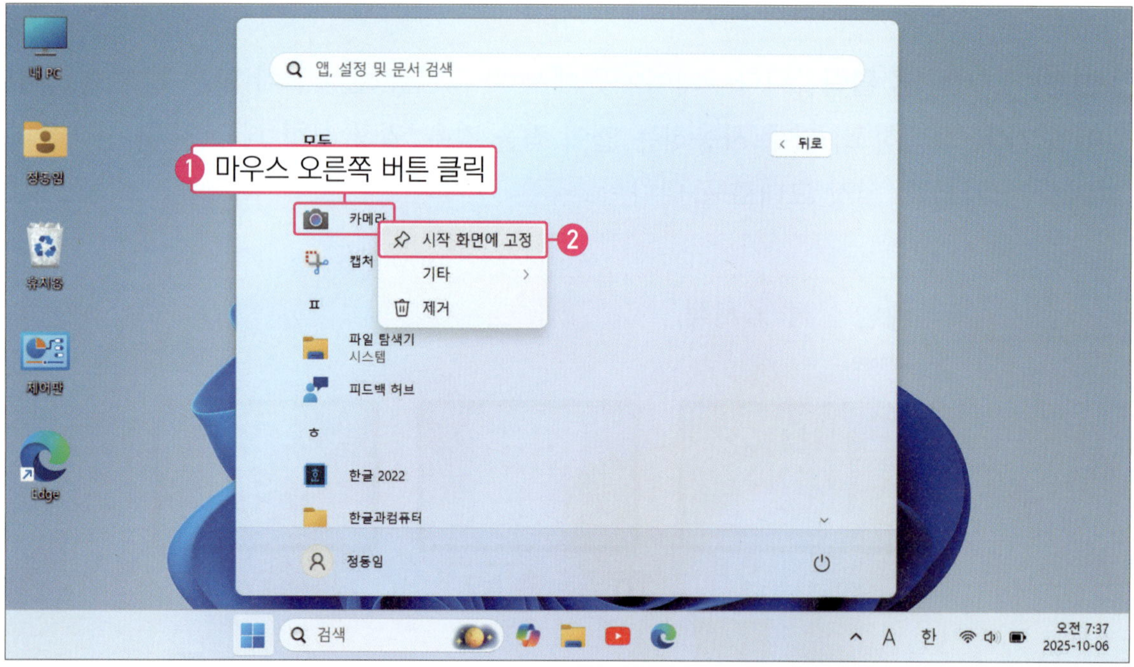

03 선택한 앱이 시작 메뉴의 가장 아래쪽에 고정된 것을 확인할 수 있습니다. 작업의 효율성을 위해 자주 사용하는 앱은 시작 메뉴에 고정하는 것이 좋습니다.

▶ 시작 메뉴에 고정 앱 제거하기

01 시작 메뉴에서 제거하고 싶은 앱을 **마우스 오른쪽 버튼으로 클릭**합니다. **바로 가기 메뉴 중 [시작 화면에서 제거]를 클릭**합니다.

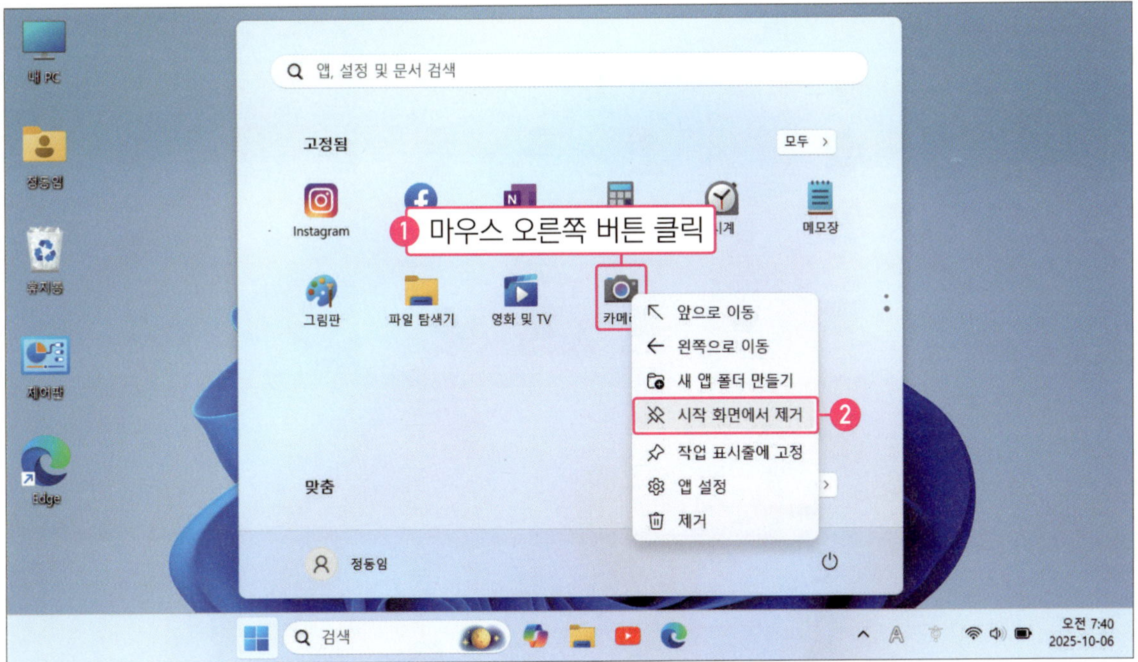

02 시작 메뉴에서 앱이 제거된 것을 확인할 수 있습니다.

▶ 시작 메뉴에서 앱 폴더로 묶기

01 폴더로 묶고 싶은 앱이 있을 경우 **하나의 앱을 다른 앱 위로 포개지게 드래그**하면 폴더가 만들어집니다.

02 폴더를 클릭하여 '이름 편집' 부분을 클릭한 후 **폴더 이름(여기서는 'Office')을 입력하고 Enter 키를 누릅니다.**

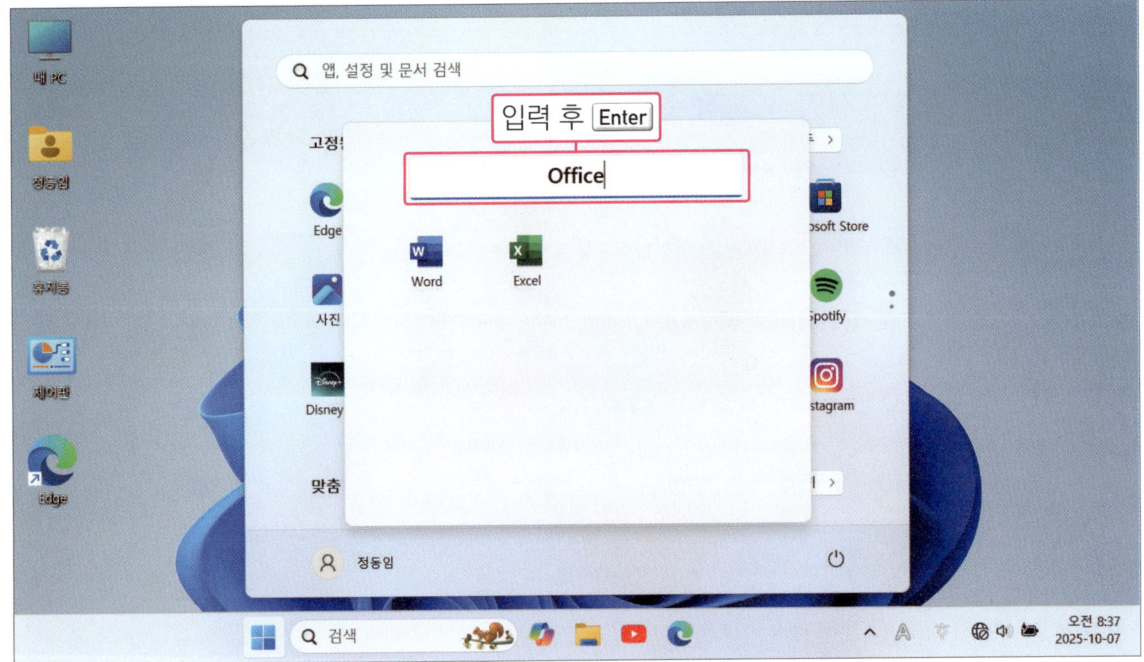

03 폴더 안에 같은 종류의 다른 앱을 드래그하여 추가할 수 있습니다.

폴더를 없애려면 폴더 안의 모든 앱을 다시 바깥쪽으로 드래그하면 폴더가 없어집니다.

▶ 시작 메뉴에 자주 사용하는 폴더 추가하기

01 [개인 설정] – [시작]에서 [폴더]를 클릭합니다.

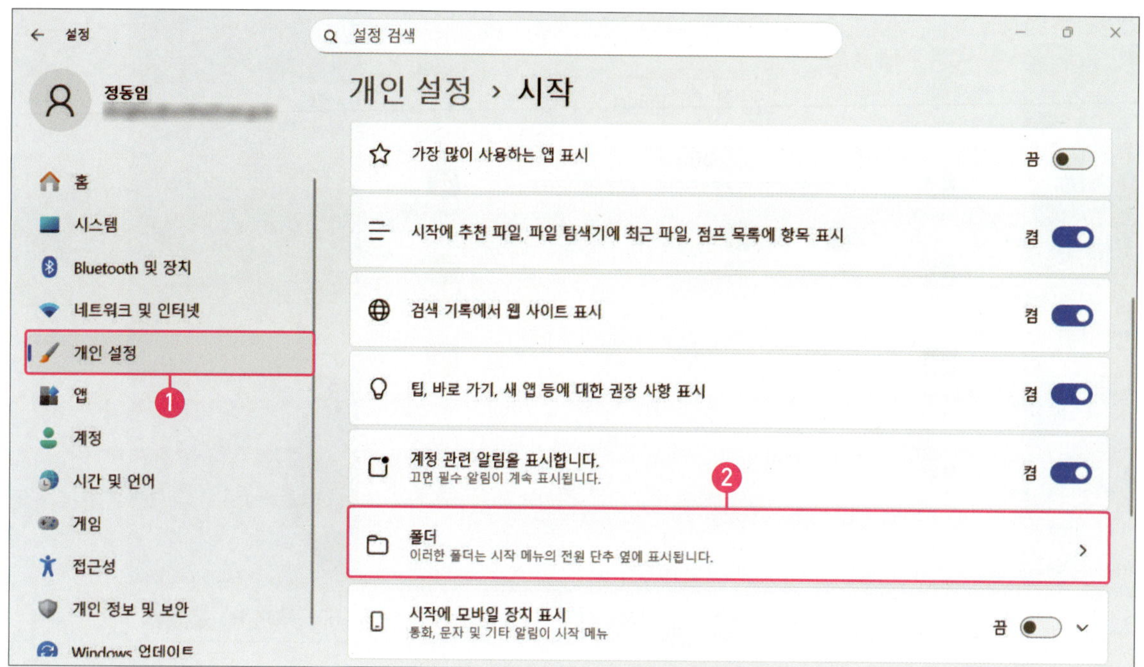

02 시작 메뉴의 [전원] 버튼 옆에 **추가하고 싶은 폴더(여기서는 '문서', '다운로드')를 [켬]으로 설정**합니다.

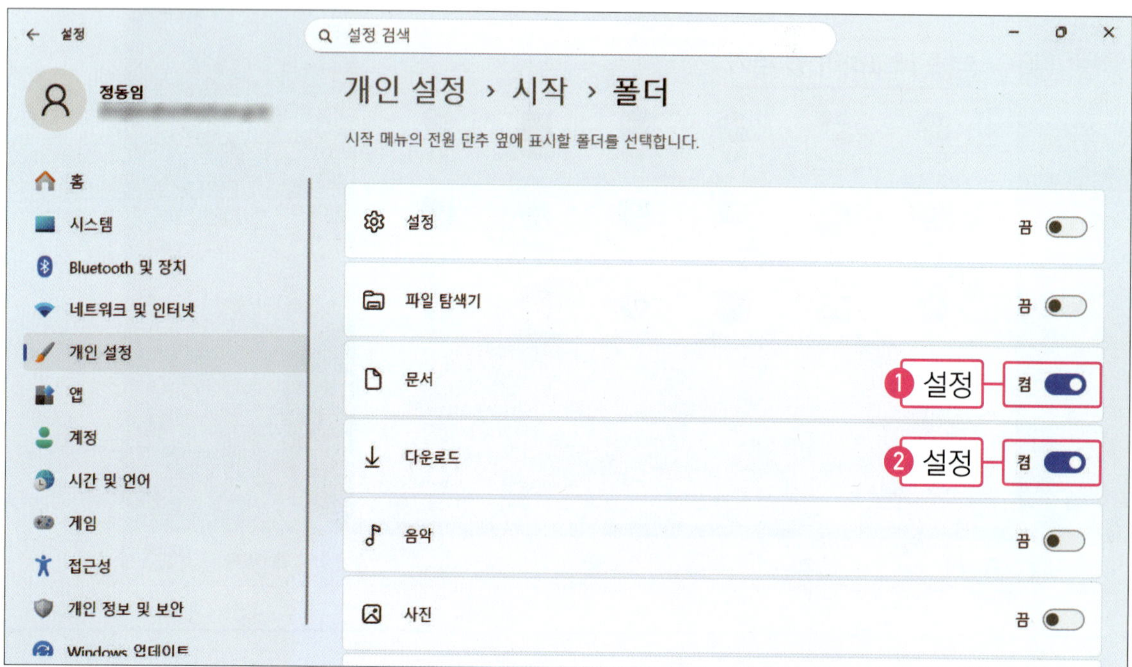

03 시작 메뉴의 [전원(⏻)] 버튼 옆에 [문서(🗋)], [다운드로(↓)] 폴더가 추가되었습니다. 시작 메뉴에서 [문서(🗋)], [다운드로(↓)] 폴더를 실행할 수 있습니다.

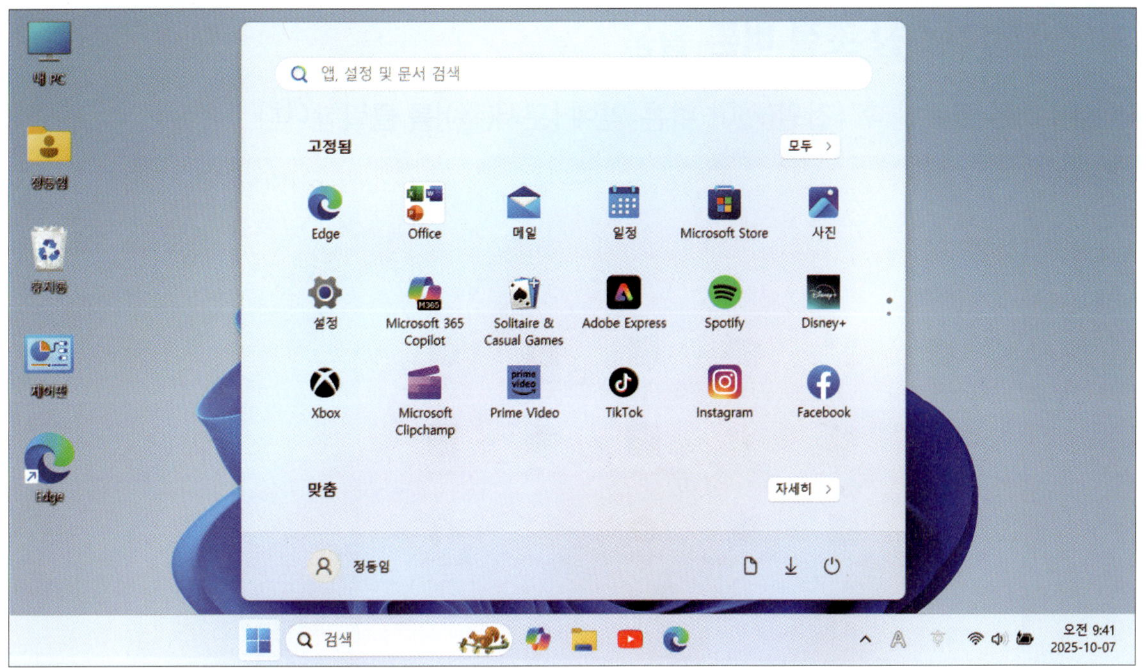

잠깐

시작 메뉴에서 맞춤 기능 끄기

시작 메뉴의 맞춤 기능은 사용자의 최근 항목을 모두 보여주므로, 공용 PC를 사용하는 경우에는 불편합니다. [개인 설정] – [시작]에서 '최근에 추가한 앱 표시', '가장 많이 사용하는 앱 표시', '시작에 추천 파일, 파일 탐색기에 최근 파일, 점프 목록에 항목 표시'를 모두 [끔]으로 설정합니다.

03 창 다루기

▸ 창 크기 조절하기 : 창 조절 버튼 활용

01 **[시작(■)]** 버튼 **클릭**한 후 [전원(⏻)] 버튼 옆에 **[문서(🗋)]**를 **클릭**합니다.

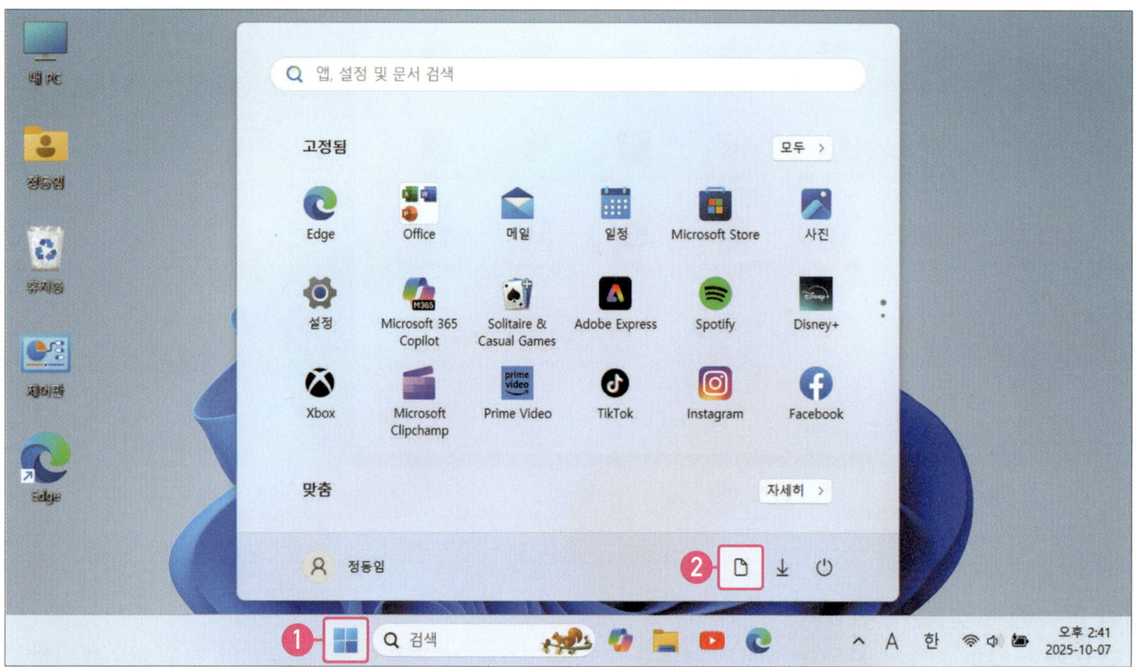

02 [문서] 창이 바탕 화면에 나타납니다. [문서] 창의 **[−(최소화)]** 버튼을 **클릭**합니다.

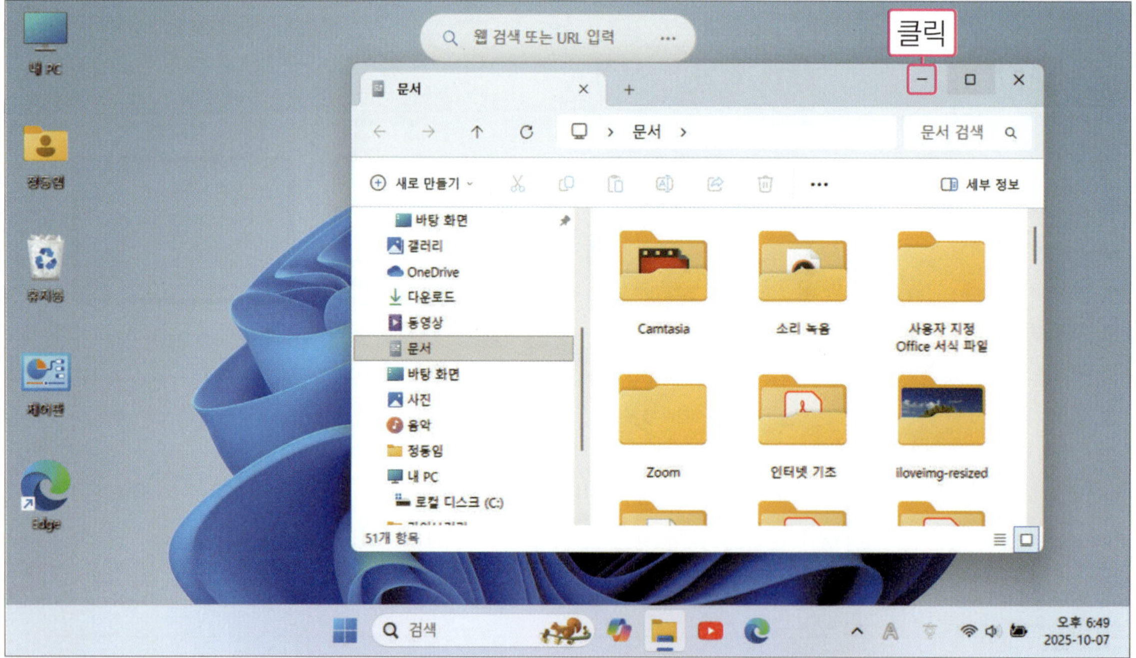

03 창이 최소화되고 작업 표시줄에 최소화된 아이콘을 볼 수 있습니다. 아이콘 위로 마우스 포인터를 이동하면 미리 보기 화면이 나타납니다. **작업 표시줄의 아이콘을 클릭**하거나 **미리 보기 화면을 클릭**합니다.

잠깐

멀티태스킹 기능을 활성화하여 창 최소화하기

① 설정에서 [시스템] – [멀티태스킹]을 클릭합니다. '창의 제목 표시줄 흔들기'를 [켬]으로 설정합니다.

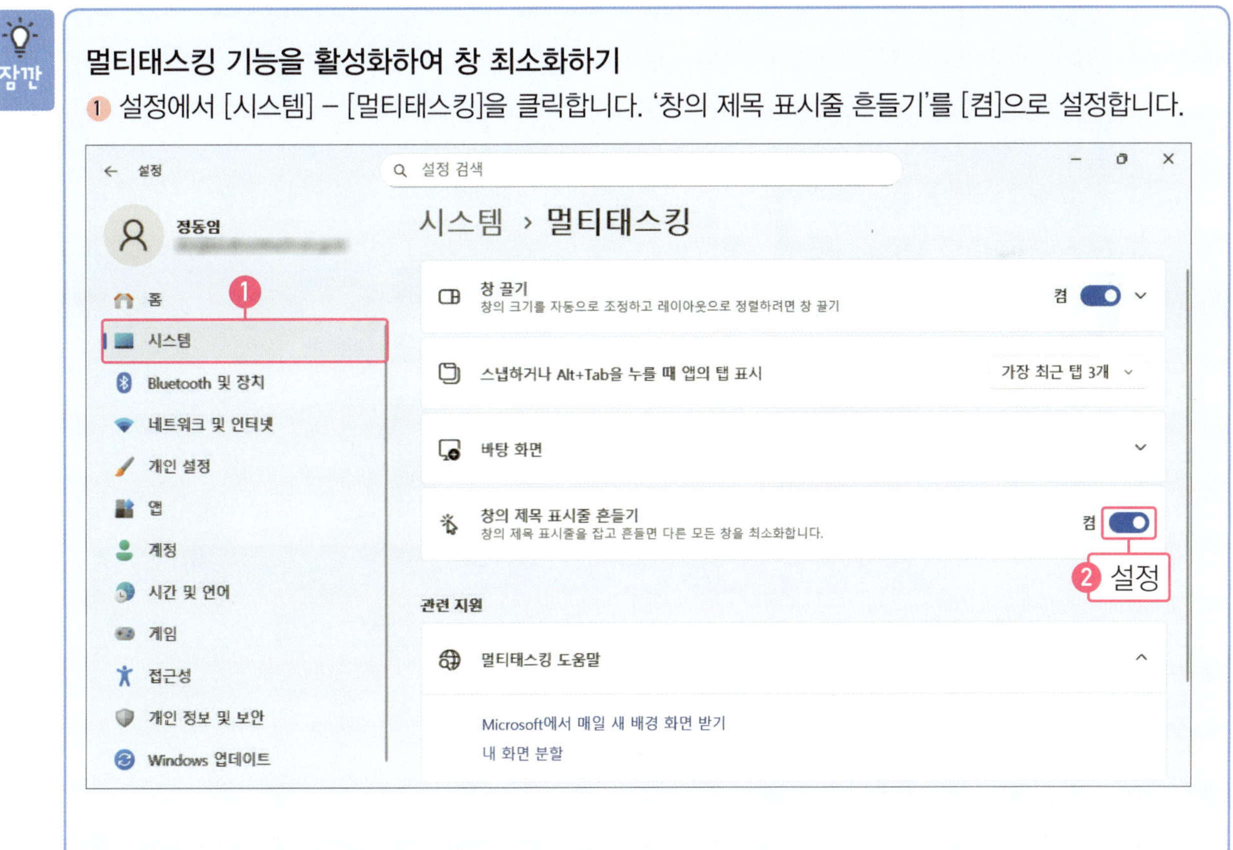

② 바탕 화면에 여러 창을 엽니다. 창 중 하나의 제목 표시줄을 클릭한 상태에서 마우스를 좌우로 여러 번 움직이면 선택한 창 이외의 모든 창이 최소화됩니다.

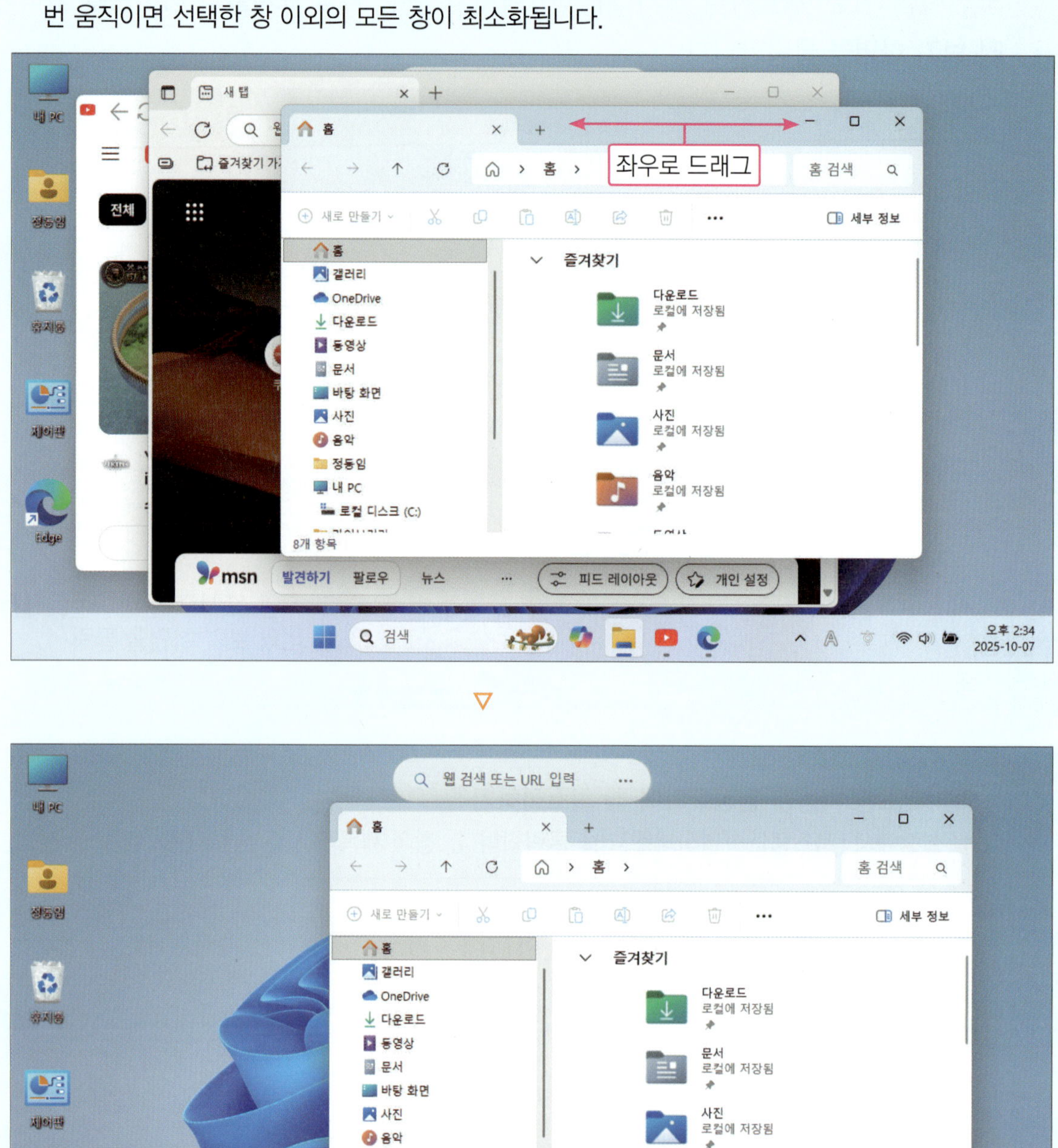

04 이전 크기로 창이 복원되었습니다. 창 조절 버튼 중 [□(**최대화)] 버튼을 클릭**합니다.

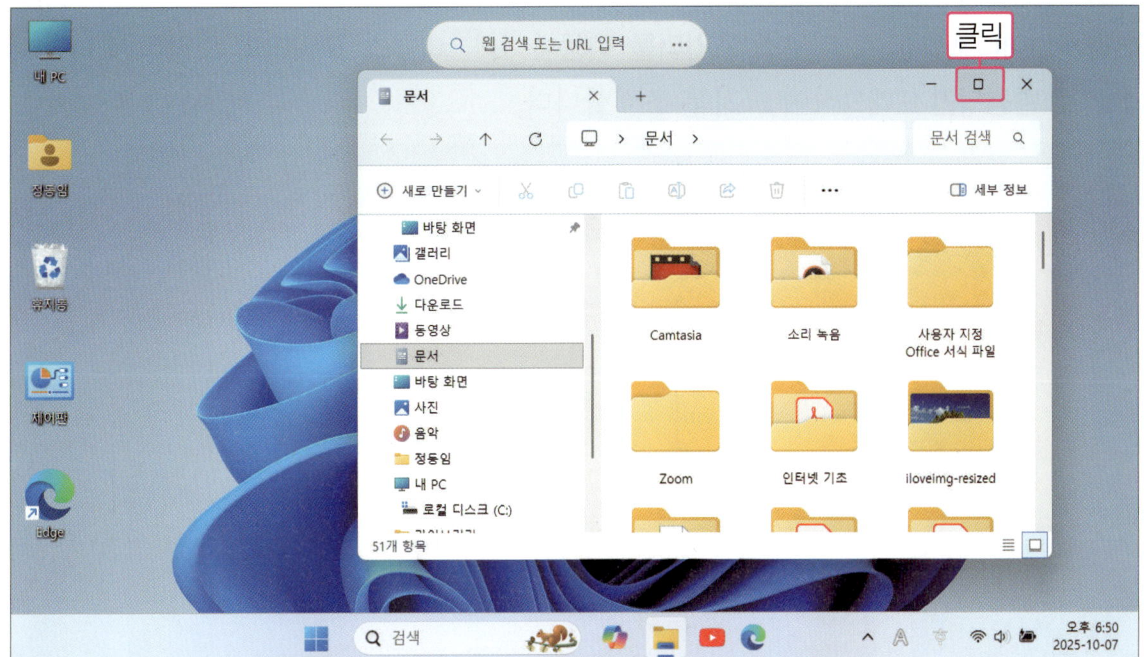

또 다른 방법으로 창의 제목 표시줄을 더블 클릭하면 창이 최대화되어 화면 전체를 채우게 됩니다.

05 창이 최대화되어 화면 전체를 채웁니다. 창 조절 버튼 중 [**□(이전 크기로 복원)] 버튼을 클릭**합니다. 창의 크기가 이전으로 복원됩니다.

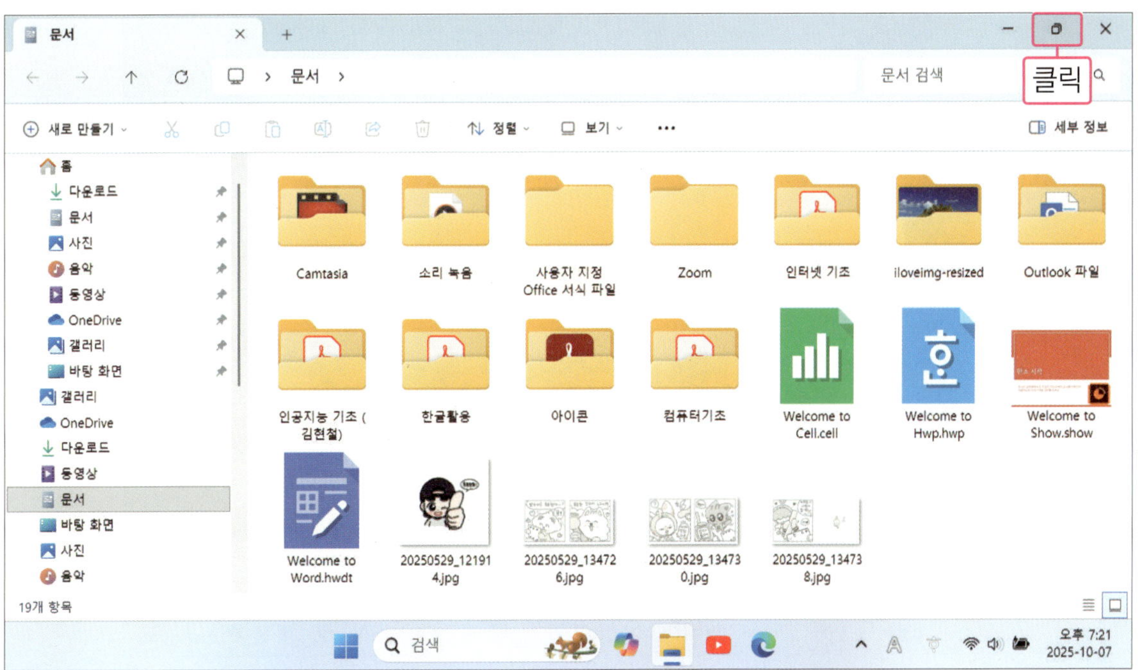

최대화된 창의 제목 표시줄을 더블 클릭해도 이전 크기로 복원됩니다.

▶ 창 크기 조절하기 : 사용자 지정

01 **창의 경계선이나 모서리로 마우스 포인터를 이동**합니다. **마우스 포인터의 모양이** 나 , 나 **로 변경되면 드래그**하여 크기를 조절합니다.

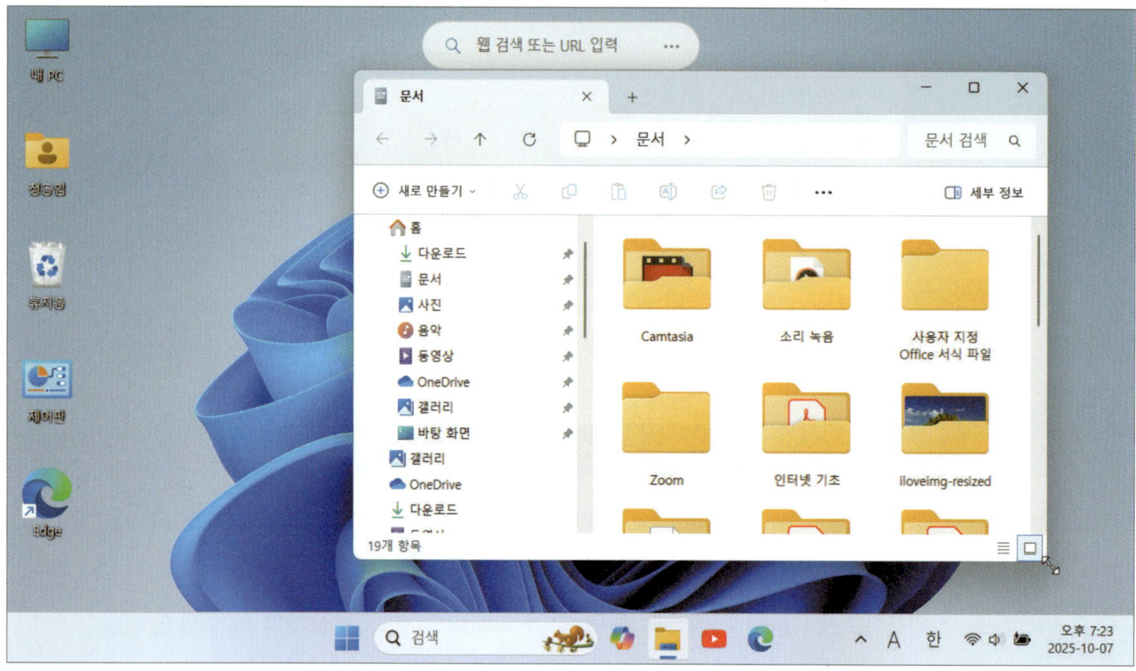

02 사용자가 원하는 크기로 창의 크기를 조절하고, **[ⓧ(닫기)] 버튼을 클릭**해 [문서] 창을 닫습니다.

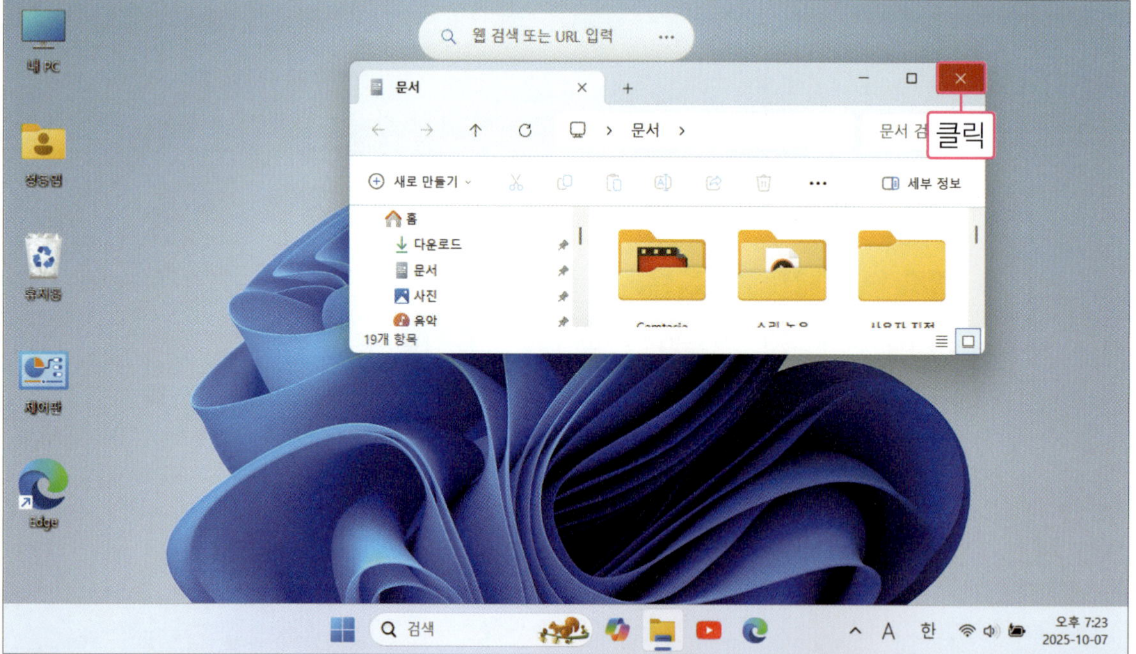

창의 제목 표시줄을 드래그하면 창을 원하는 곳으로 이동할 수 있습니다.

▸ 창의 스냅 기능 : 마우스 사용 방법

01 작업 표시줄의 고정된 앱에서 [(파일 탐색기)]를 **클릭**합니다.

스냅 기능

여러 앱을 화면에 나란히 배치하고, 미리 정해진 레이아웃을 선택해 효율적으로 멀티태스킹을 할 수 있도록 도와주는 기능입니다.

02 작업 표시줄의 [(Microsoft Edge)]를 **클릭**하여 엽니다.

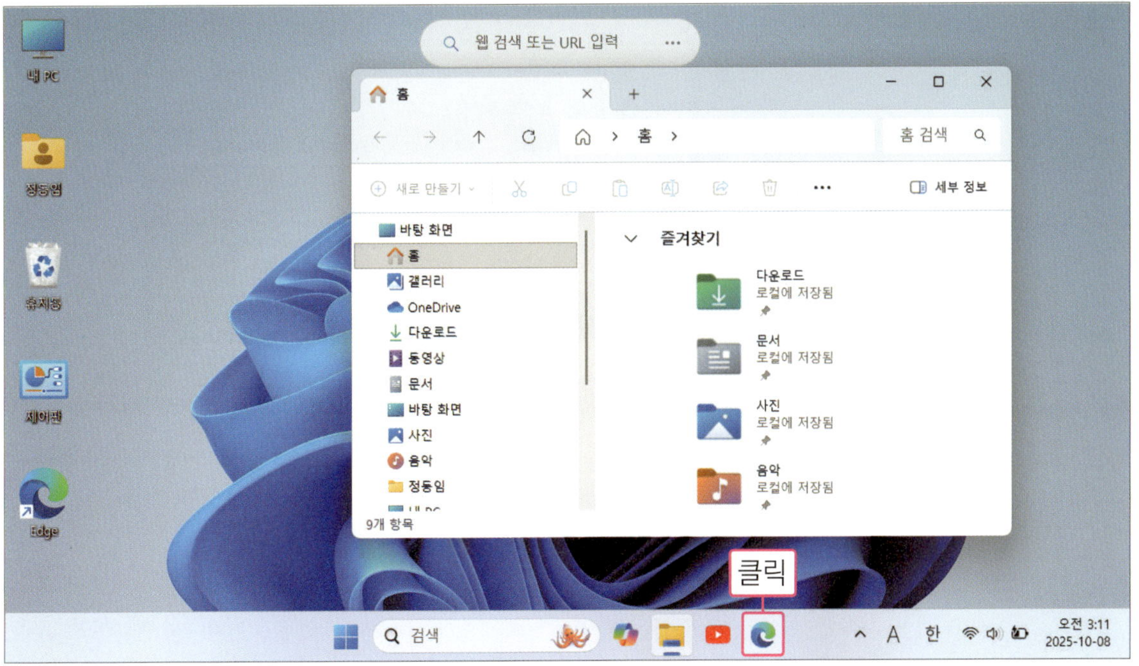

03 스냅 할 창에서 창 조절 버튼 중 [□(최대화)] 버튼 위로 마우스 포인터를 이동하면 스냅 레이아웃 상자가 나타납니다. **원하는 레이아웃을 클릭**합니다.

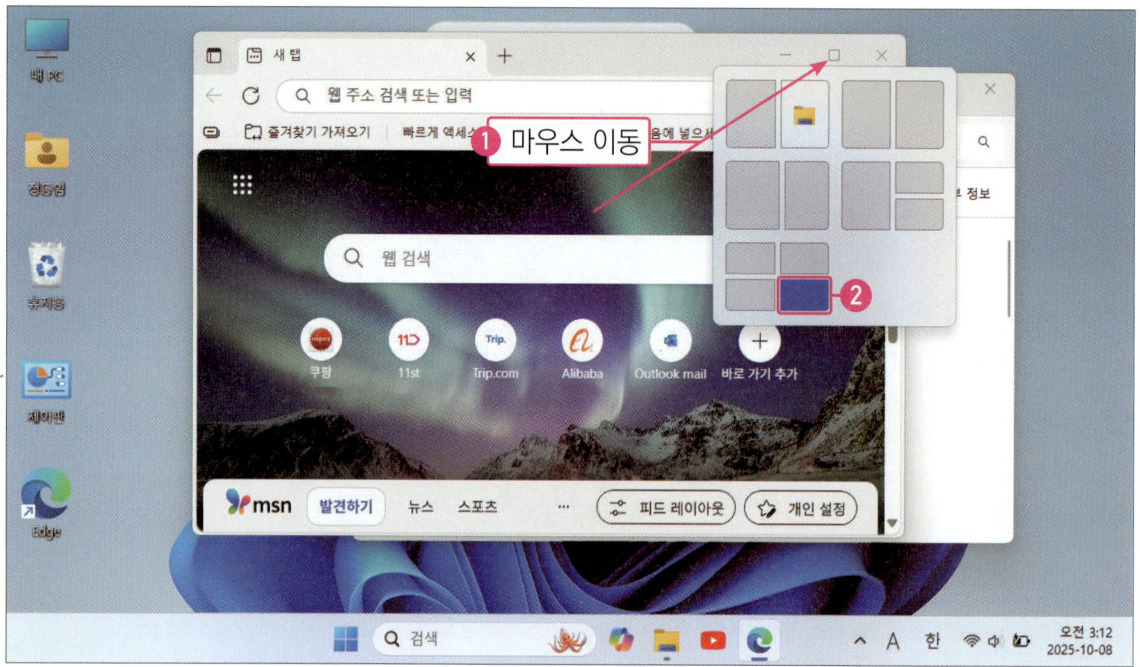

04 선택한 레이아웃에 창이 나타납니다. 나머지 창도 클릭합니다.

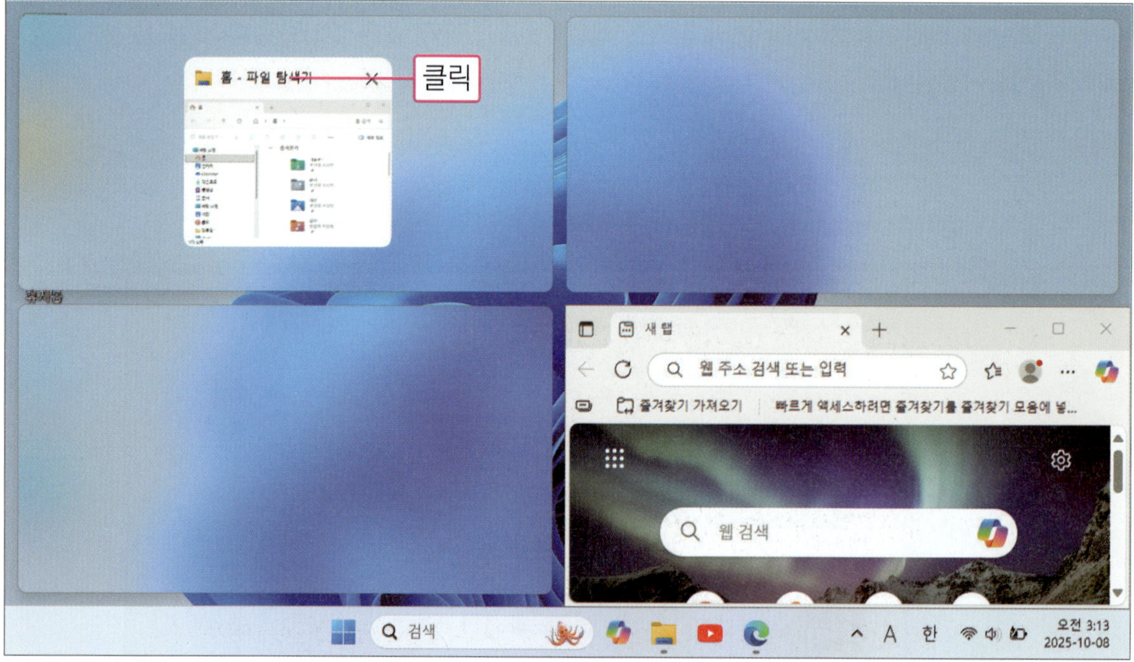

05 동시에 여러 가지 작업을 한 화면에서 할 수 있습니다.

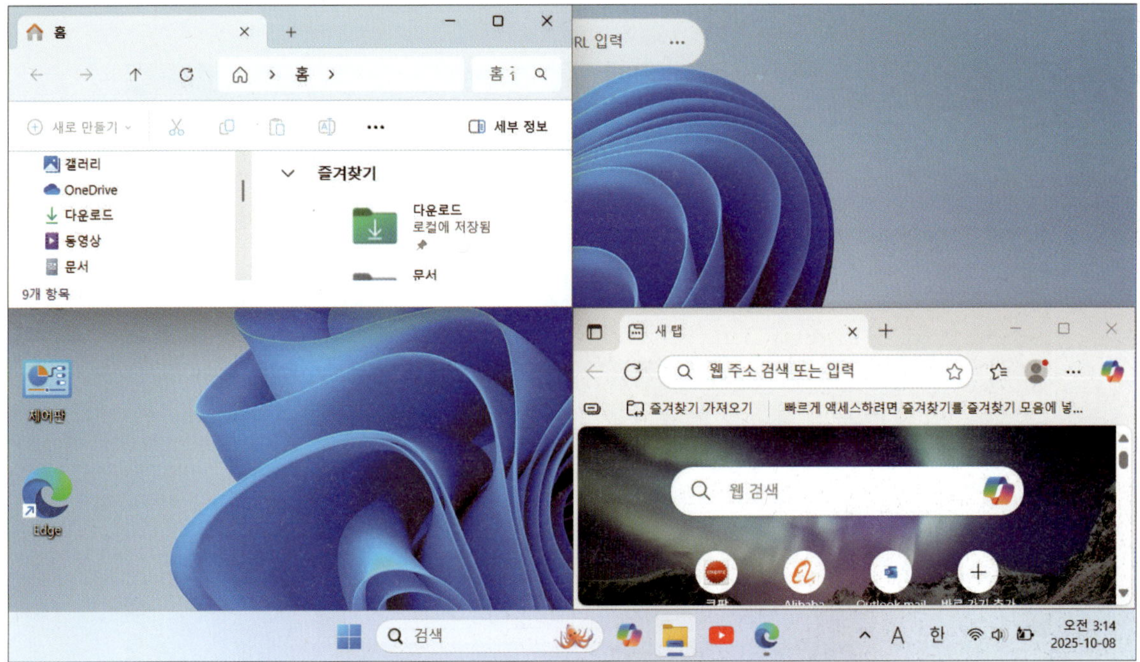

▶ 창의 스냅 기능 : 키보드 사용 방법

01 스냅 하기 위해 **파일 탐색기()** 창과 **Microsoft Edge()** 창을 열어 둔 후 **⊞ 키 + Z 키를 누릅니다.**

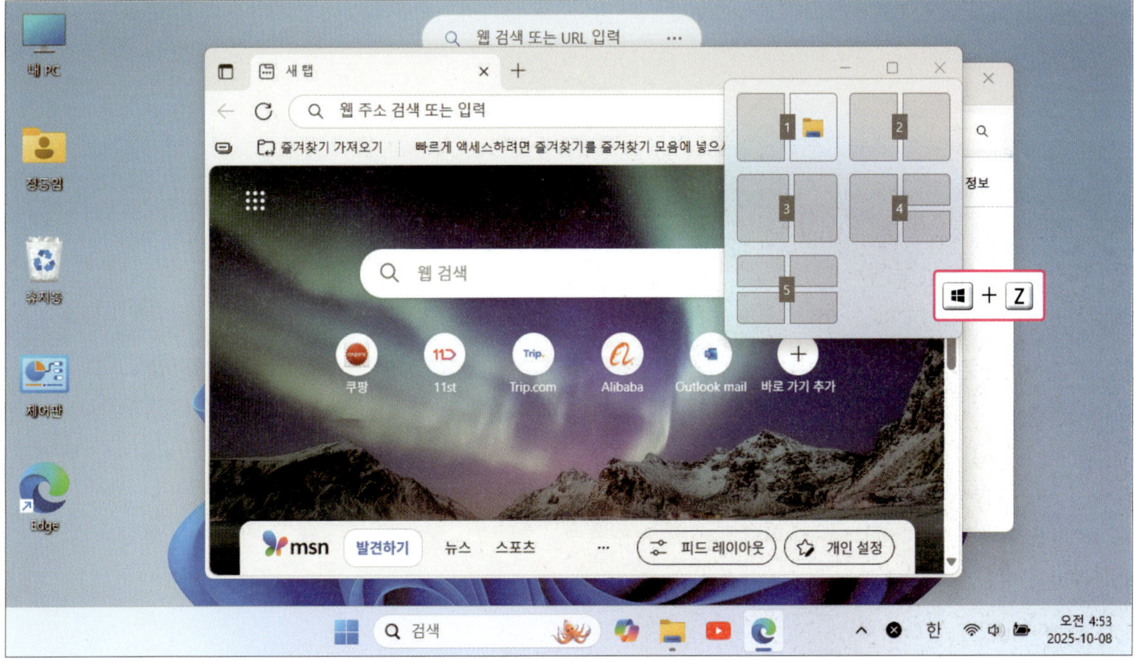

02 맨 앞쪽 활성화된 창 위에 스냅 레이아웃 상자가 나타나면 **방향키를 사용하여 원하는 레이아웃을 선택**한 후 Enter **키를 누릅니다.**

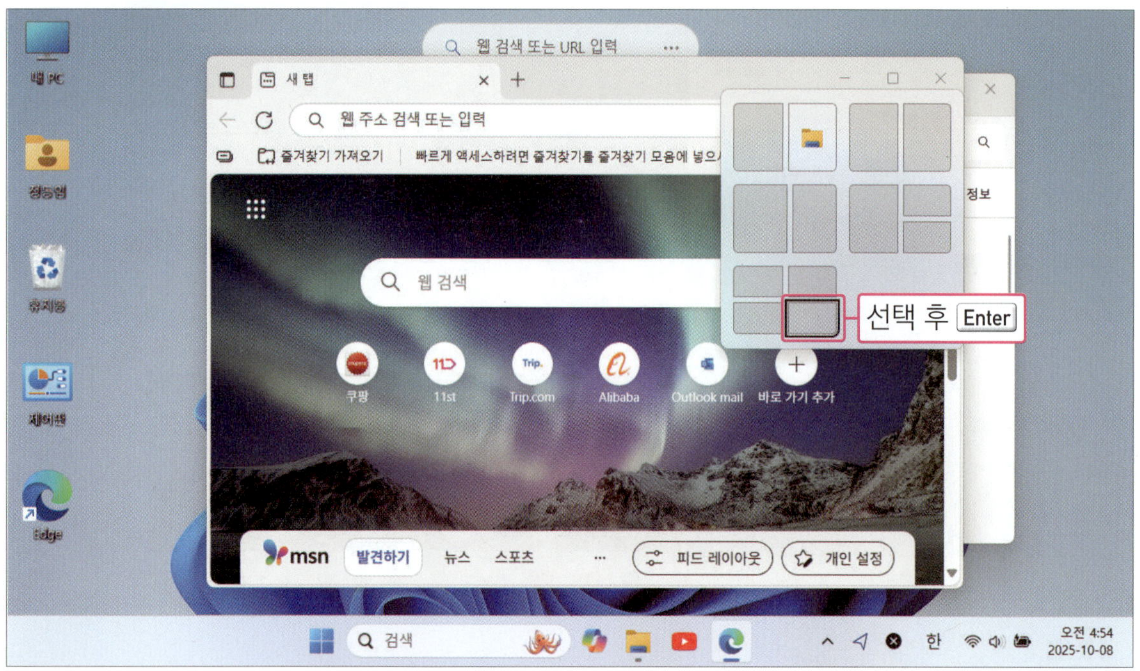

03 선택한 레이아웃에 창이 나타납니다. 나머지 창도 클릭합니다.

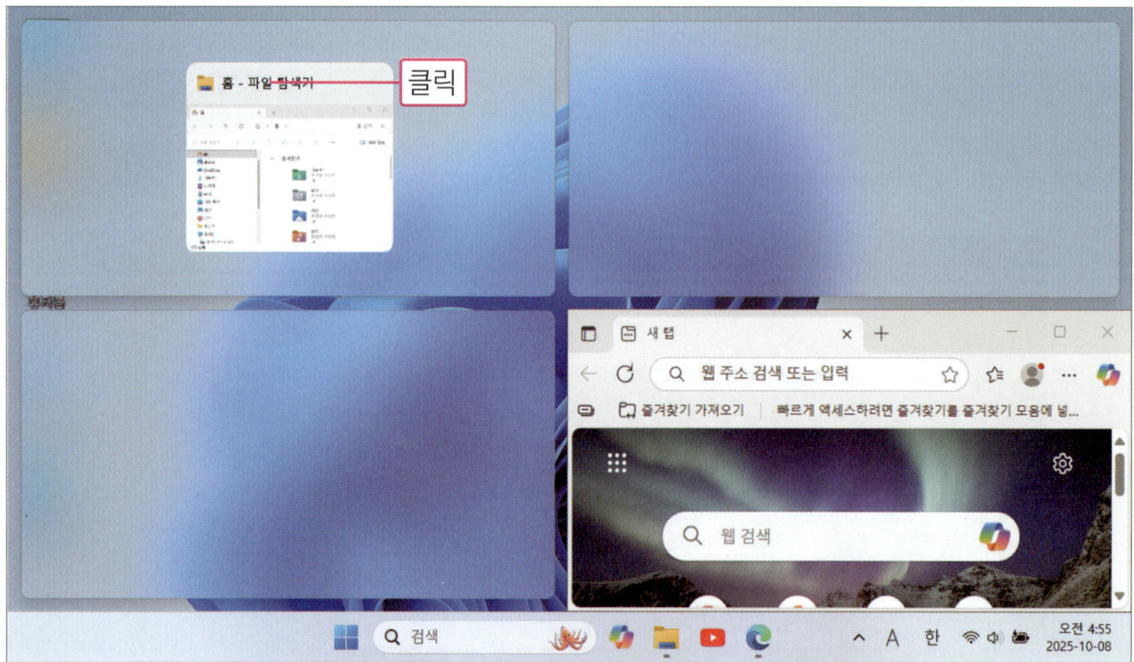

04 키보드만 사용하여 한 화면에서 작업할 수 있게 창을 배치했습니다.

스냅 레이아웃 끄기

- 설정에서 [시스템] – [멀티태스킹]을 클릭합니다. '창 끌기'를 [끔]으로 설정합니다. 그러면 창 조절 버튼 중 [□(최대화)] 버튼에 마우스를 가져가도 스냅 레이아웃 상자가 나타나지 않습니다.

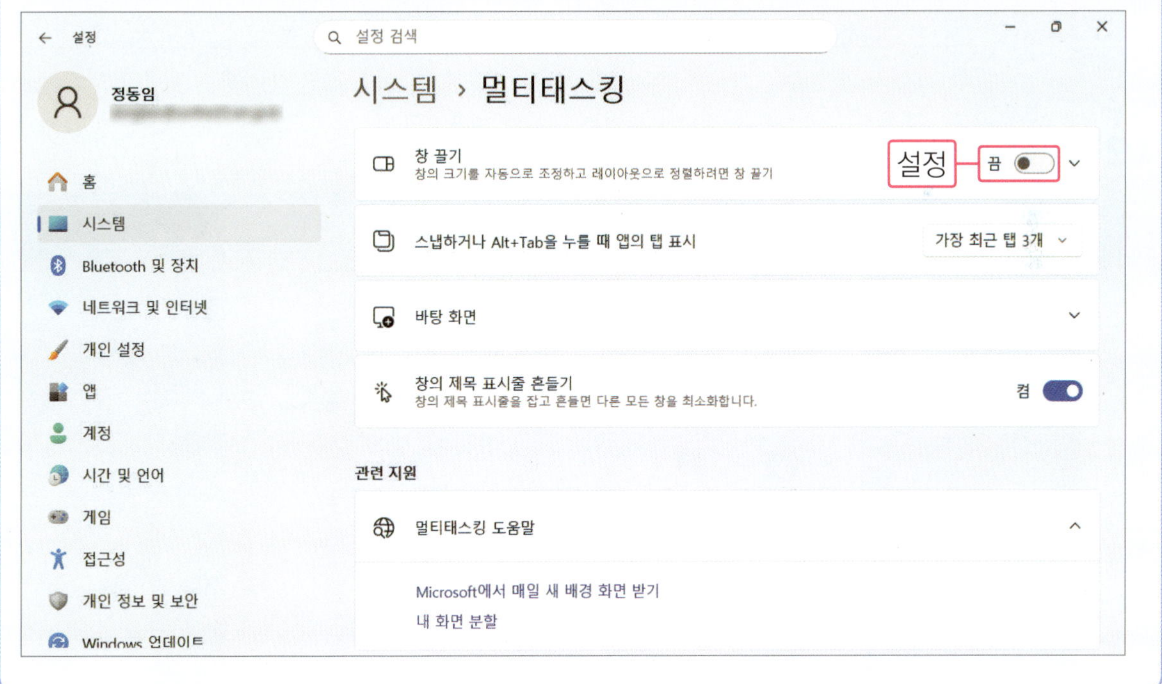

01 시작 메뉴를 두 줄씩 보이게 변경해 봅니다.

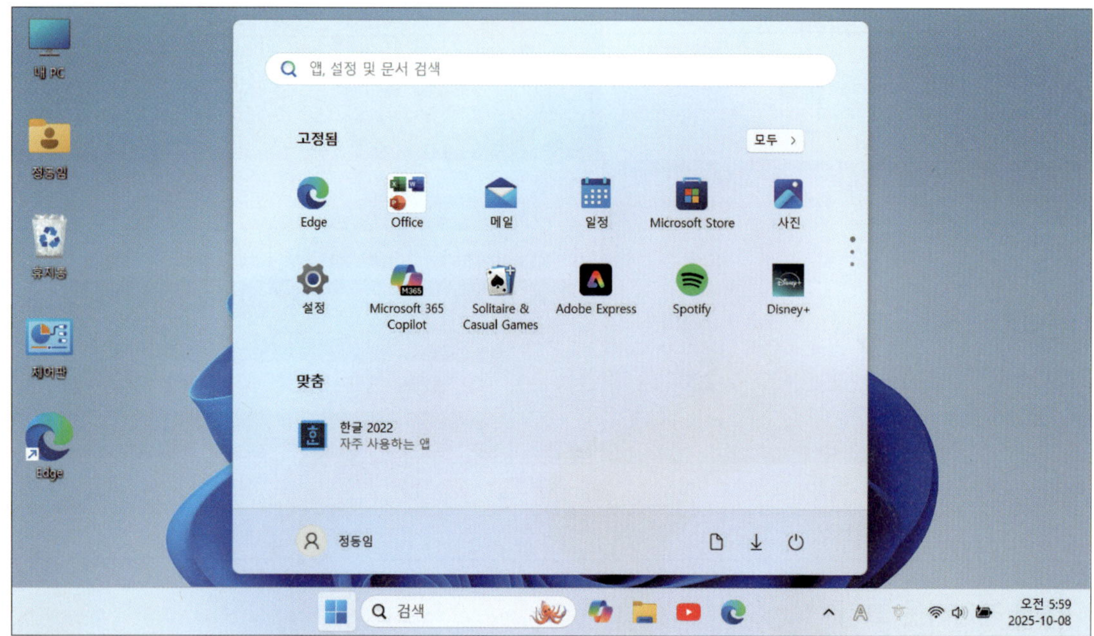

힌트 [설정]에서 [개인 설정] – [시작]을 클릭한 후 레이아웃을 '권장 사항 더 보기'로 설정합니다.

02 (한글) 앱을 시작 메뉴의 고정됨에 등록해 봅니다.

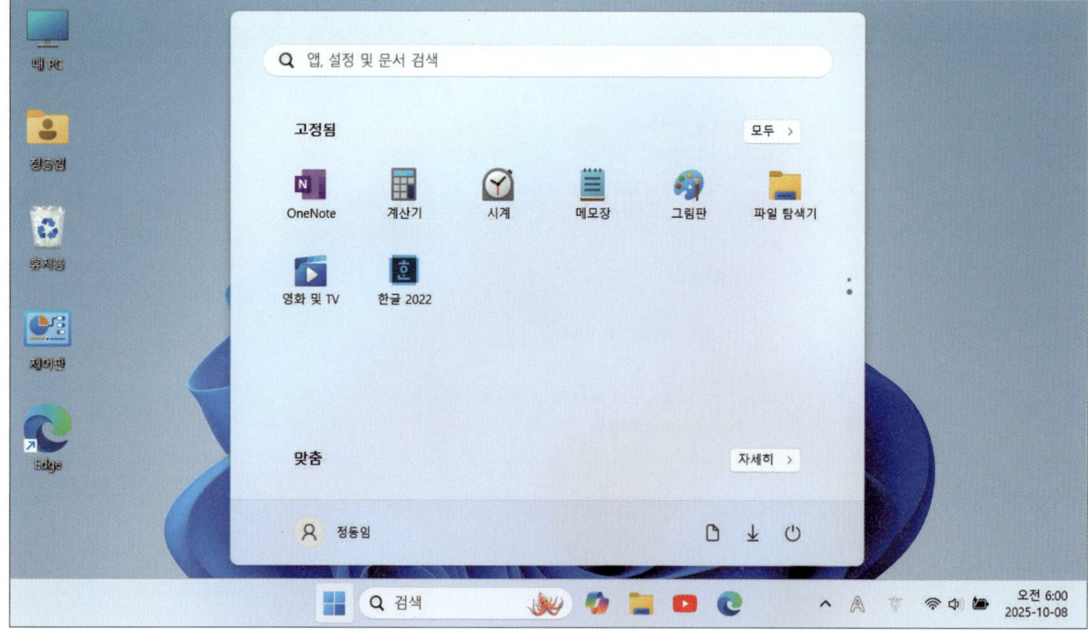

03 시작 메뉴에 'Sns'라는 이름의 앱 관련 폴더를 추가해 봅니다.

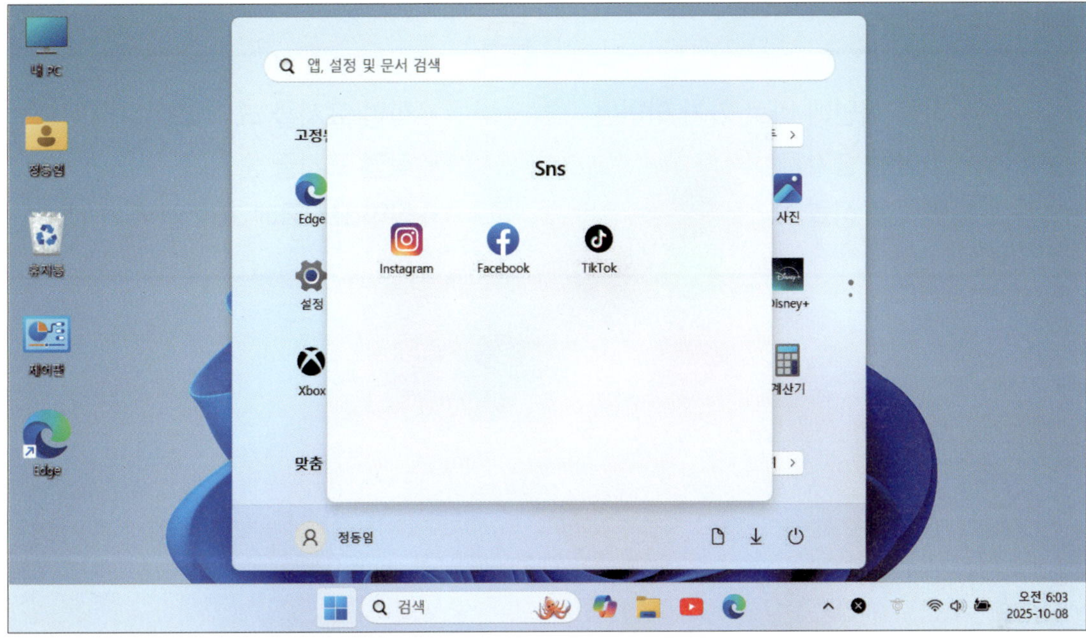

04 (휴지통)과 (Microsoft Edge) 앱을 실행한 후 스냅 기능을 활용하여 화면을 2분할 해봅니다.

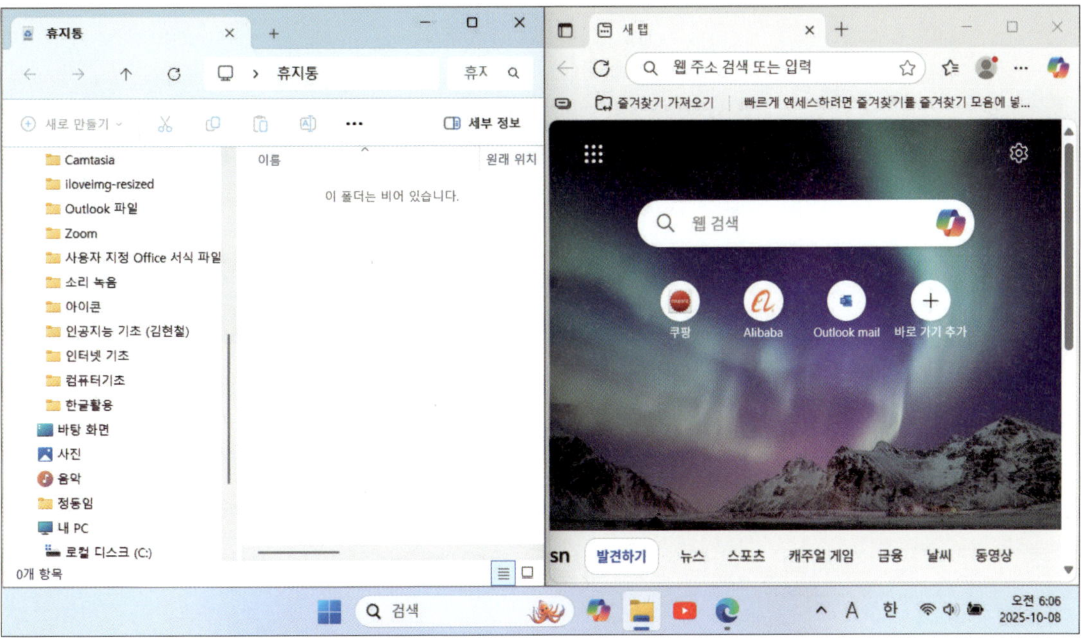

힌트 [(휴지통)] 창은 바탕 화면의 (휴지통) 아이콘을 더블 클릭하여 엽니다.

윈도우 기본기 익히기

- 바탕 화면에 바로 가기 아이콘
- 아이콘 숨기기
- 아이콘 정렬
- 작업 표시줄 크기 조정하기
- 작업 표시줄 숨기기
- 작업 표시줄에 고정 앱 추가/제거

미/리/보/기

아이콘 생성, 정렬 등 바탕 화면의 아이콘을 관리하는 방법과 작업 표시줄의 맞춤, 고정 앱 추가 등 작업 표시줄을 관리하는 방법을 알아보겠습니다. 바탕 화면의 아이콘과 작업 표시줄을 모두 숨겨서 화면을 깨끗하고 넓게 사용하는 방법도 함께 알아봅니다.

바탕 화면 아이콘과 작업 표시줄 살펴보기

▸ 바탕 화면의 아이콘

바탕 화면에는 자주 사용하는 앱의 아이콘을 모아 둡니다. 아이콘을 더블 클릭하면 해당 앱을 실행할 수 있습니다.

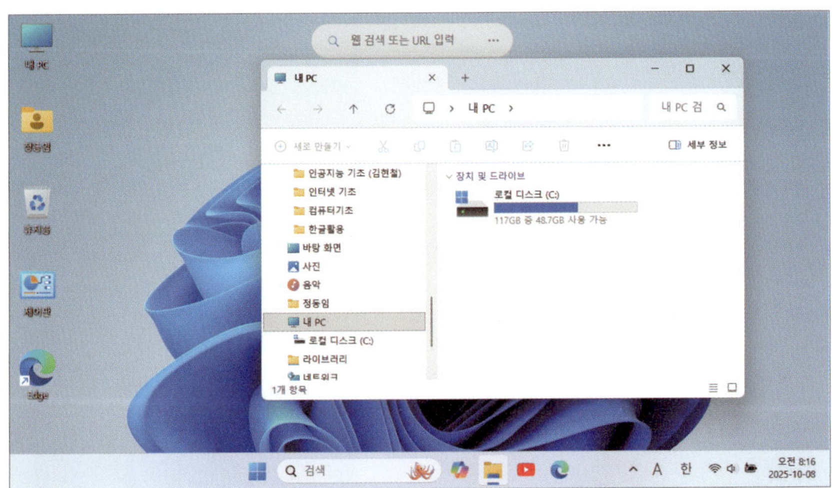

바탕 화면에 표시된 아이콘의 구성은 사용자의 컴퓨터 설정에 따라 다릅니다.

▸ 작업 표시줄 설정

작업 표시줄을 숨겨 바탕 화면을 넓게 사용하고 싶다면 작업 표시줄을 마우스 오른쪽 버튼으로 클릭한 후 바로 가기 메뉴에서 [작업 표시줄 설정]을 클릭합니다. [설정] 창이 나타나면 '작업 표시줄 동작'에서 설정을 변경할 수 있습니다.

▲ 작업 표시줄

▲ 작업 표시줄 자동 숨기기

윈도우 10에서는 작업 표시줄을 드래그하여 원하는 곳에 옮길 수 있지만 윈도우 11에서는 작업 표시줄을 드래그하여 옮길 수 없습니다.

바탕 화면 아이콘과 작업 표시줄 다루기

▸ 바탕 화면에 바로 가기 아이콘 만들기

01 [시작(■)] 버튼을 클릭한 후 [모두]를 클릭하고 바로 가기 아이콘을 만들려는 앱(여기서는 'Chrome')을 바탕 화면으로 드래그합니다.

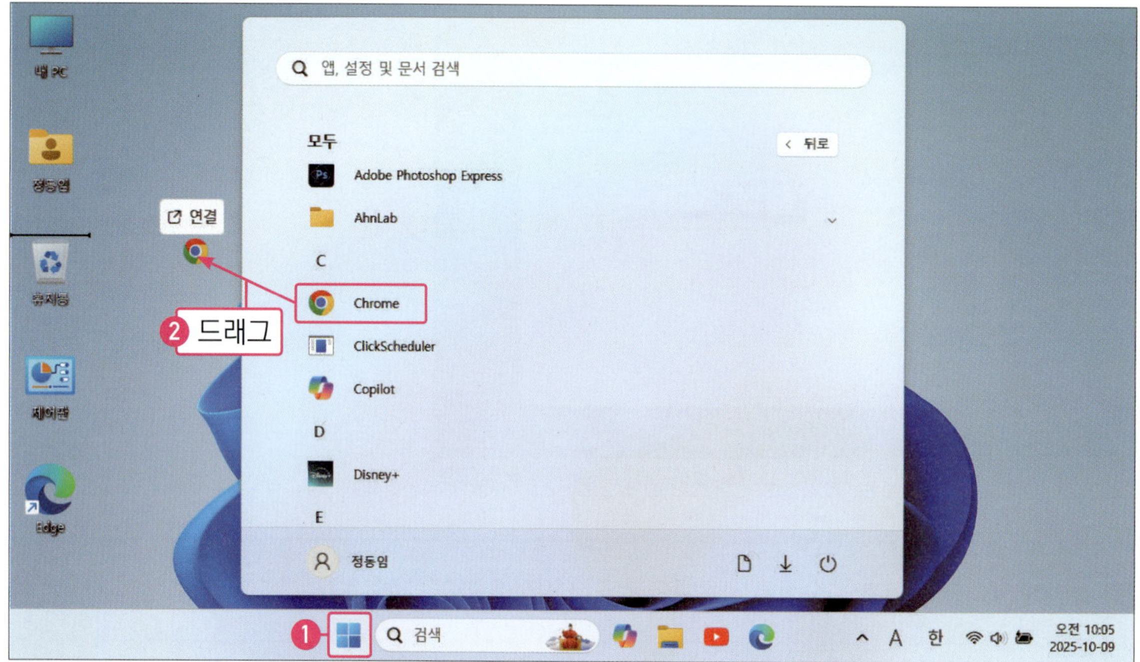

02 바탕 화면에 바로 가기 아이콘이 추가된 것을 확인합니다.

크롬 설치

크롬은 가장 많이 사용하는 웹브라우저이지만 윈도우 11의 기본 앱이 아니기 때문에 설치해야 합니다. 크롬(https://www.google.com/intl/ko_kr/chrome) 사이트에 접속한 후 [Chrome 다운로드] 버튼을 클릭해 파일을 다운로드하여 설치합니다.

바로 가기 아이콘을 만들 앱을 검색하여 추가하기

① 작업 표시줄의 검색 상자에서 'chrome'이라고 입력하면 검색 목록에 [Chrome] 앱이 검색되고 검색된 목록 오른쪽에서 [파일 위치 열기]를 클릭합니다.

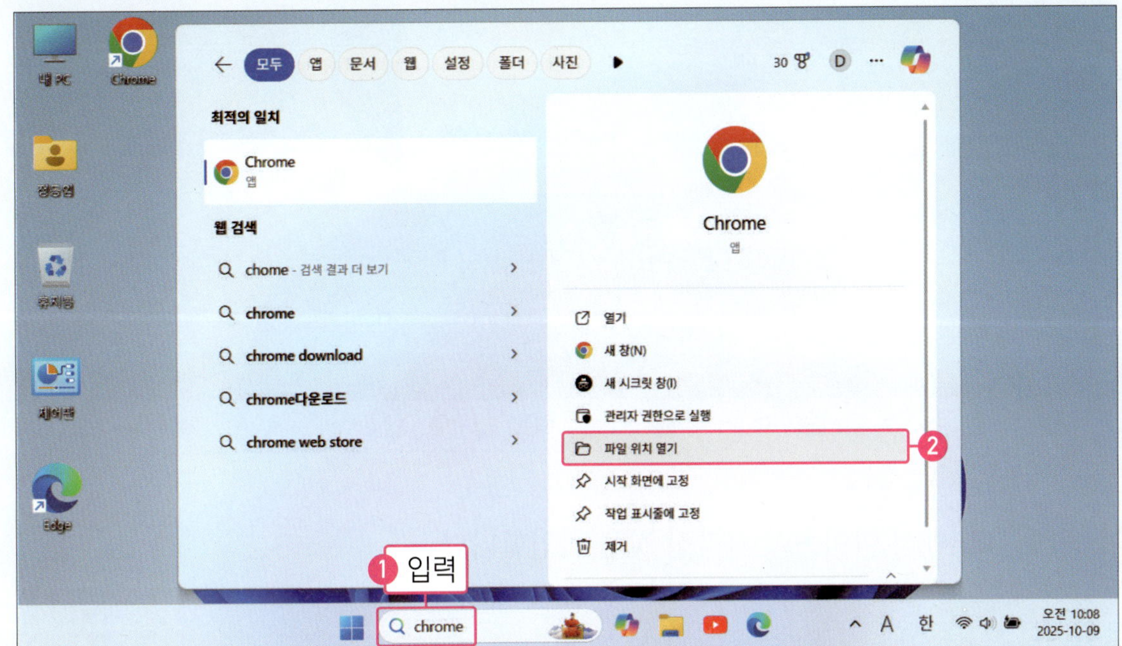

② 파일이 있는 폴더가 열리면 [Chrome] 앱을 마우스 오른쪽 버튼으로 클릭한 후 [추가 옵션 표시]를 클릭하고, [보내기] – [바탕 화면에 바로 가기 만들기]를 클릭합니다. 그러면 바탕 화면에 바로 가기 아이콘이 추가됩니다.

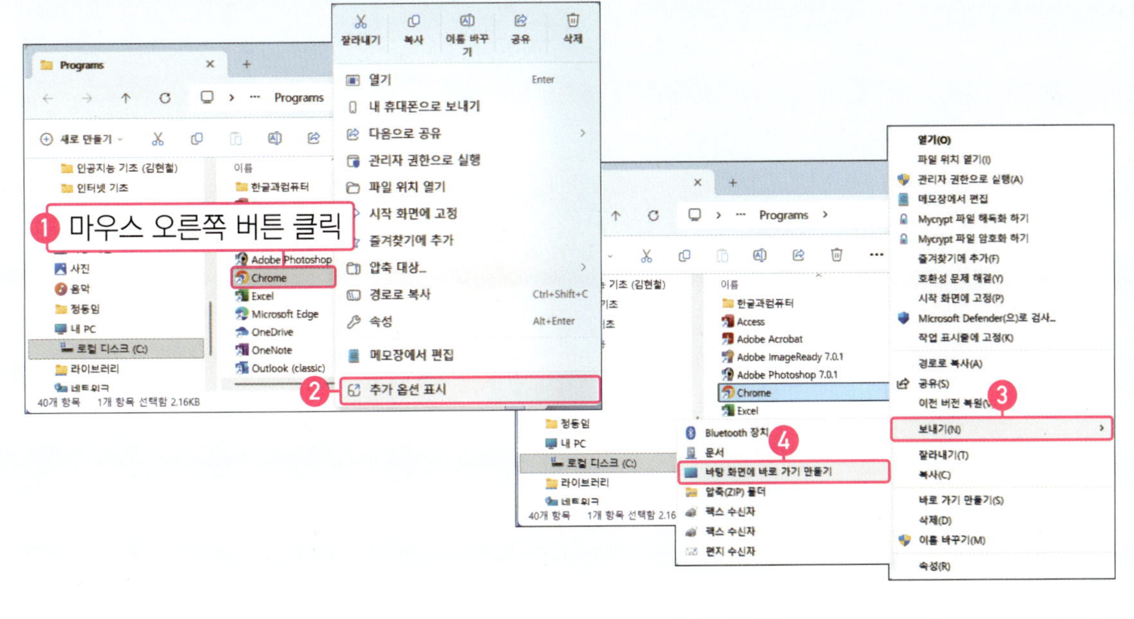

▶ 바탕 화면의 아이콘 숨기기/표시하기

01 바탕 화면의 아이콘을 숨겨서 깔끔하게 정리해 보겠습니다. **바탕 화면의 빈 공간에서 마우스 오른쪽 버튼을 클릭**합니다. 바로 가기 메뉴가 나타나면 **[보기] – [바탕 화면 아이콘 표시]를 클릭하여 체크를 해제**합니다.

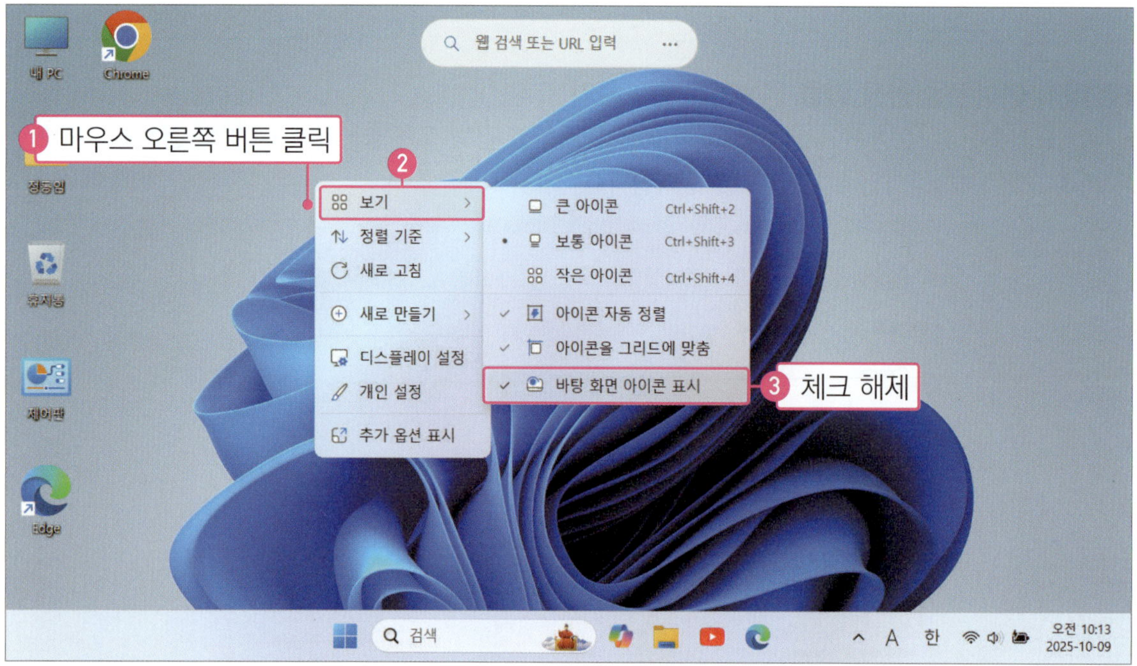

02 바탕 화면에서 아이콘이 사라진 것을 확인합니다.

03 다시 바탕 화면에 아이콘을 표시해 보겠습니다. **바탕 화면의 빈 공간에서 마우스 오른쪽 버튼을 클릭**한 후 바로 가기 메뉴에서 **[보기] – [바탕 화면 아이콘 표시]를 클릭하여 체크**합니다.

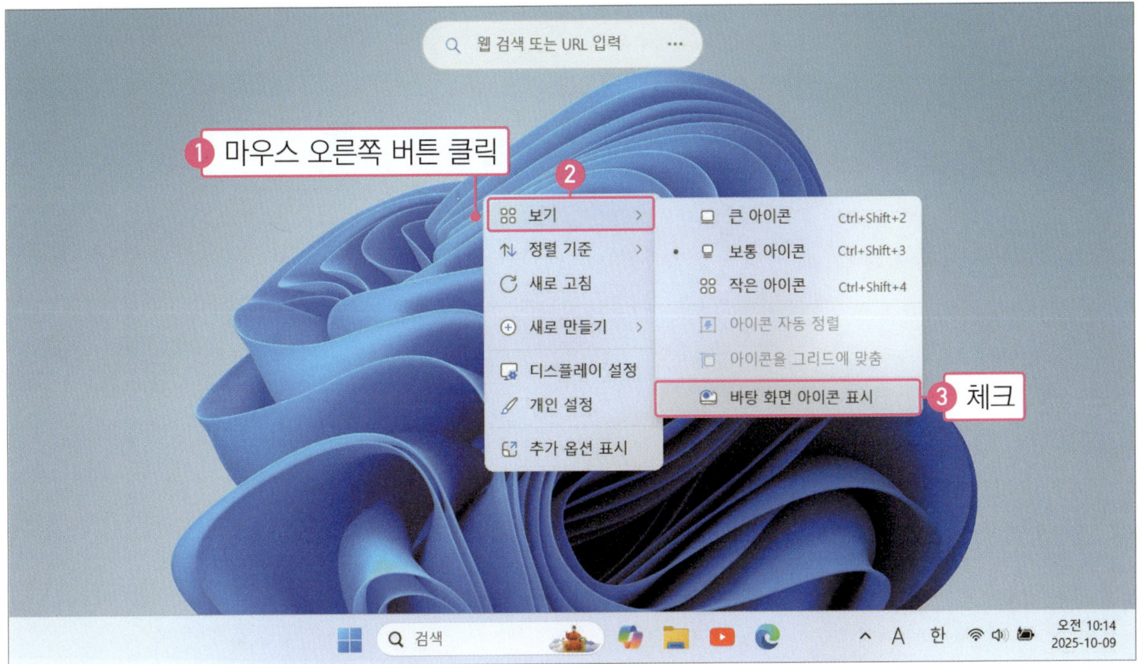

▶ 바탕 화면의 아이콘 정렬하기

01 **바탕 화면의 빈 공간에서 마우스 오른쪽 버튼을 클릭**한 후 바로 가기 메뉴에서 **[보기] – [아이콘 자동 정렬]을 클릭하여 체크를 해제**합니다.

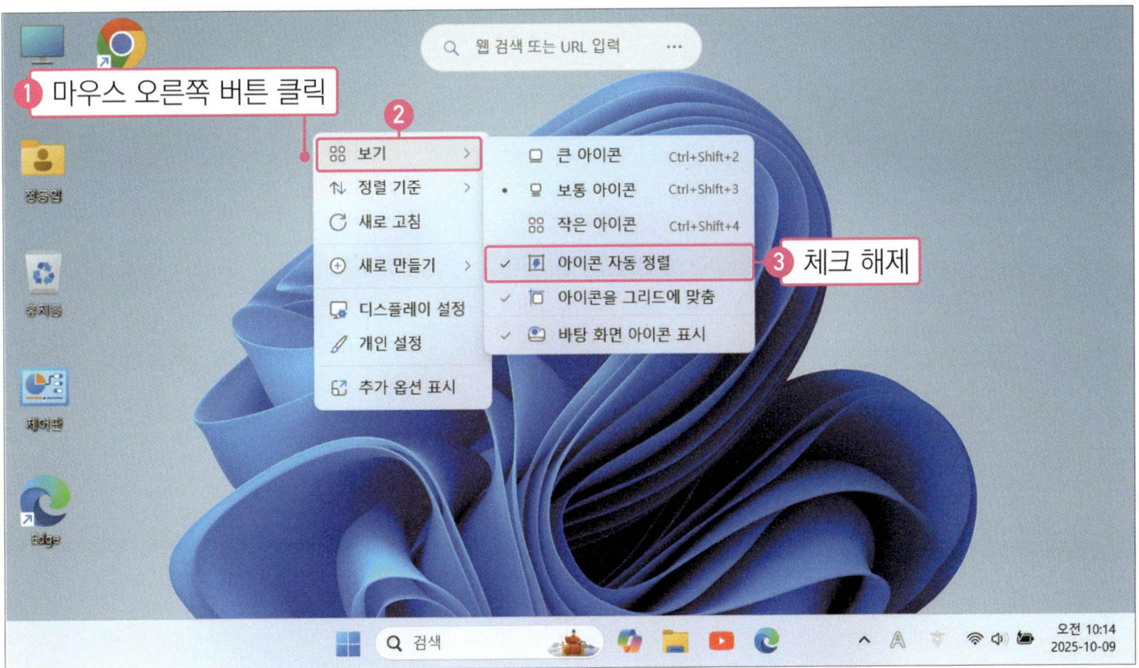

02 '아이콘 자동 정렬'의 체크를 해제하였기 때문에 바탕 화면의 아이콘을 원하는 곳으로 드래그하여 이동할 수 있습니다. **이동하고 싶은 아이콘을 원하는 위치로 드래그**합니다.

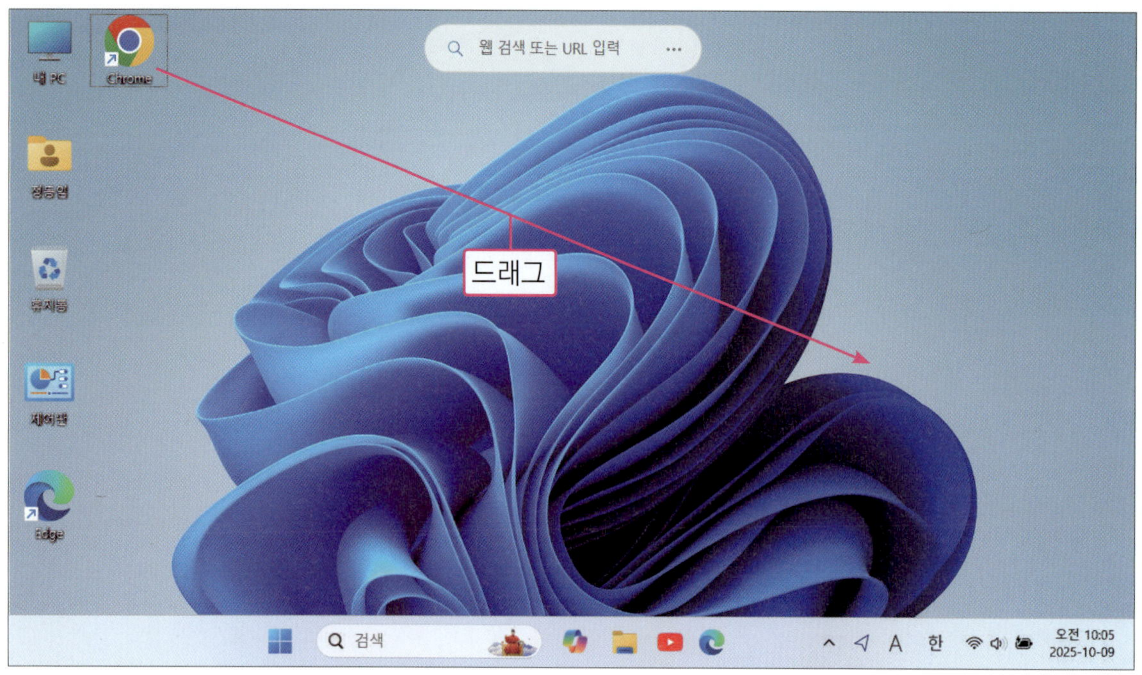

03 다른 아이콘도 드래그하여 배치해 봅니다.

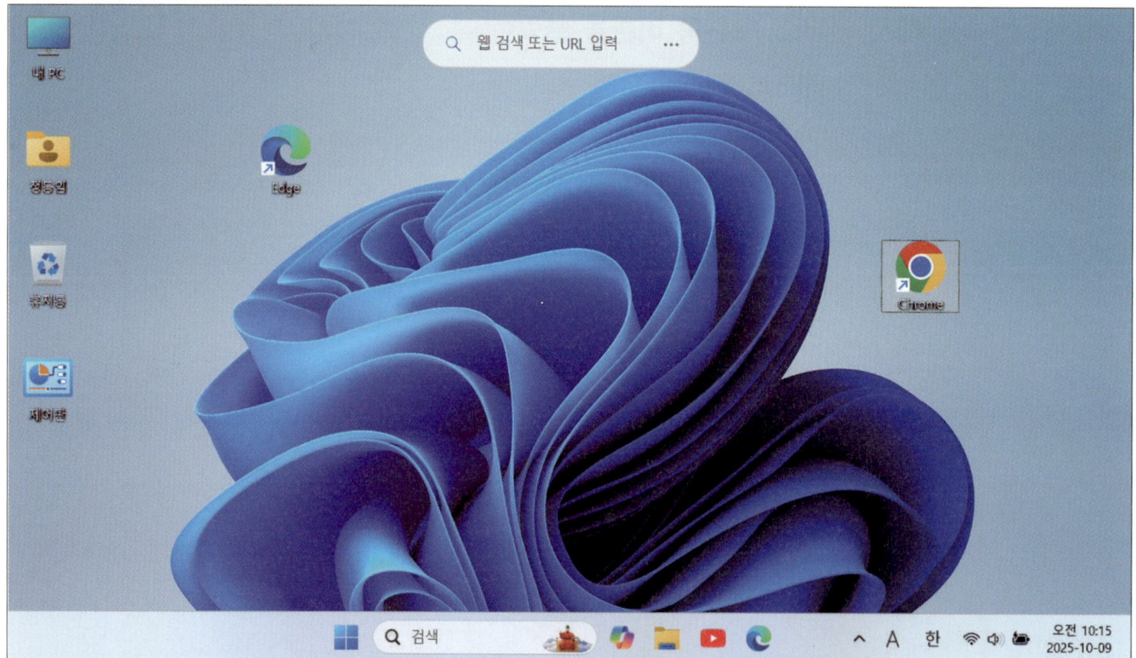

04 자유롭게 배치된 아이콘을 다시 한쪽으로 정렬해 보겠습니다. **바탕 화면의 빈 공간에서 마우스 오른쪽 버튼을 클릭**한 후 바로 가기 메뉴에서 **[정렬 기준] – [수정한 날짜]를 클릭**합니다.

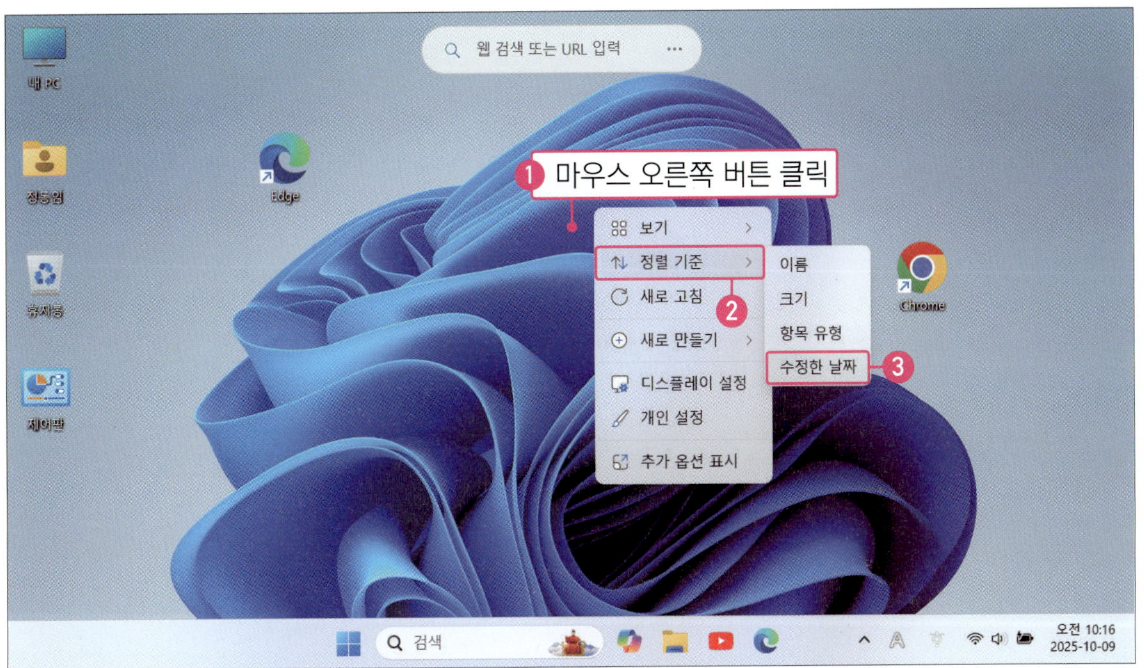

05 바탕 화면의 아이콘들이 수정한 날짜를 기준으로 정렬됩니다.

잠깐

아이콘 크기 조정하기

바탕 화면의 빈 공간에서 마우스 오른쪽 버튼을 클릭한 후 바로 가기 메뉴에서 [보기]의 '큰 아이콘', '보통 아이콘', '작은 아이콘' 중에서 선택하여 아이콘의 크기를 조정할 수 있습니다.

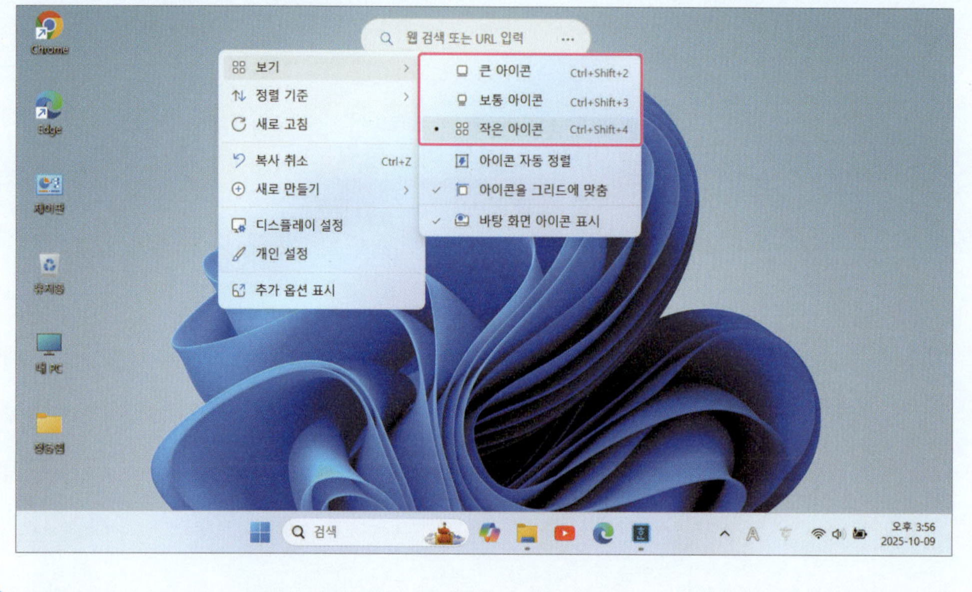

▶ 바탕 화면 아이콘 설정하기

바탕 화면에 표시된 '내 PC', '휴지통', '문서', '제어판', '네트워트' 등의 아이콘을 숨기거나 표시하는 방법을 알아보겠습니다.

01 **바탕 화면의 빈 공간에서 마우스 오른쪽 버튼을 클릭**한 후 바로 가기 메뉴에서 **[개인 설정]을 클릭**합니다.

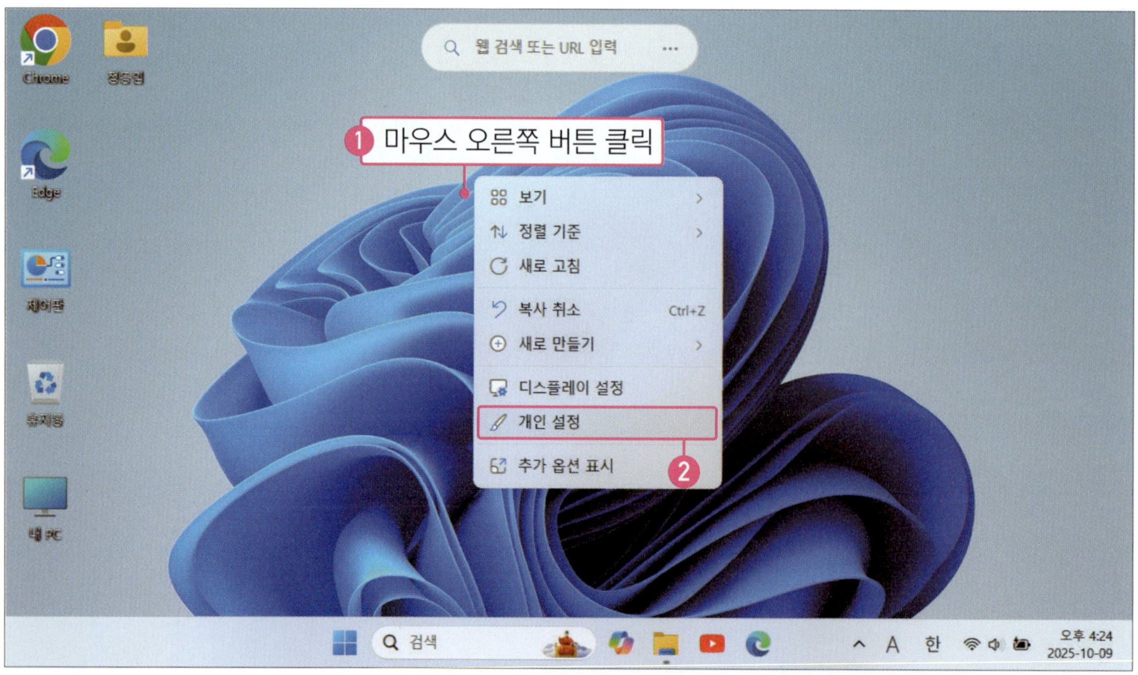

02 [설정] 창의 **[개인 설정] – [테마]**에서 '관련 설정' 중 **[바탕 화면 아이콘 설정]**을 **클릭**합니다.

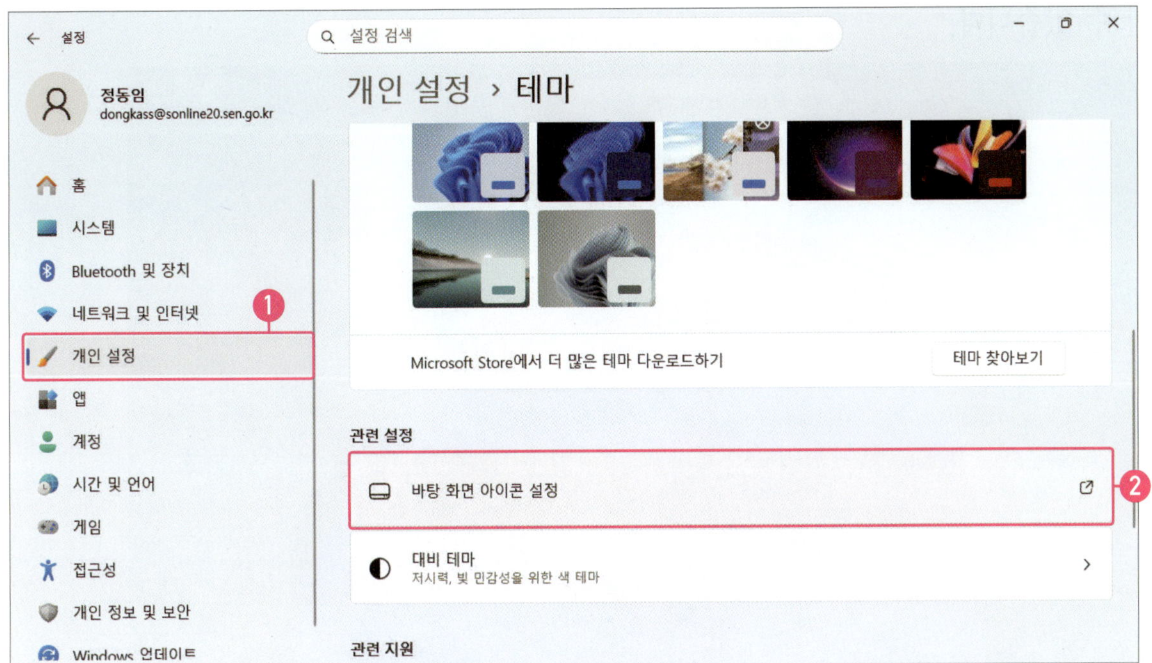

03 [바탕 화면 아이콘 설정] 대화상자가 나타나면 **[바탕 화면 아이콘] 탭의 '바탕 화면 아이콘'**에서 **보일 아이콘은 체크**하고, **숨기고 싶은 아이콘은 체크를 해제**한 후 **[확인] 버튼을 클릭**합니다. 여기서는 '문서'의 체크 표시만 해제합니다.

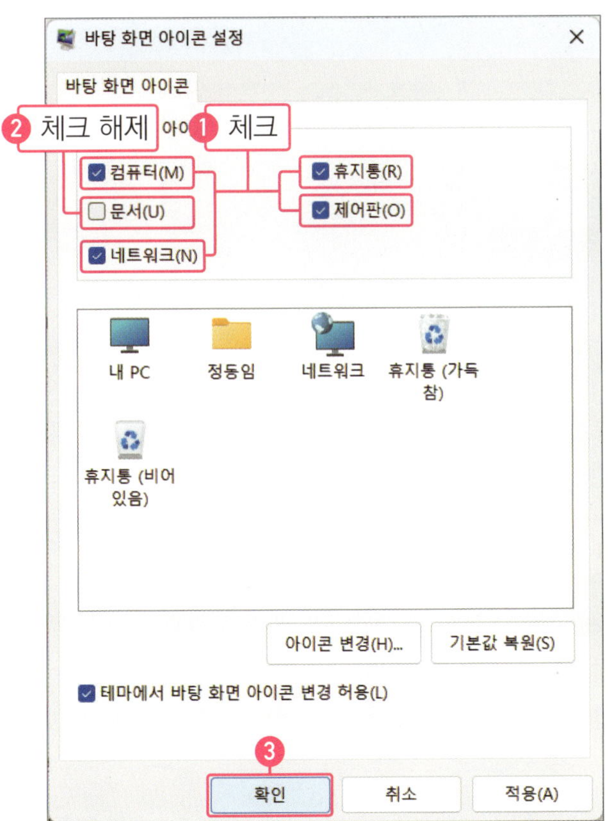

04 [설정] 창의 **[×(닫기)] 버튼을 클릭**합니다.

05 바탕 화면에 (네트워크) 아이콘은 추가되었고, (문서) 아이콘은 보이지 않는 것을 확인할 수 있습니다.

▸ 작업 표시줄 위치 설정하기

01 **작업 표시줄의 빈 영역에서 마우스 오른쪽 버튼을 클릭**한 후 바로 가기 메뉴에서 **[작업 표시줄 설정]을 클릭**합니다.

02 [설정] 창의 [작업 표시줄] 화면이 나타납니다. **[작업 표시줄 동작]을 클릭**합니다.

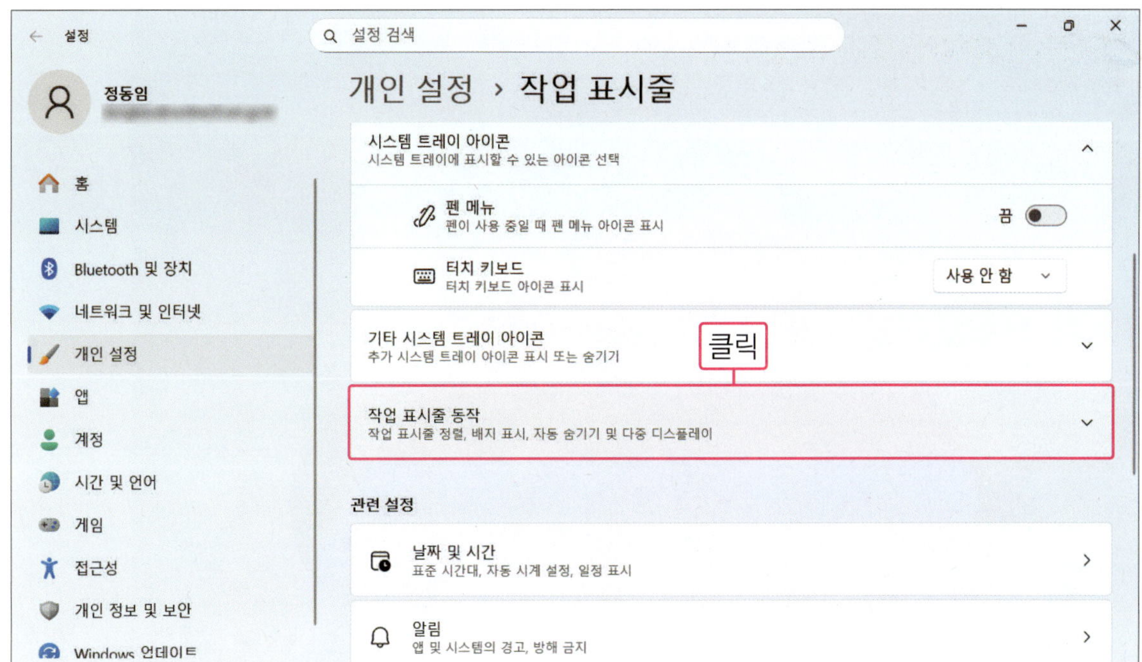

03 '작업 표시줄 동작'의 **[가운데]를 클릭하여 [왼쪽]으로 설정**하고, [설정] 창의 **[☒(닫기)] 버튼을 클릭**합니다.

윈도우 11에서는 작업 표시줄의 크기나 위치를 드래그하여 변경할 수 없습니다. 작업 표시줄은 아래에 고정되어 있는 상태지만 [시작(⊞)] 버튼, 검색 상자, 고정된 앱 등을 윈도우 10처럼 왼쪽으로 위치를 이동할 수 있습니다.

04 작업 표시줄의 위치가 왼쪽으로 이동한 것을 확인할 수 있습니다.

05 작업 표시줄의 맞춤을 다시 **[가운데]로 설정**합니다.

▶ 작업 표시줄 숨기기

01 **작업 표시줄의 빈 영역에서 마우스 오른쪽 버튼을 클릭**한 후 바로 가기 메뉴에서 **[작업 표시줄 설정]을 클릭**합니다.

02 [설정] 창의 [작업 표시줄] 화면이 나타나면 **[작업 표시줄 동작]을 클릭**한 후 **[작업 표시줄 자동 숨기기]에 체크 표시를**합니다. [☒(닫기)] **버튼을 클릭**하여 창을 닫습니다.

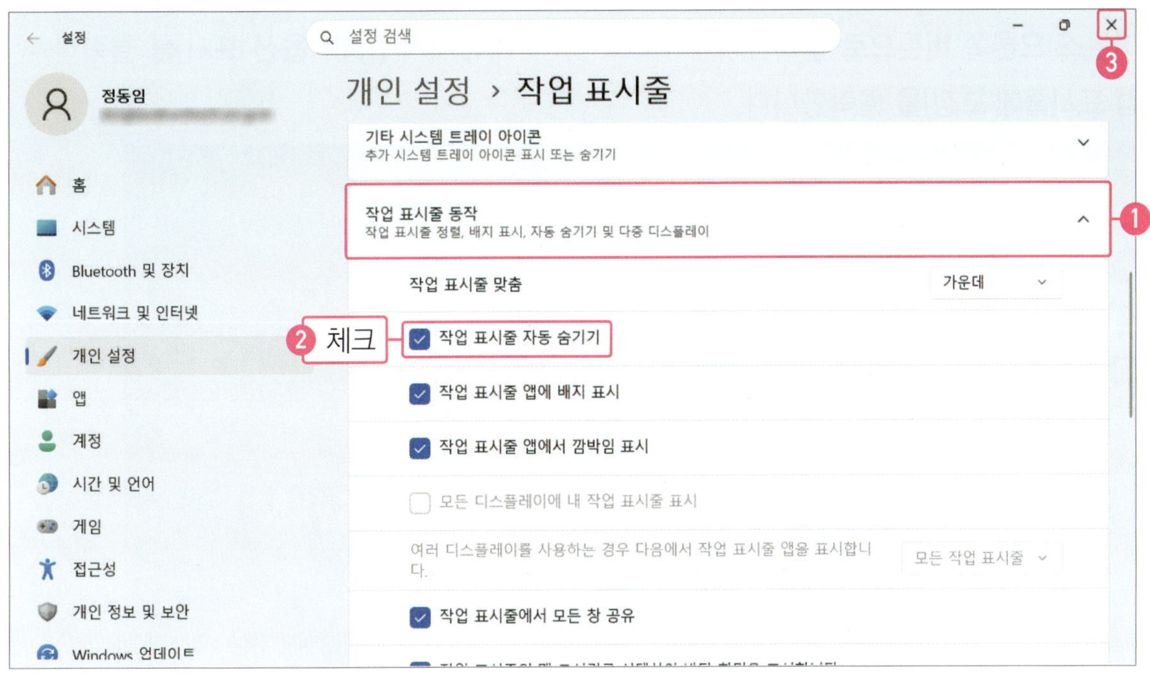

03 작업 표시줄이 숨겨져 바탕 화면을 넓게 사용할 수 있습니다.

04 작업 표시줄이 있는 아래쪽으로 마우스 포인터를 이동하면 작업 표시줄이 표시됩니다. 다시 작업 표시줄 설정에서 **[작업 표시줄 자동 숨기기]에 체크 표시를 해제**합니다.

▶ 작업 표시줄에 앱 고정하기/제거하기

01 작업 표시줄의 고정된 앱에 새로운 앱을 추가하기 위해 **바탕 화면의 [(Chrome)] 아이콘을 마우스 오른쪽 버튼으로 클릭**합니다. 바로 가기 메뉴에서 **[추가 옵션 표시]를 클릭**한 후 **[작업 표시줄에 고정]을 클릭**합니다.

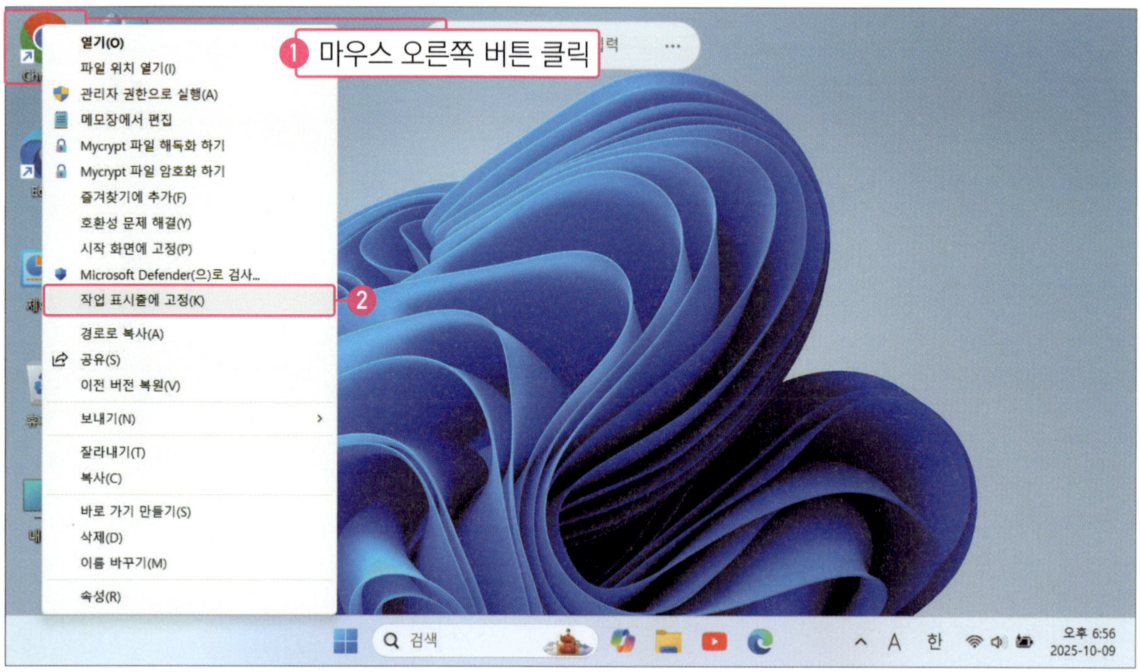

02 작업 표시줄에 (Chrome) 앱이 추가된 것을 확인합니다.

03 이번에는 작업 표시줄의 고정된 앱에 추가한 앱을 제거해 보겠습니다. **작업 표시줄의 [(Chrome)] 앱을 마우스 오른쪽 버튼으로 클릭**한 후 바로 가기 메뉴에서 **[작업 표시줄에서 제거]를 클릭**합니다.

04 작업 표시줄에 (Chrome) 앱이 제거된 것을 확인할 수 있습니다.

잠깐

작업 보기 추가하기

작업 보기는 열려 있는 모든 창과 가상 데스크톱을 한눈에 보고 관리할 수 있는 기능입니다. 작업 표시줄에 기본으로 설정되어 있지 않다면, 설정을 변경해 주어야 합니다.

① 작업 표시줄의 빈 영역에서 마우스 오른쪽 버튼을 클릭한 후 바로 가기 메뉴에서 [작업 표시줄 설정]을 클릭합니다.

② [설정] 창의 [작업 표시줄] 화면이 나타나면 '작업 표시줄 항목' 중 '작업 보기'를 [켬]으로 설정합니다. [☒(닫기)] 버튼을 클릭하여 창을 닫습니다.

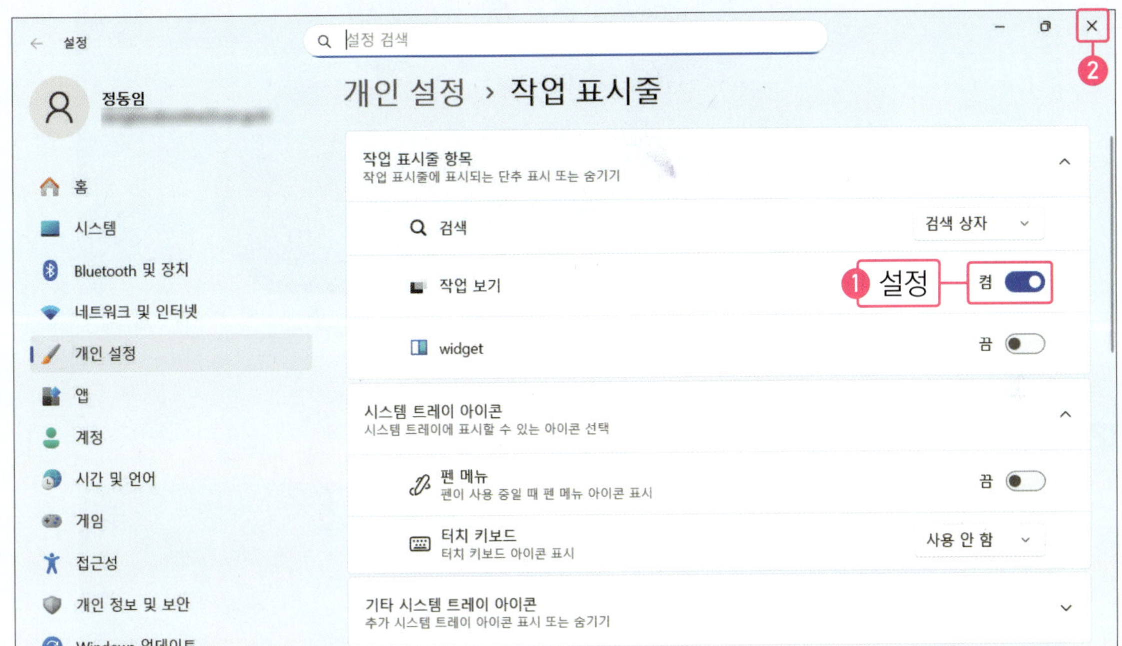

③ 작업 표시줄에 추가된 [(작업 보기)]를 클릭하면 열려 있는 모든 창과 가상 데스크톱을 한눈에 볼 수 있습니다.

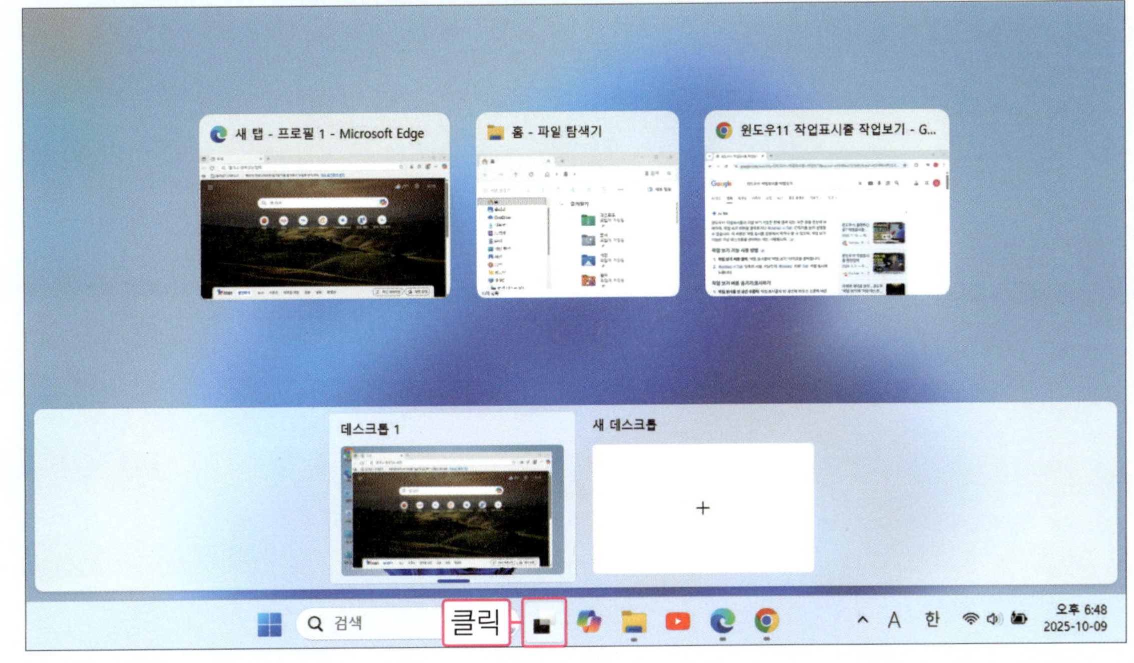

01 바탕 화면에 '그림판' 앱의 바로 가기를 추가해 봅니다.

02 바탕 화면의 아이콘을 '항목 유형' 기준으로 정렬해 봅니다.

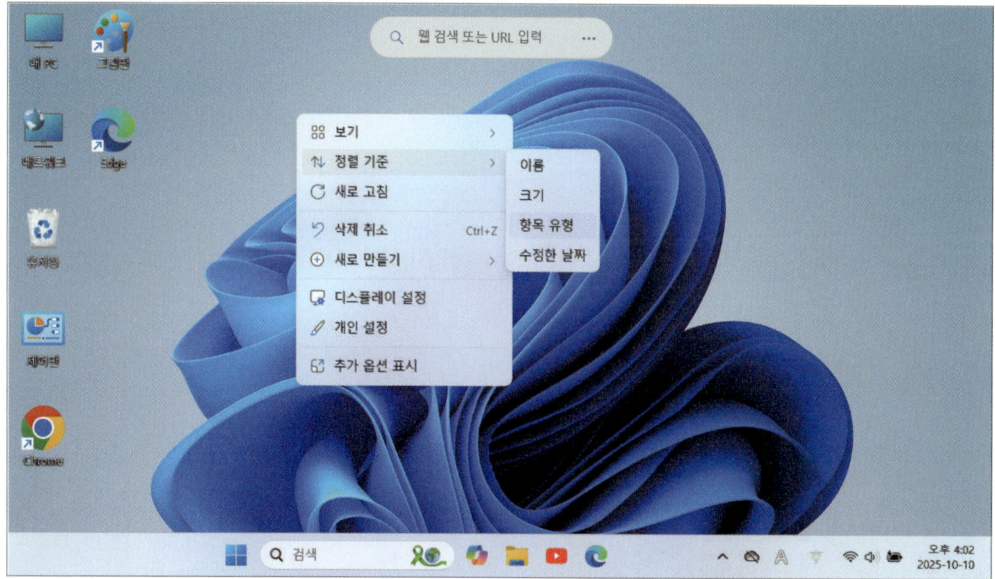

03 작업 표시줄의 맞춤을 '왼쪽'으로 변경해 봅니다.

04 다시 작업 표시줄의 맞춤을 '가운데'로 변경한 후 작업 표시줄에 'Microsoft Store' 앱을 고정시켜 봅니다.

05 작업 표시줄의 고정 앱에서 'Microsoft Store' 앱을 제거해 봅니다.

05 내게 맞는 윈도우로 바꾸기

- 배경 화면
- 색
- 잠금 화면
- 화면 보호기
- 테마
- 디스플레이 해상도

미/리/보/기

바탕 화면의 배경 화면, 시작 화면, 작업 표시줄, 색상 등을 사용자의 취향에 따라 변경할 수 있습니다. 테마를 지정해서 한꺼번에 배경 화면과 색상을 변경할 수도 있고, 잠금 화면에 앱을 추가하거나 화면 보호기를 설정하여 실행할 수도 있습니다. 이번 장에서 윈도우를 나만의 스타일로 설정하는 방법을 알아보겠습니다.

01 화면 설정 살펴보기

▸ 개인 설정

사용자의 개인 취향에 맞게 배경, 색, 테마, 잠금 화면, 글꼴 등을 설정할 수 있습니다.

[방법 1]

[시작( )] 버튼 – [설정( )]을 클릭하고, [설정] 창에서 [개인 설정]을 클릭해 설정합니다.

[방법 2]

바탕 화면에서 마우스 오른쪽 버튼을 클릭한 후 바로 가기 메뉴에서 [개인 설정]을 클릭합니다.

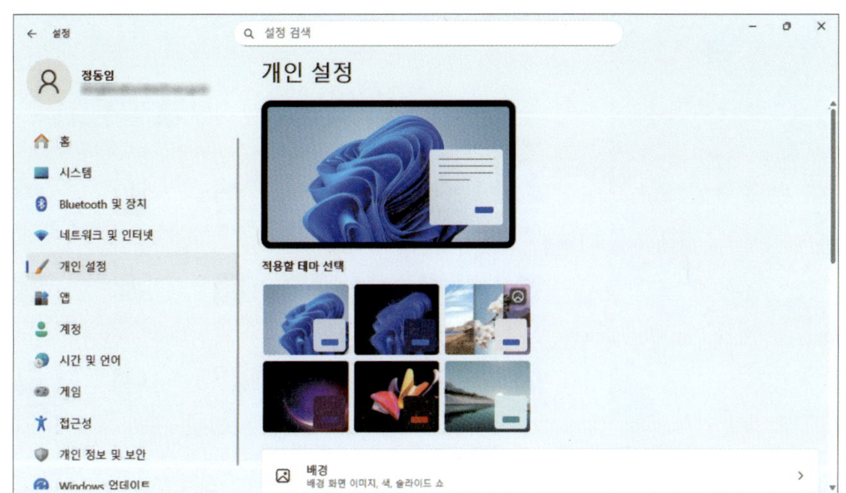

▸ 디스플레이 설정

모니터의 해상도를 조정하면 화면을 좀 더 좋은 비율로 볼 수 있습니다. 같은 해상도라도 배율에 따라 다르게 보일 수 있으므로 지금 보고 있는 화면의 글씨가 너무 작거나 크다면 디스플레이의 해상도를 다시 설정하는 것이 좋습니다.

[방법 1]

[시작( )] 버튼 – [설정( )]을 클릭해 나타나는 [설정] 창에서 [시스템] – [디스플레이]를 클릭해 설정합니다.

[방법 2]

바탕 화면에서 마우스 오른쪽 버튼을 클릭한 후 바로 가기 메뉴에서 [디스플레이 설정]을 클릭합니다.

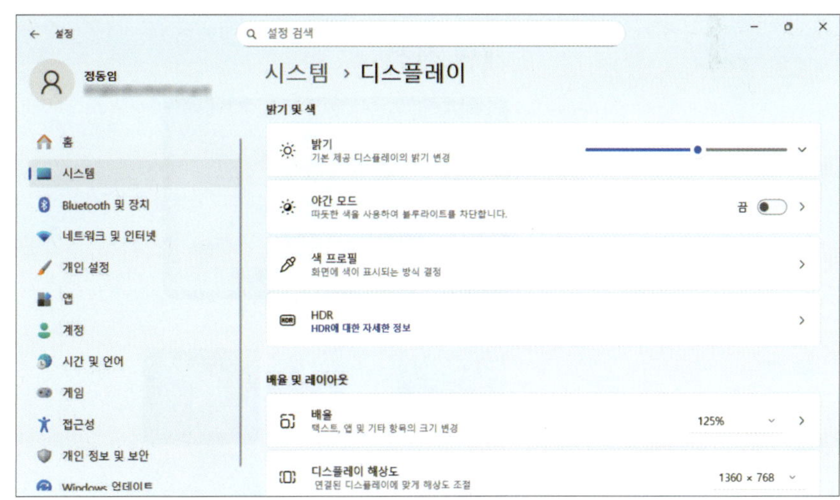

02 화면 설정 다루기

▶ 바탕 화면 배경 설정하기

01 [시작( )] 버튼 – [설정( )]을 클릭합니다.

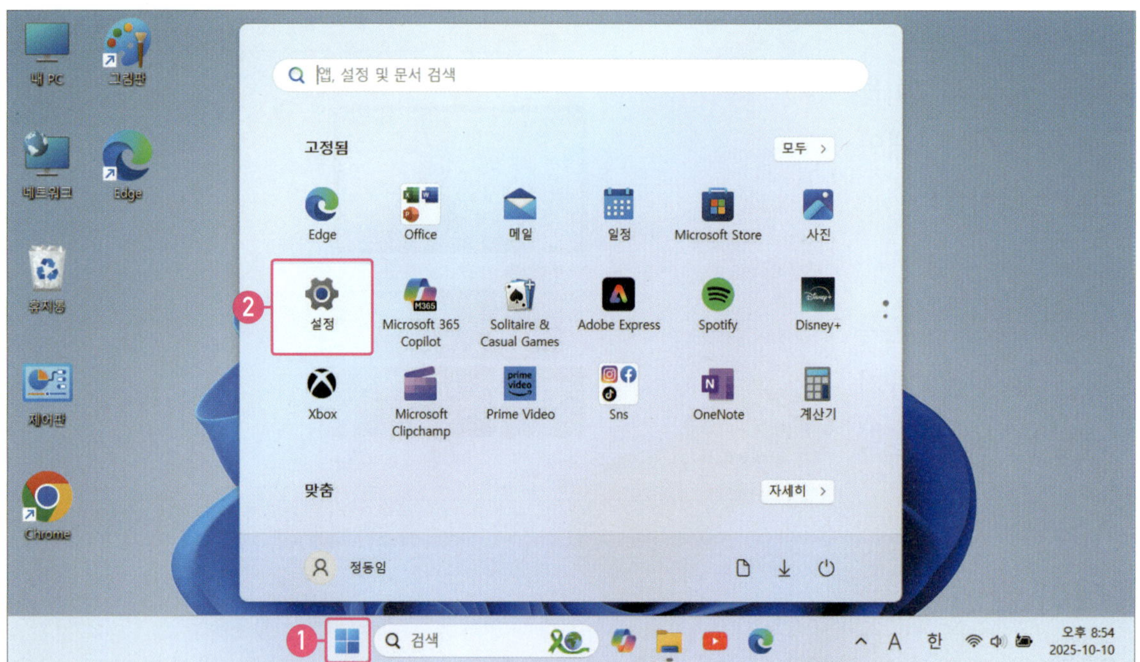

02 [설정] 창에서 [개인 설정]을 클릭하고 [배경]을 클릭합니다.

03 **'배경 개인 설정'을 [사진]으로 설정**한 후 최근 이미지 중 원하는 **사진을 선택**합니다. 미리 보기 창에서 배경 사진이 변경된 것을 확인합니다.

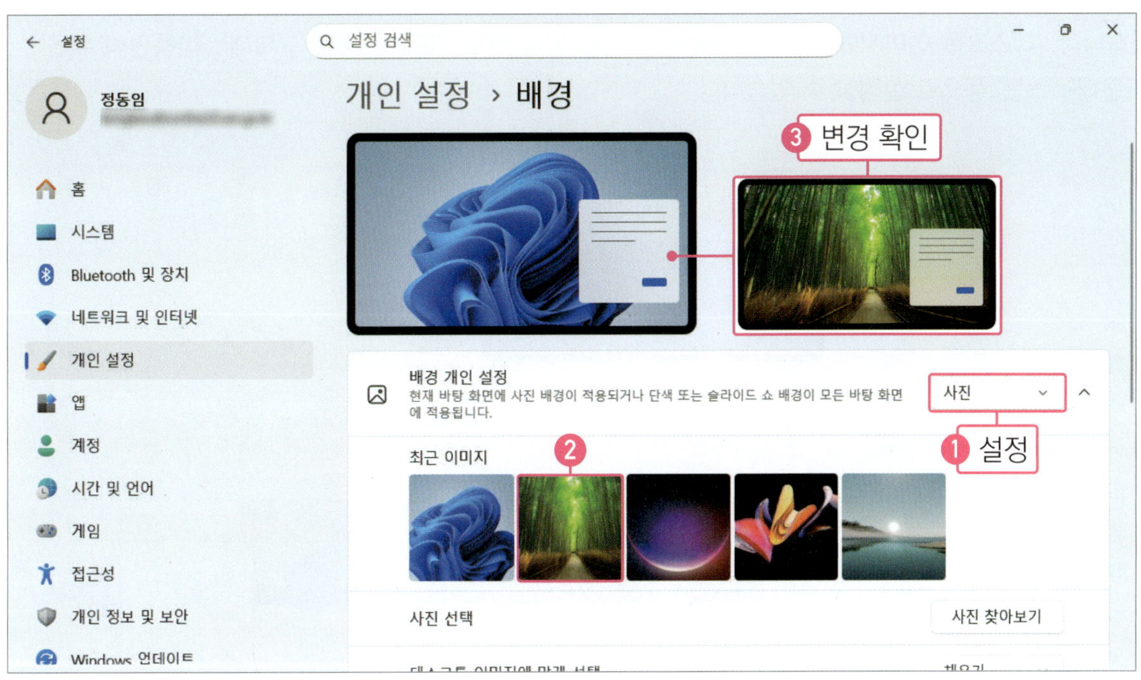

배경 설정

'배경 개인 설정'의 [⌄ (여기서는 사진 ⌄)]를 클릭하여 '사진', '단색', '슬라이드 쇼', 'Windows 추천' 중에서 선택하여 설정할 수 있습니다.

- **사진** : 윈도우에서 제공해 준 사진을 선택하거나 '사진 선택'의 [사진 찾아보기]에서 사용자가 원하는 사진을 불러와서 배경으로 설정할 수 있습니다.
- **단색** : 단색으로 배경을 채울 수 있습니다.
- **슬라이드 쇼** : 여러 장의 사진을 선택하여 자동으로 변경하도록 설정할 수 있습니다.
- **Windows 추천** : 매일 윈도우에서 제공해 주는 사진으로 배경이 설정됩니다.

데스크톱 이미지에 맞게 선택

[배경]에서 선택한 사진 크기가 모니터 해상도와 맞지 않더라도 사진에 맞추는 표시 방식을 선택할 수 있습니다. '데스크톱 이미지에 맞게 선택'에서 [⌄]를 클릭하여 '채우기', '맞춤', '확대', '바둑판식 배율', '가운데', '스팬' 등으로 설정할 수 있습니다.

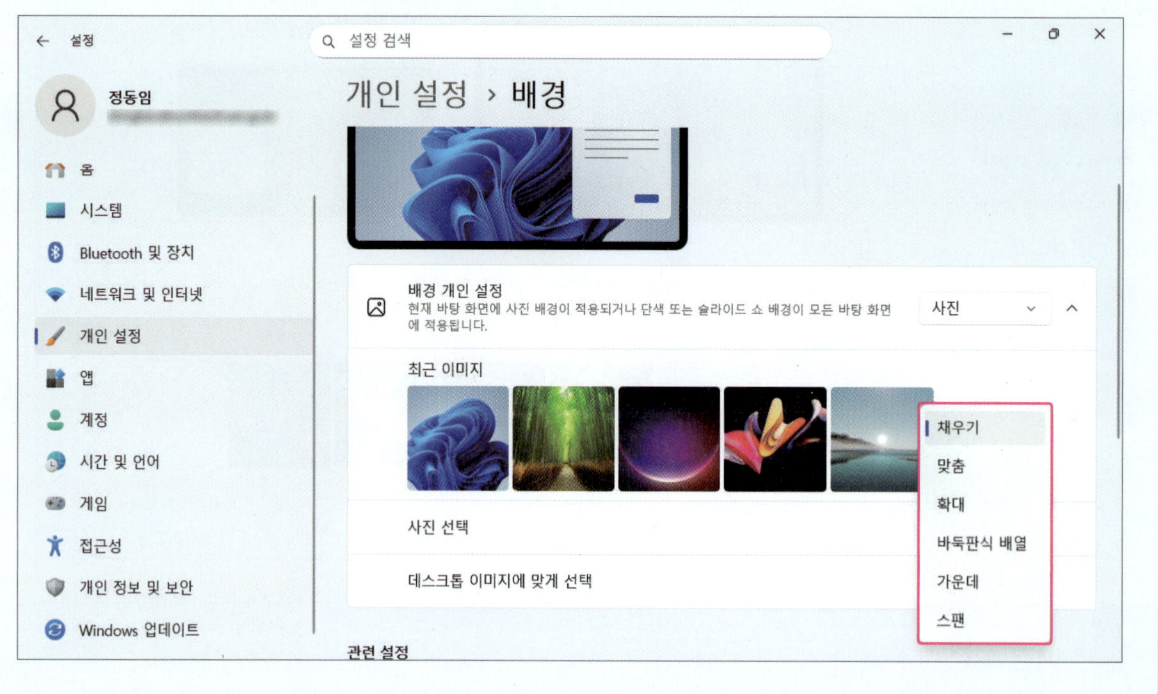

Windows 추천

'배경 개인 설정'에서 [Windows 추천]으로 설정하면 매일 윈도우에서 추천하는 아름다운 사진을 배경으로 볼 수 있습니다. 바탕 화면에 해당 이미지 정보 아이콘이 있어서 클릭하면 이미지의 정보를 확인할 수도 있습니다.

▸ 바탕 화면의 색 설정하기

01 **[개인 설정]에서 [색]을 클릭**합니다. **'모드 선택'에서 [사용자 지정]으로 설정**한 후 작업 표시줄 시작 메뉴, 설정 창 등 윈도우 UI 색상을 설정하는 **'기본 Windows 모드 선택'은 [다크]**, 캘린더, 메모장 등 앱의 색상을 설정하는 **'기본 앱 모드 선택'은 [라이트]로 설정**합니다. **'투명 효과'는 [끔]으로 설정**합니다.

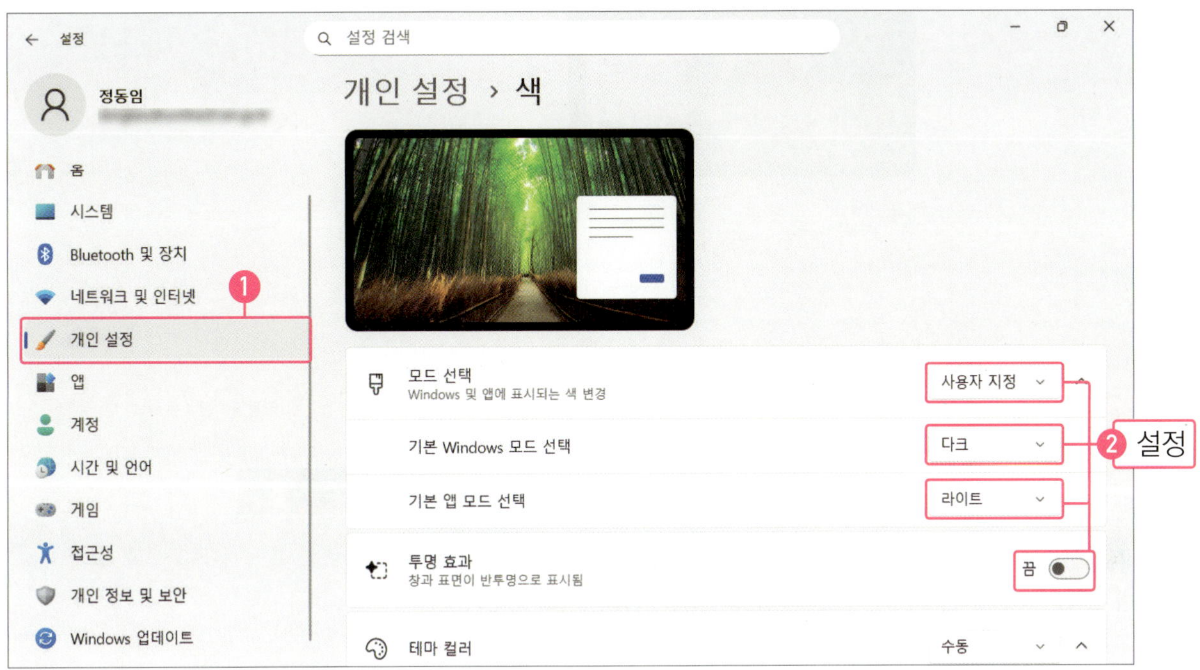

02 상하 막대(스크롤 바)를 아래로 드래그한 후 색을 설정하기 위해 **'테마 컬러'는 [수동]**으로 설정하고 **'Windows 색상표'에서 [보호색]을 클릭하여 체크**합니다. **'시작 및 작업 표시줄에 테마 컬러 표시', '제목 표시줄 및 창 테두리에 테마 컬러 표시'를 [켬]으로 설정**합니다. 미리 보기 창에서 색이 변경된 것을 확인합니다.

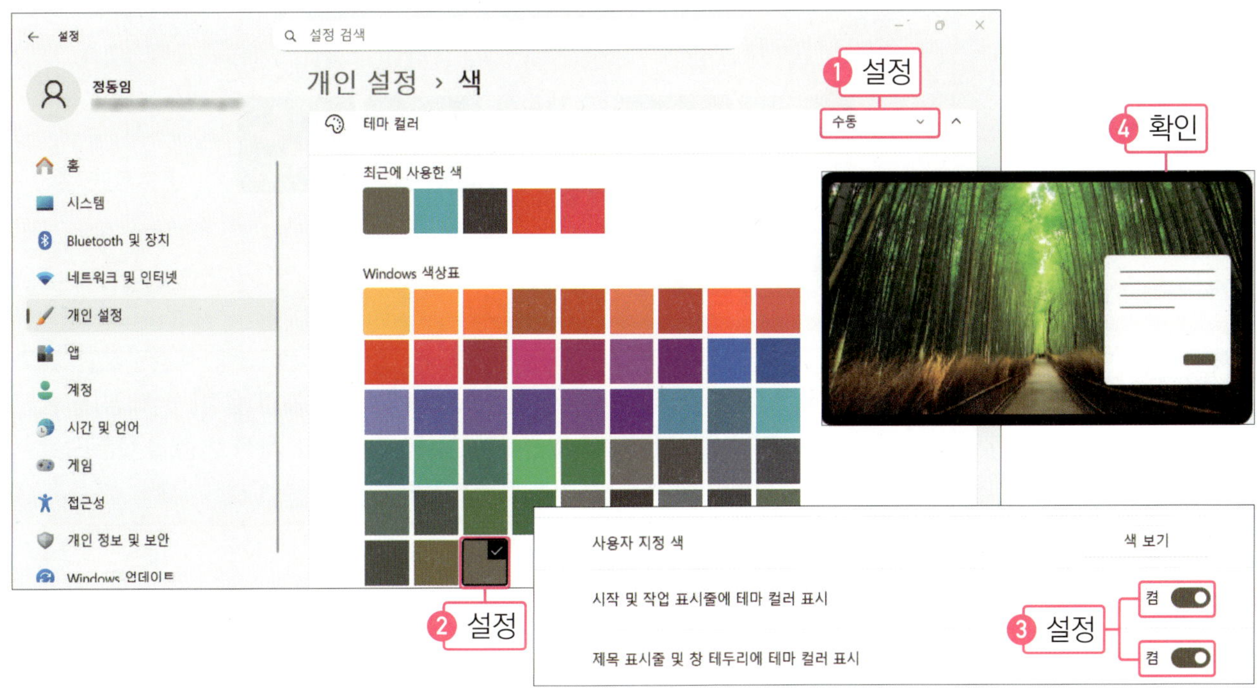

▶ 테마 설정하기

01 **[개인 설정]**에서 **[테마]**를 **클릭**합니다. 현재 사용하고 있는 테마의 미리 보기 창 아래에 '배경', '색', '소리', '마우스 커서'를 선택하면 바로 이동하여 설정할 수 있습니다.

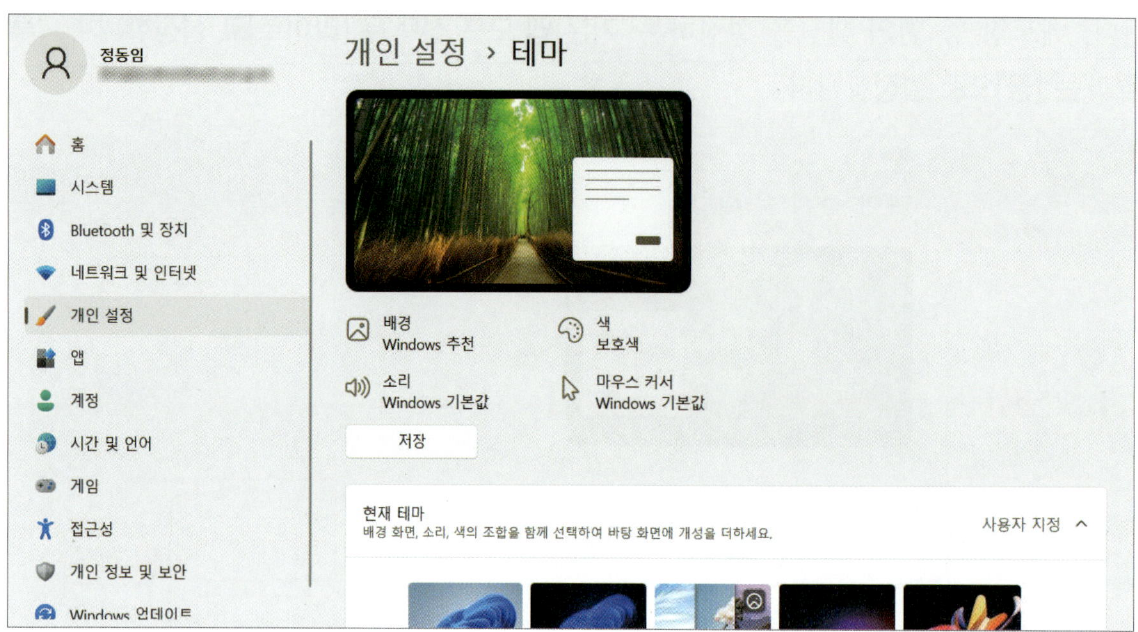

02 '현재 테마' 아래 테마 중 **[일출, 4개 이미지]**를 **선택**합니다.

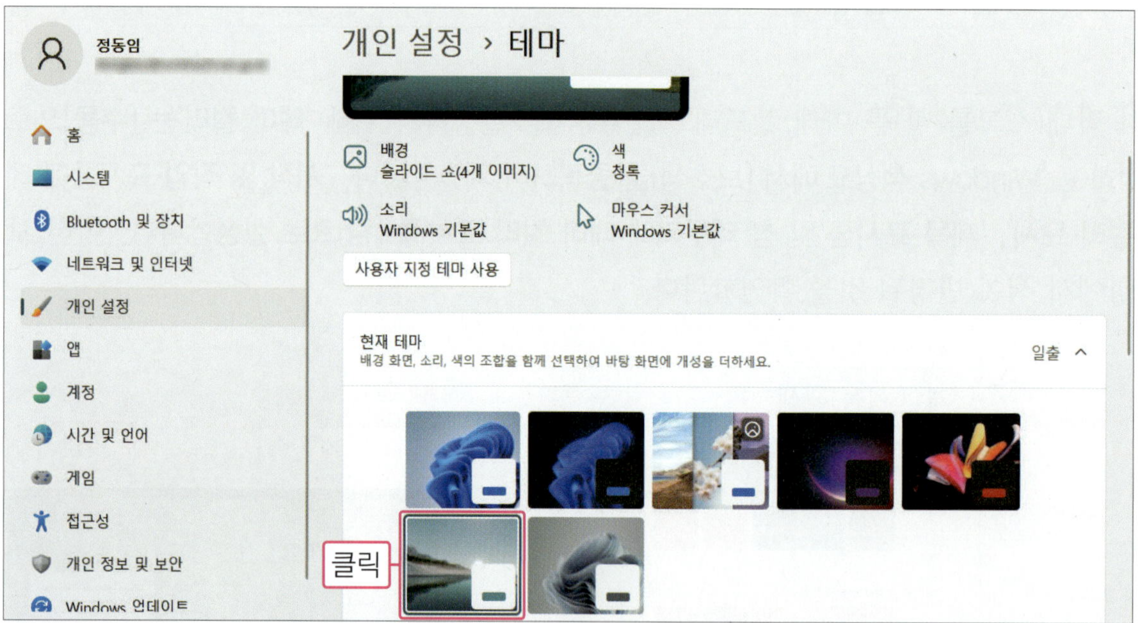

잠깐

[일출, 4개 이미지] 테마를 선택하면 배경 이미지 4개가 순차적으로 바뀝니다. [개인 설정] – [배경]을 클릭하면 '배경 개인 설정'은 [슬라이드 쇼]로 설정되어 있습니다. '다음 간격마다 사진 변경'을 [1분]으로 설정하여 1분마다 배경이 바뀌는 것을 확인할 수 있습니다.

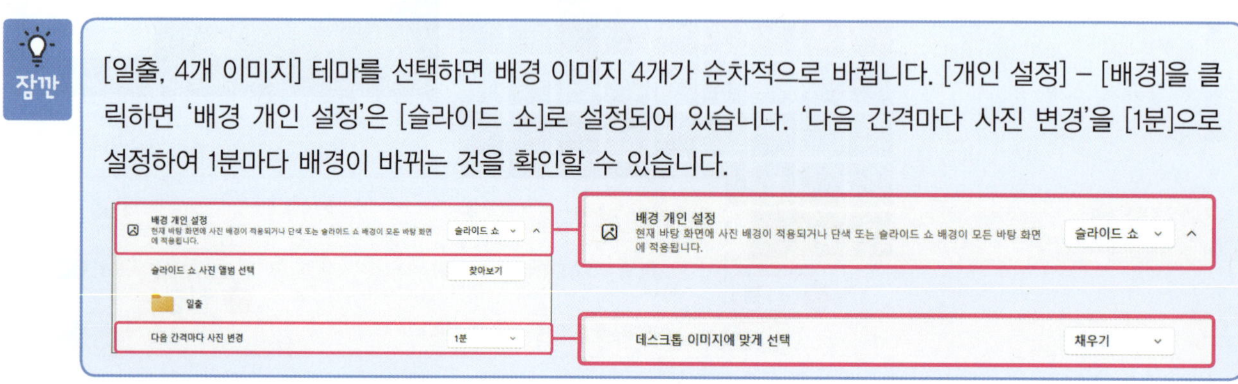

03 테마의 미리 보기 창에서 배경 화면의 이미지, 사진 화면, 작업 표시줄, 아이콘의 색상 등이 선택한 테마로 모두 변경된 것을 확인합니다. [×(닫기)] **버튼을 클릭**해 [설정] 창을 닫습니다.

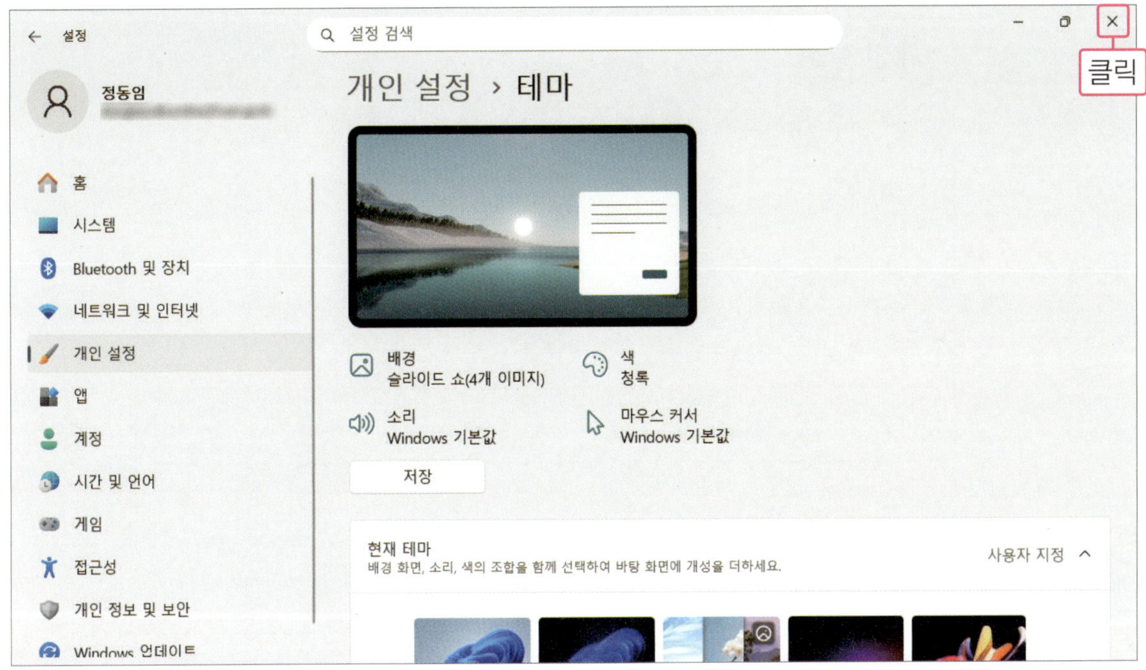

04 선택한 테마로 변경된 화면을 확인합니다. 배경 화면이 4가지 이미지로 바뀌는 것을 확인할 수 있습니다.

▸ 잠금 화면 설정하기

01 [설정] – [개인 설정]에서 [잠금 화면]을 클릭합니다.

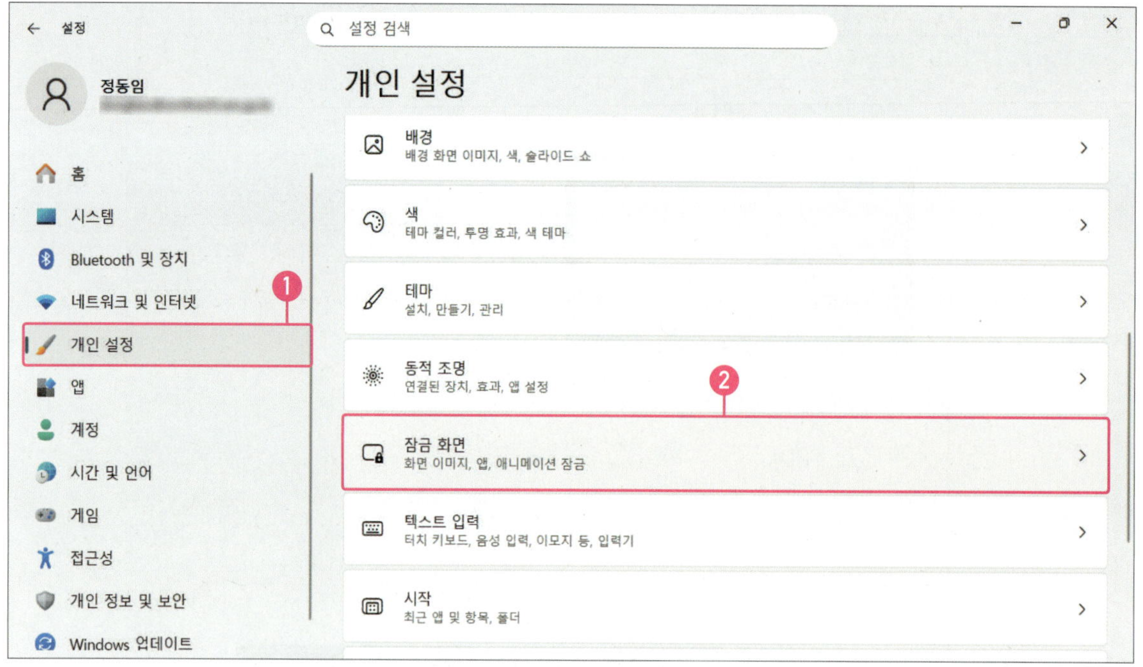

02 잠금 화면 미리 보기 창 아래에 **'잠금 화면 개인 설정'에서 [⌄](여기서는 Windows 추천 ⌄)]를 클릭하여 [사진]을 선택**합니다.

03 **'최근 이미지'에서 잠금 화면에 표시될 사진을 선택**하면 미리 보기 창의 사진이 변경됩니다.

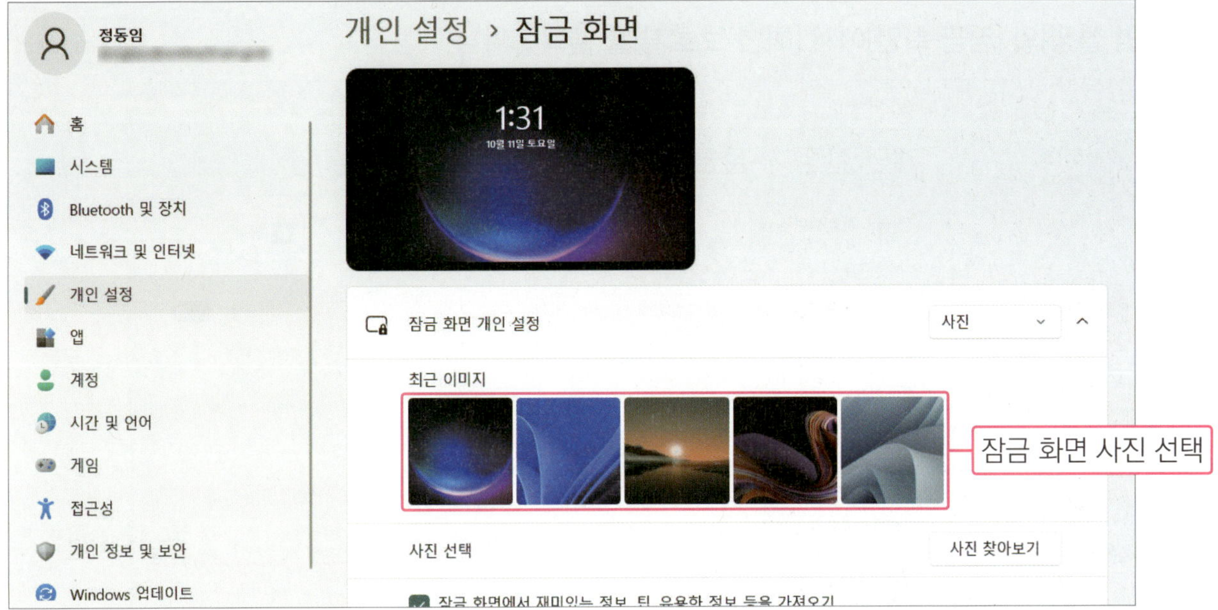

04 **'잠금 화면 상태'에서 [⌄(여기서는 [날씨 등 ⌄])]를 클릭**하여 잠금 화면에 표시할 수 있는 앱을 확인한 후 **[날씨 등]으로 설정**합니다.

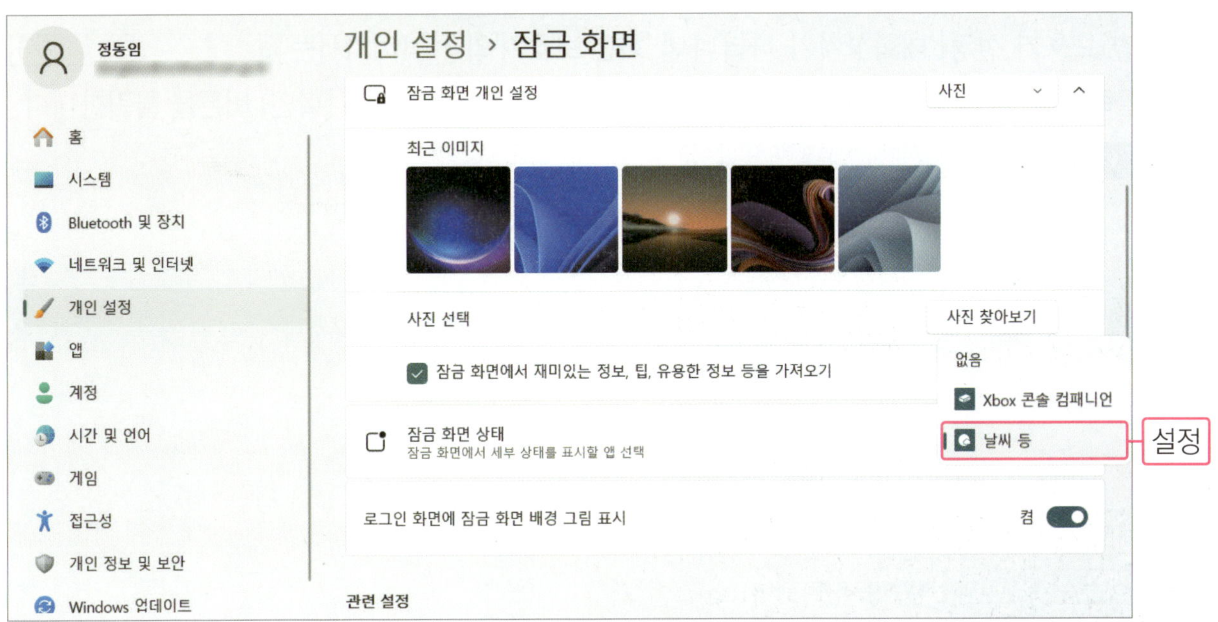

[⊞] + [L] 키를 눌러 잠금 화면으로 이동한 후 잠금 화면에 현재 날씨가 나타나는지 확인합니다.

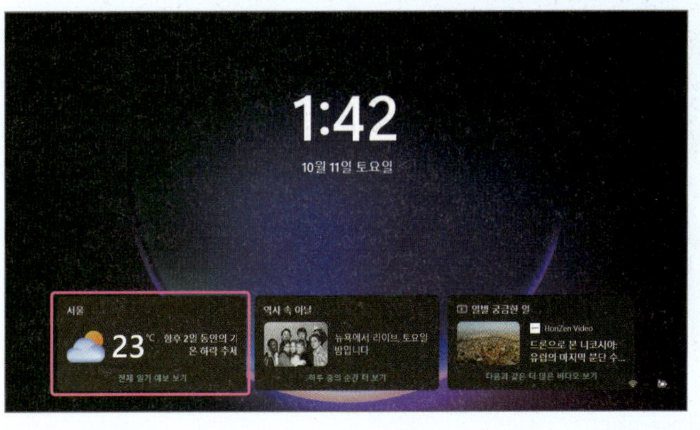

▶ 화면 보호기 설정하기

01 [개인 설정]의 [잠금 화면]에서 [화면 보호기]를 클릭합니다.

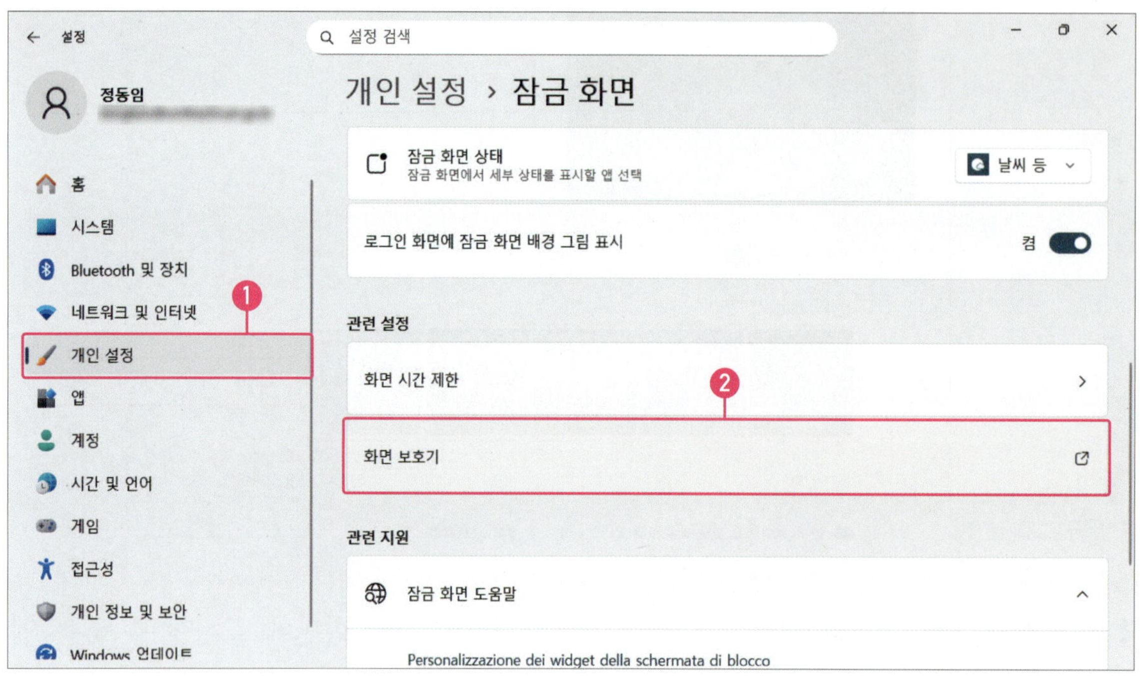

02 [화면 보호기 설정] 대화상자가 나타나면 **'화면 보호기'의 [⌄(여기서는 (없음))]를 클릭**한 후 **[비눗방울]을 선택**합니다. **'대기'를 [5]분으로 설정**한 후 **[확인] 버튼을 클릭**합니다.

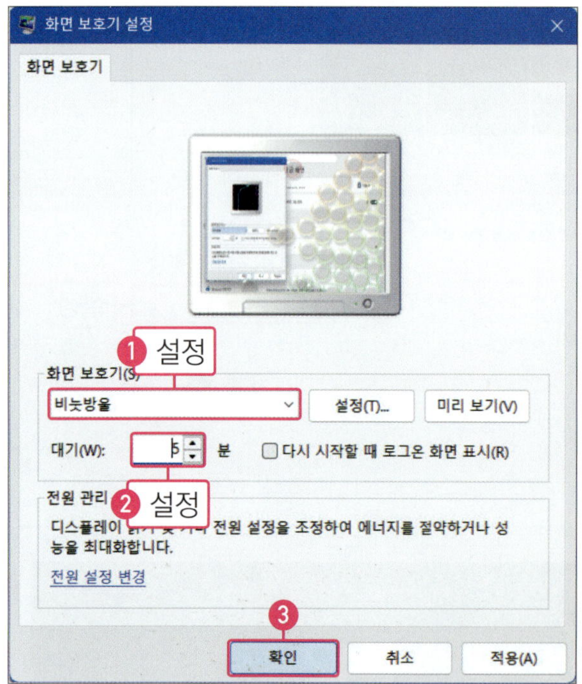

03 설정한 대기 시간이 지나면 비눗방울 화면 보호기가 실행되는 것을 확인할 수 있습니다.

잠깐

잠금 화면에서 [화면 시간 제한]을 클릭하면 '화면 및 절전'에서 전원 사용 시 화면 끄기, 절전 상태로 전환 모드를 설정할 수 있습니다. 노트북의 경우에는 '배터리 사용' 설정도 할 수 있습니다.

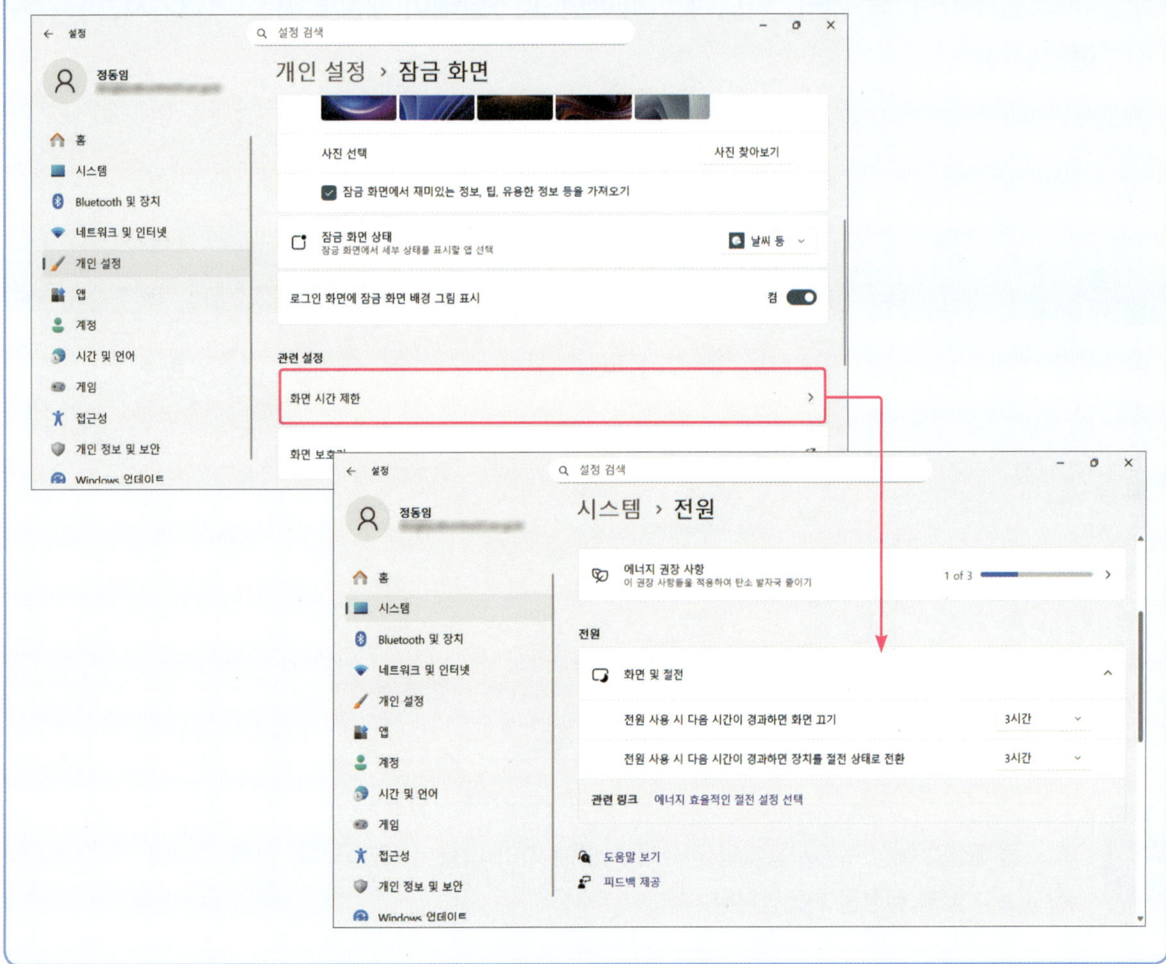

▸ 디스플레이 해상도 조절하기

01 바탕 화면의 **빈 공간에서 마우스 오른쪽 버튼을 클릭**한 후 **[디스플레이 설정]을 클릭**합니다.

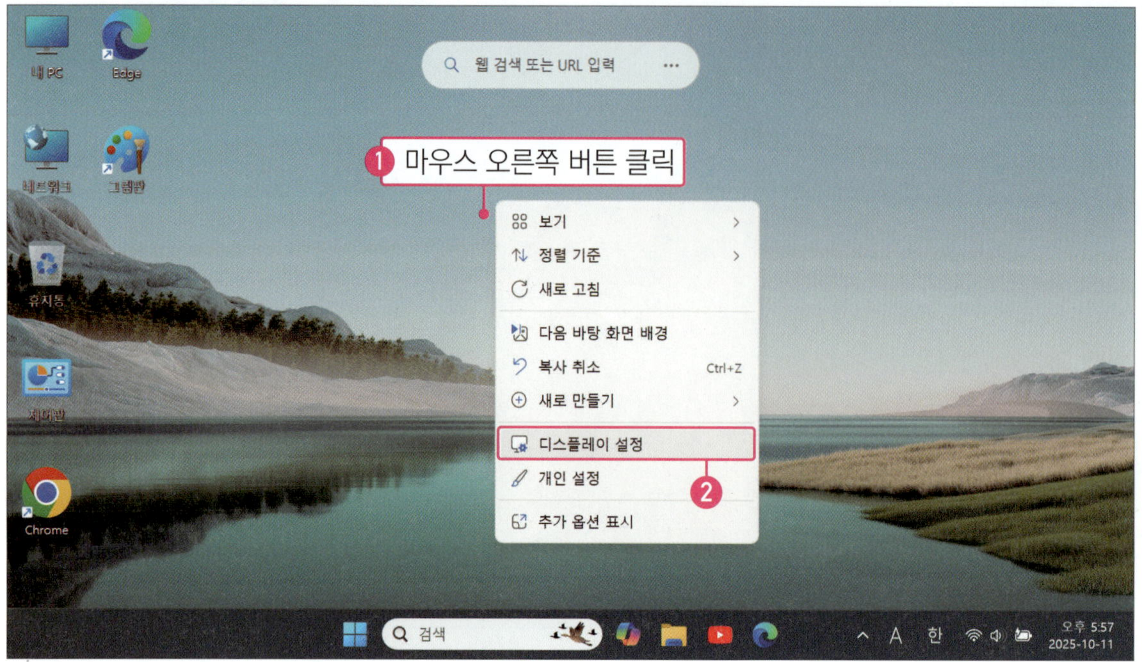

02 [시스템]의 [디스플레이] 화면이 나타나면 **'디스플레이 해상도'의 [⌄(여기서는 1360 × 768 ⌄)]를 클릭**합니다.

잠깐

디스플레이의 해상도는 사용자의 컴퓨터 사양에 따라 다를 수 있습니다. 현재 교재의 이미지는 권장 해상도보다 낮게 설정된 화면입니다.

03 **해상도를 변경**(여기서는 '1920×1080')합니다.

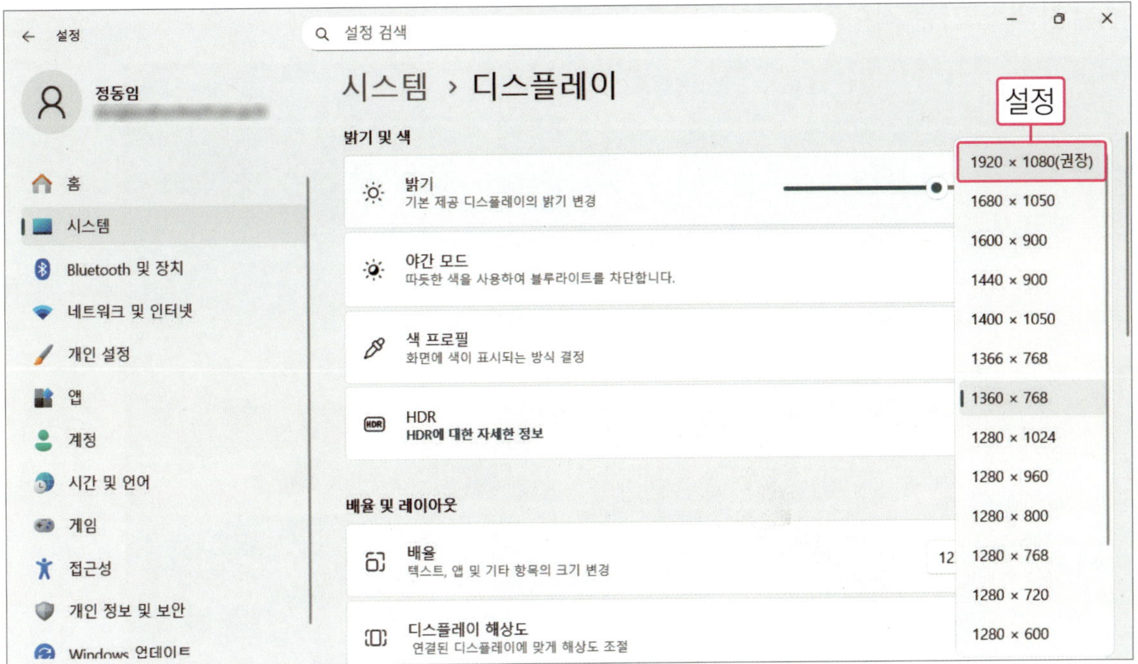

04 이 디스플레이 설정을 유지하겠냐는 메시지가 나타나면 **[변경한 설정 유지] 버튼을 클릭**합니다.

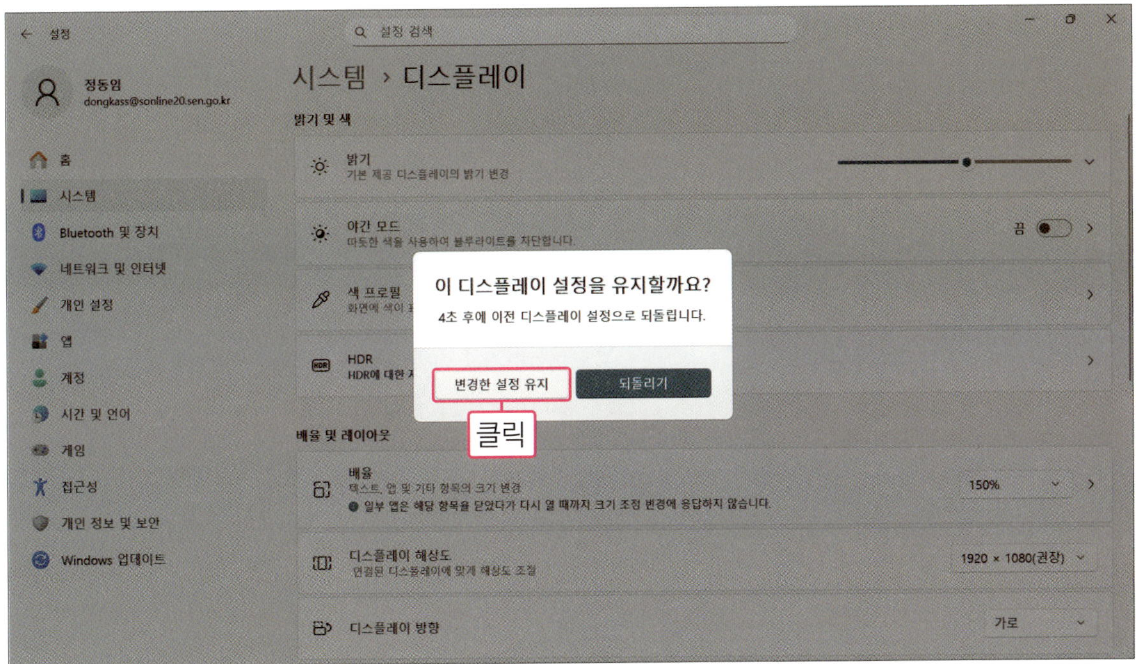

05 **[설정] 창의 [ㅡ(최소화)] 버튼을 클릭**하여 창을 최소화합니다.

06 예제의 경우 낮은 해상도에서 높은 해상도로 변경하여 화면을 넓게 사용할 수 있게 되었지만, 글자의 크기는 작아졌습니다.

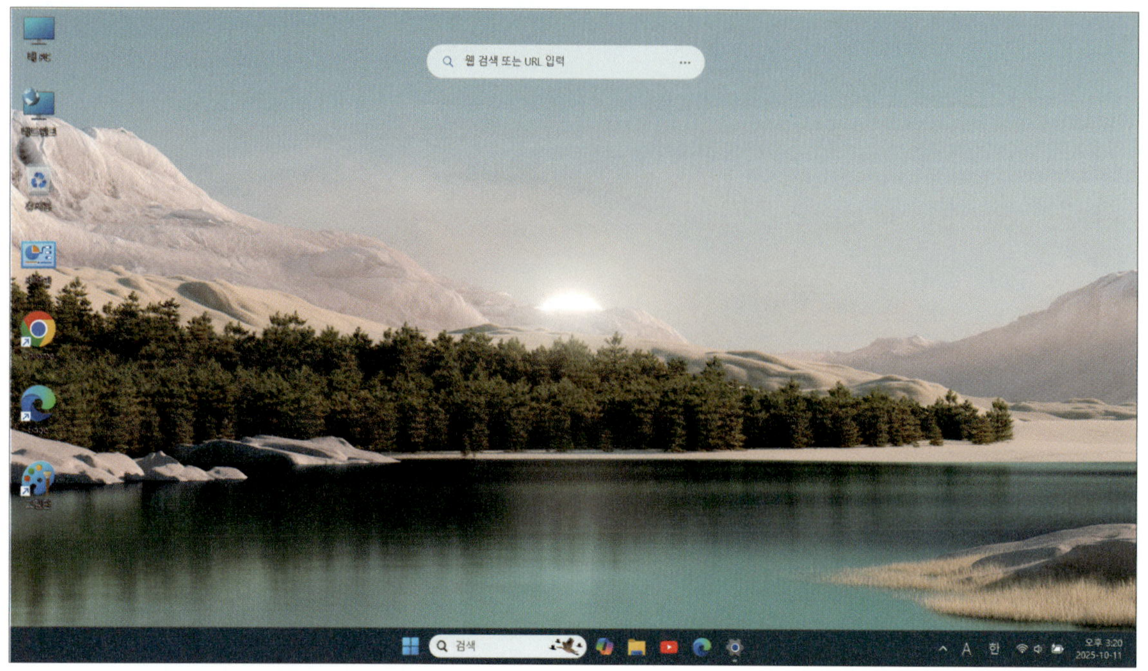

07 작업 표시줄의 [(설정)]을 **클릭**하여 [설정] 창을 표시한 후 **'배율'**에서 [(여기서는 125%(권장))]를 **클릭**해 **[175%]**로 **설정**합니다.

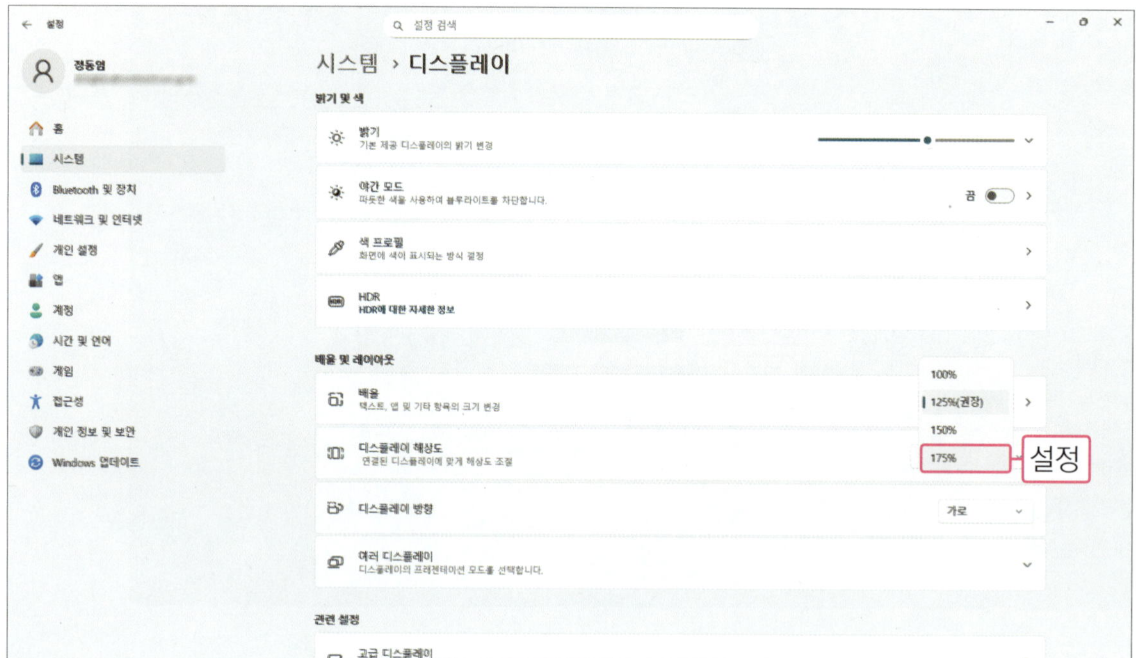

08 **작업 표시줄의 [바탕 화면 보기( )]를 클릭**해 바탕 화면으로 이동합니다. 화면은 넓게 사용할 수 있고 아이콘과 글씨는 커져서 작업하기 좋습니다.

잠깐

[시스템] – [디스플레이]에서 '배율 및 레이아웃'의 [배율]을 클릭한 후 사용자 지정 비율을 '100~500%'로 자유롭게 설정할 수도 있습니다.

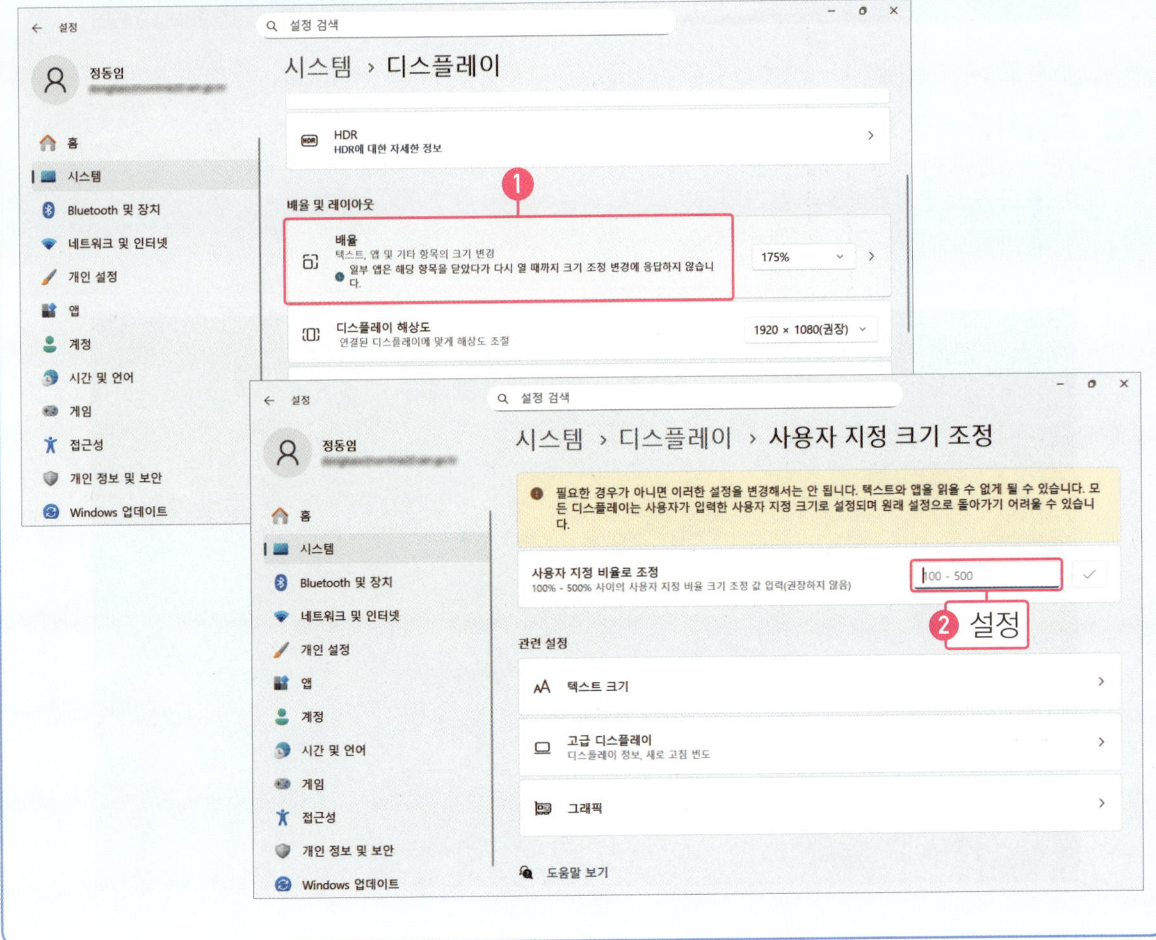

응용력 키우기

01 다음처럼 바탕 화면의 배경과 작업 표시줄 등의 색상을 변경해 봅니다.

- **배경** : 단색 – 싱그러운 보라색
- **색** : 기본 Windows 모드 선택 – 다크, Windows 색상표 – 진한 퍼플 섀도, 시작 및 작업 표시줄에 테마 컬러 표시 – 켬

02 다음처럼 화면 보호기를 설정해 봅니다.

- **화면 보호기** : 춤추는 다각형
- **대기** : 10분

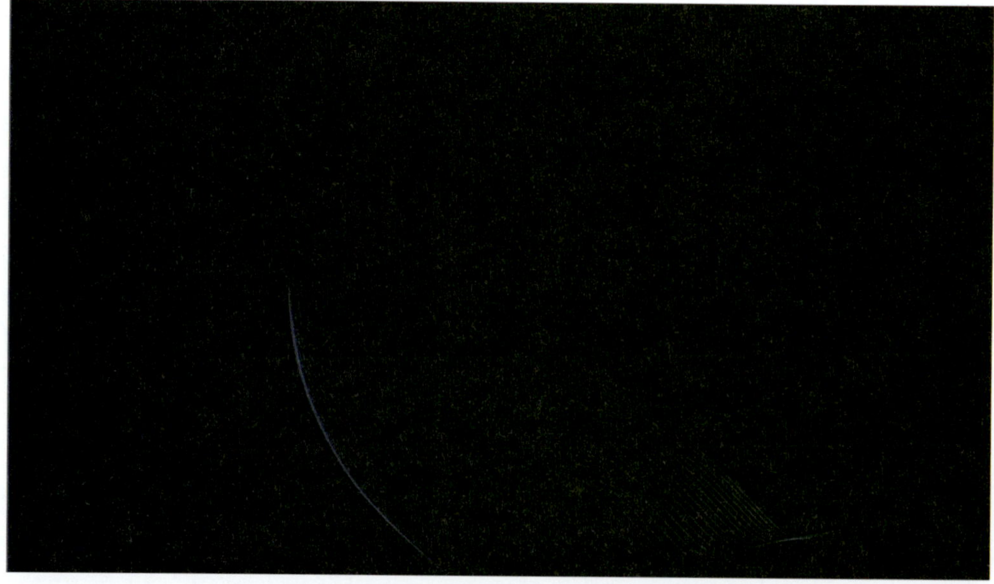

06 문서 만들기

- 메모장과 스티커 메모
- 텍스트 문서 만들기
- 자동 줄 바꿈 기능
- 글꼴 설정
- 저장하기
- 다른 이름으로 저장하기
- 새 메모 만들기
- 노트 메모 목록
- 작업 표시줄에 고정
- 메모 동기화하기

미/리/보/기

메모장과 스티커 메모는 바탕 화면에 열어놓고 할 일이나 간단한 것을 메모할 때 사용할 수 있습니다. 메모장은 텍스트 파일만 가능하고 단순하지만, 스티커 메모는 이미지도 넣을 수 있고, 마이크로소프트 계정으로 로그인하면 다양한 기기에서 메모를 동기화하여 사용할 수 있습니다.

01 메모장과 스티커 메모 살펴보기

▶ 메모장

메모장은 텍스트 파일을 보거나 편집할 때 가장 많이 사용되는 텍스트 편집 앱으로, 확장자는 '*.txt'입니다. 인터넷에서 정보 등을 찾아 간단하게 메모할 때 메모장을 활용하면 편리합니다.

- **방법 1 :** [시작( )] 버튼 – 고정됨 앱에서 [메모장( )]을 클릭합니다.
- **방법 2 :** 바로 가기 메뉴에서 [새로 만들기] – [텍스트 문서]를 클릭하여 실행합니다.

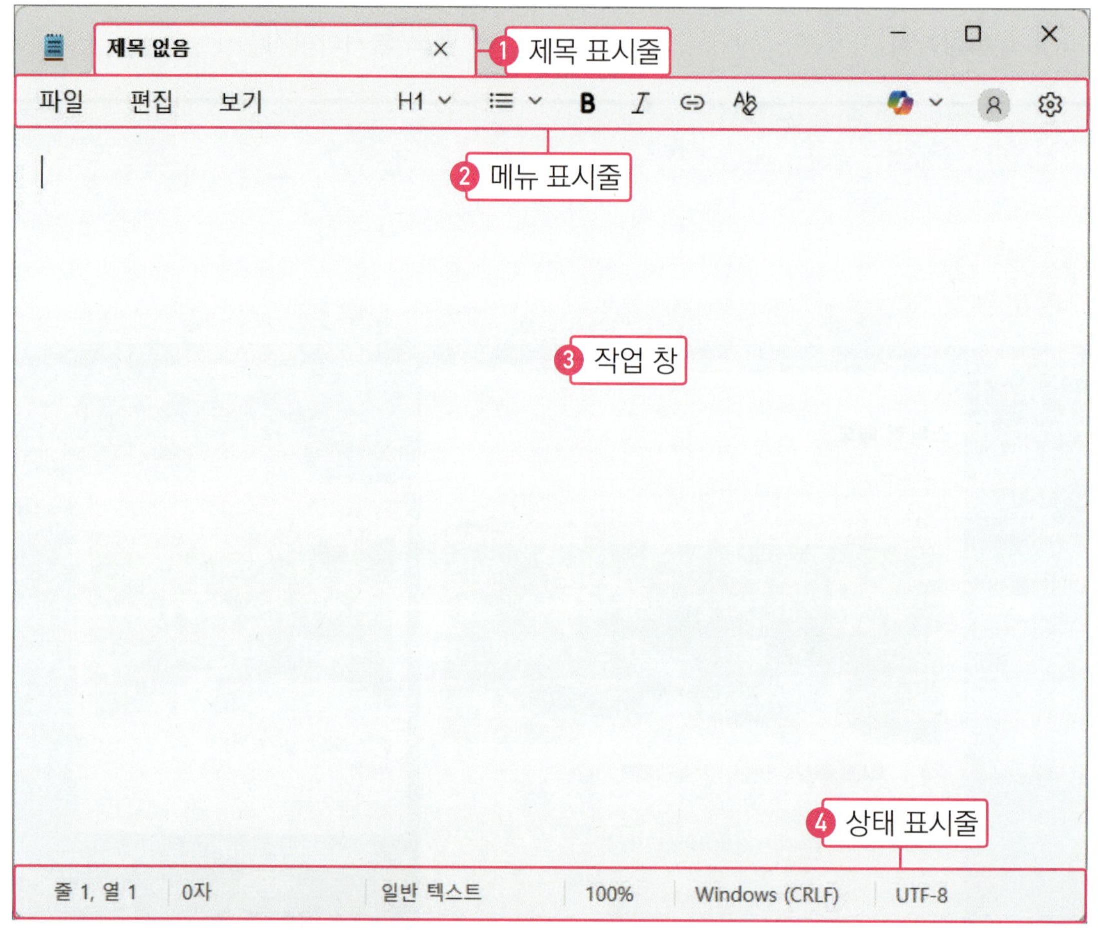

❶ **제목 표시줄 :** 문서의 파일명이나 앱 이름을 보여 주는 곳입니다.

❷ **메뉴 표시줄 :** 앱에서 사용하는 명령을 기능별로 모아 표시합니다.

❸ **작업 창 :** 문서 작업을 수행하는 곳입니다.

❹ **상태 표시줄 :** 현재의 작업 상태를 보여 주는 곳입니다.

▶ 스티커 메모

메모가 필요할 때 바탕 화면에 포스트잇처럼 붙여서 사용할 수 있는 앱입니다. 간단한 내용을 기록할 때, 할 일, 아이디어가 떠오를 때 사용하면 편리합니다. 마이크로소프트 계정으로 동기화하여 여러 기기에서 사용할 수 있습니다.

- **방법** : [시작( )] 버튼 – [모두] – [스티커 메모( )]를 클릭하여 실행합니다.

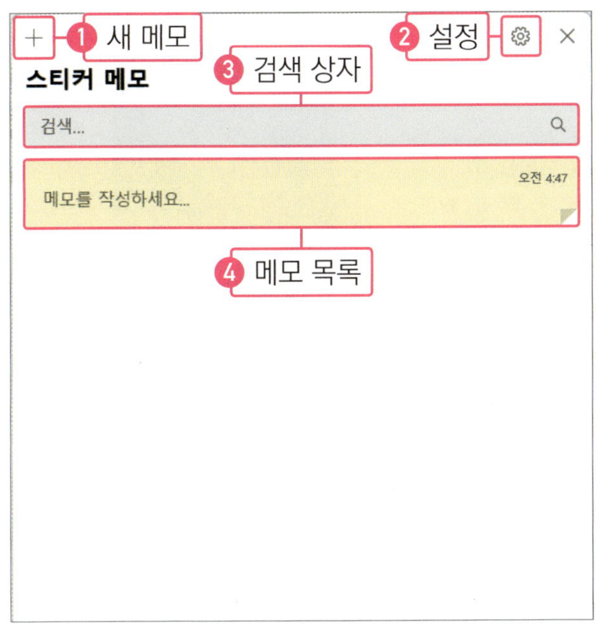

▲ 노트 목록 창

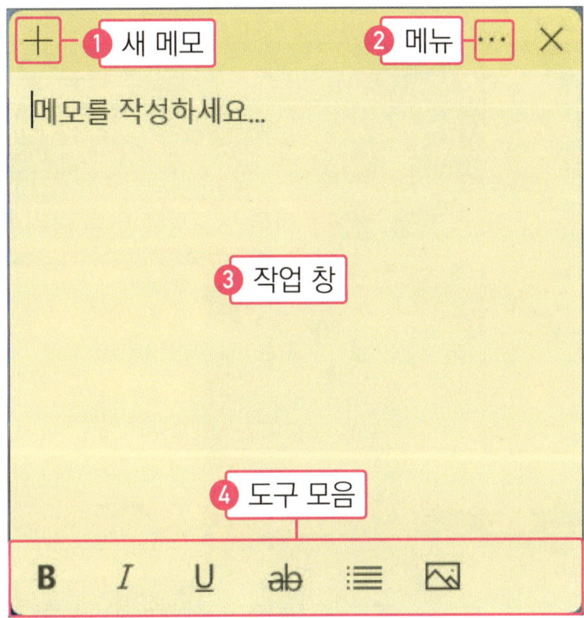

▲ 메모 창

- **노트 목록 창**

❶ 새 메모 : 새로운 메모 창을 엽니다.

❷ 설정 : 계정 로그인, 일반, 도움말 등을 설정하는 곳입니다.

❸ 검색 상자 : 검색어를 입력하면 검색어와 관련된 메모를 찾아줍니다.

❹ 메모 목록 : 작성한 메모 목록이 표시되고, 목록 중 원하는 메모를 더블 클릭하여 불러올 수 있습니다.

- **메모 창**

❶ 새 메모 : 새로운 메모 창을 엽니다.

❷ 메뉴 : 메모 색깔, 노트 목록, 메모 삭제 메뉴를 모아 둔 곳입니다.

❸ 작업 창 : 메모를 작성하고 편집하는 곳입니다.

❹ 도구 모음 : 자주 사용하는 도구를 모아 둔 곳입니다.

메모장 사용하기

▶ 텍스트 문서 만들기

01 바탕 화면 위에서 **마우스 오른쪽 버튼을 클릭**한 후 **[새로 만들기] – [텍스트 문서]를 클릭**합니다.

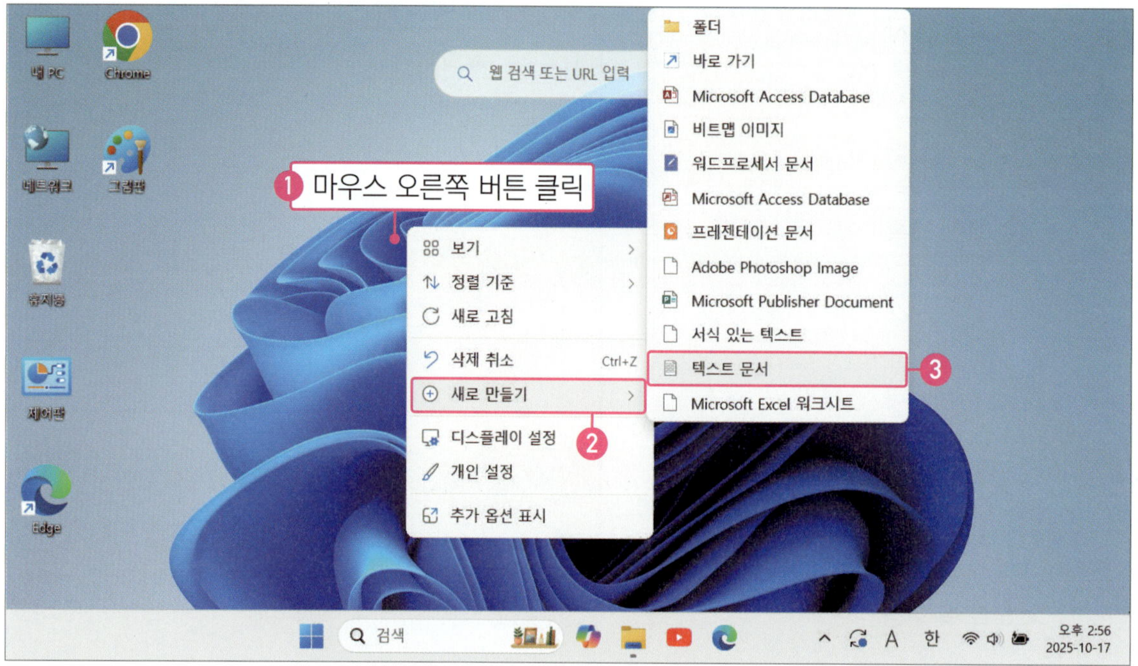

02 바탕 화면에 새 텍스트 문서가 만들어지고, 새 텍스트 문서의 이름 부분이 블록으로 지정되어 있습니다. 문서 이름을 **'할 일'로 입력한 후 Enter 키를 누릅니다.** 이름이 변경되면 새로 만들어진 **텍스트 문서를 더블 클릭**합니다.

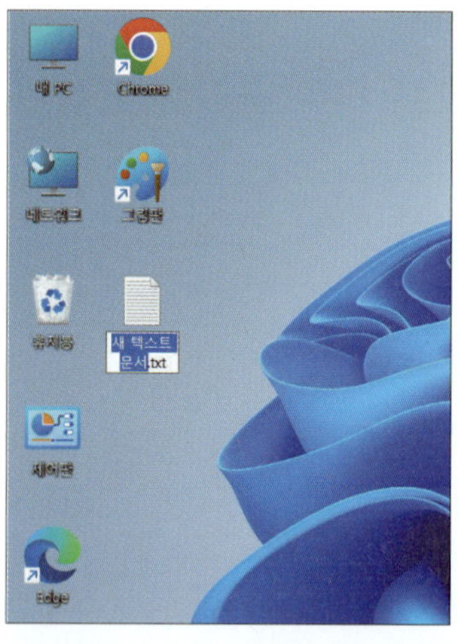

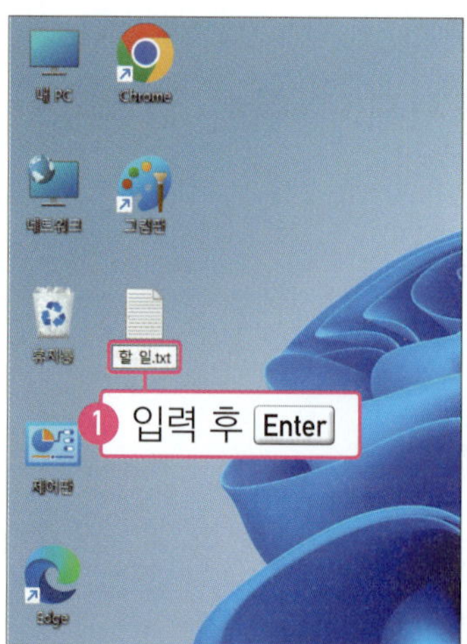

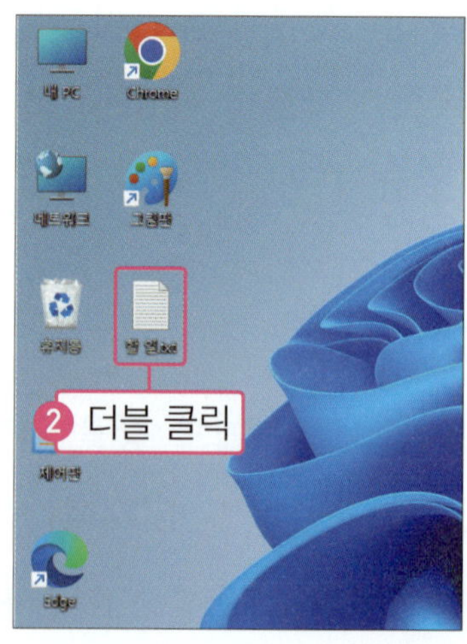

파일 확장자가 표시되지 않는다면 [파일 탐색기] 창에서 상단 메뉴의 [보기] – [표시] – [파일 확장명]에 체크하면 됩니다.

03 '메모장' 앱이 실행되고 '할 일.txt' 파일이 열립니다.

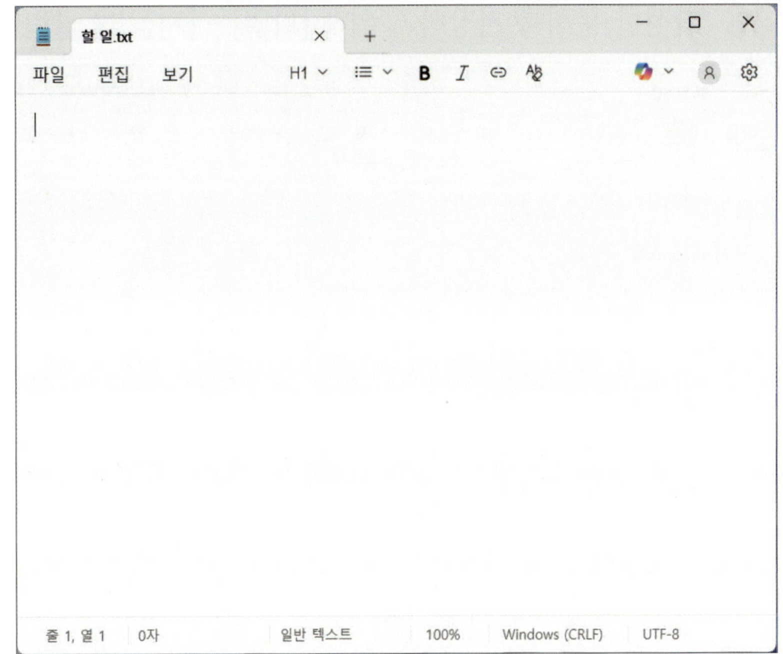

04 작업 창에 다음처럼 **글을 입력**합니다.

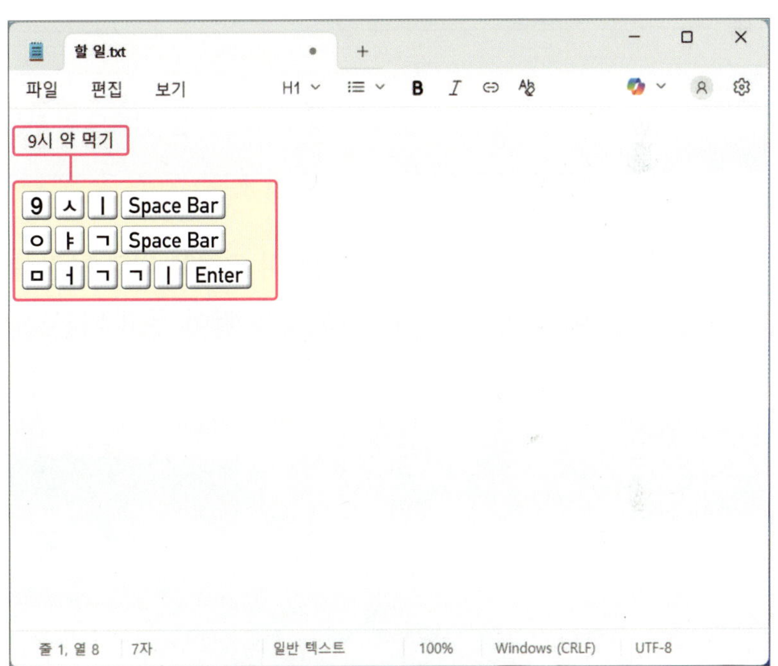

05 같은 방법으로 나머지 글도 입력합니다.

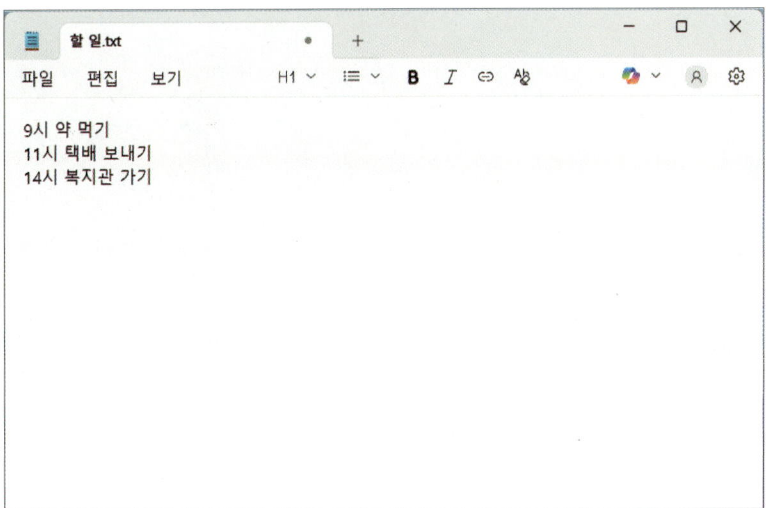

06 작성한 문서를 저장하기 위해 **[파일] – [저장]**을 클릭합니다.

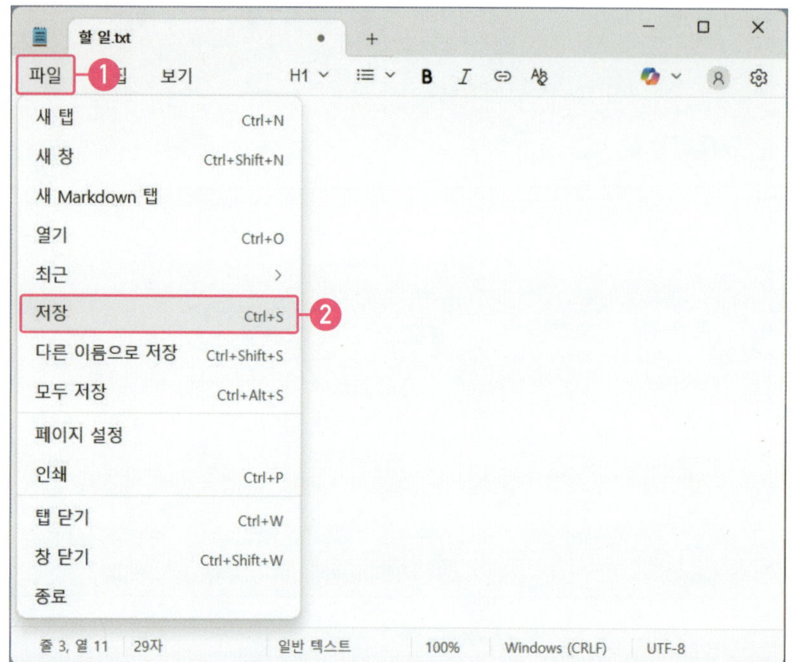

잠깐

Ctrl + S 키를 누르면 문서가 저장됩니다. 다른 이름으로 저장하려면 Ctrl + Shift + S 키를 누릅니다.

07 메모장의 **제목 표시줄을 드래그하여 오른쪽 위로 옮긴 후 모서리를 드래그하여 크기를 작게 조절**합니다. 이제 바탕 화면에 메모장을 열어 두고 다른 작업을 하면서 확인할 수 있습니다.

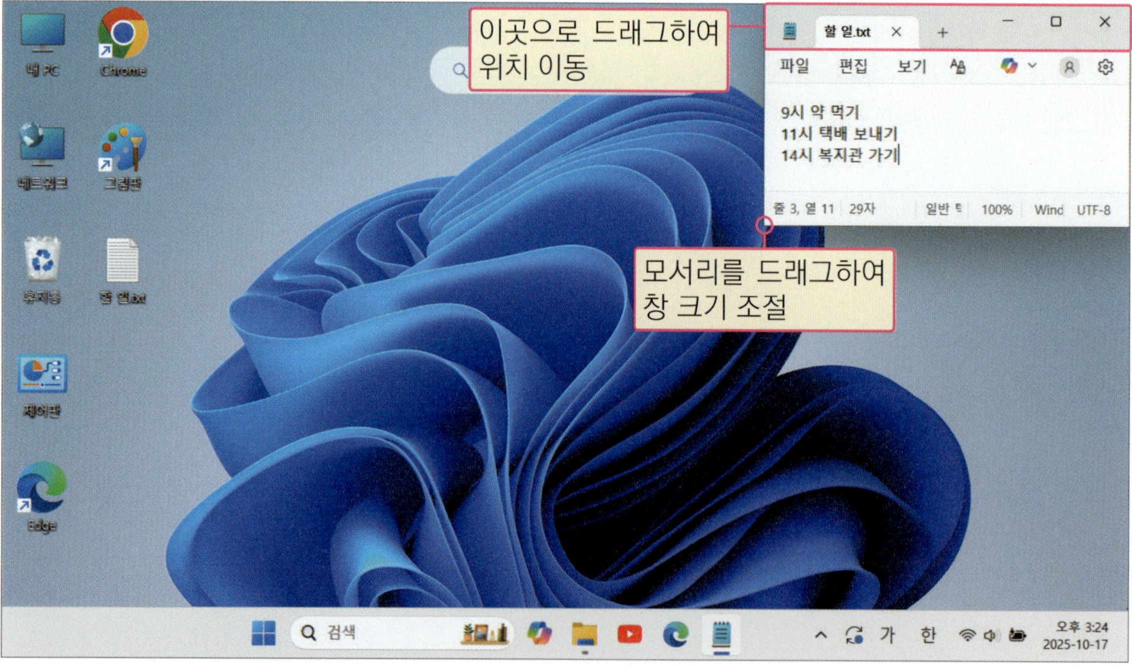

▶ 인터넷 정보를 가져와 서식 설정하기

01 **작업 표시줄의 검색 상자에 '하드웨어'를 입력**합니다. **위쪽 검색 목록 중 '웹 검색'의 [검색 결과 더 보기]를 클릭**합니다.

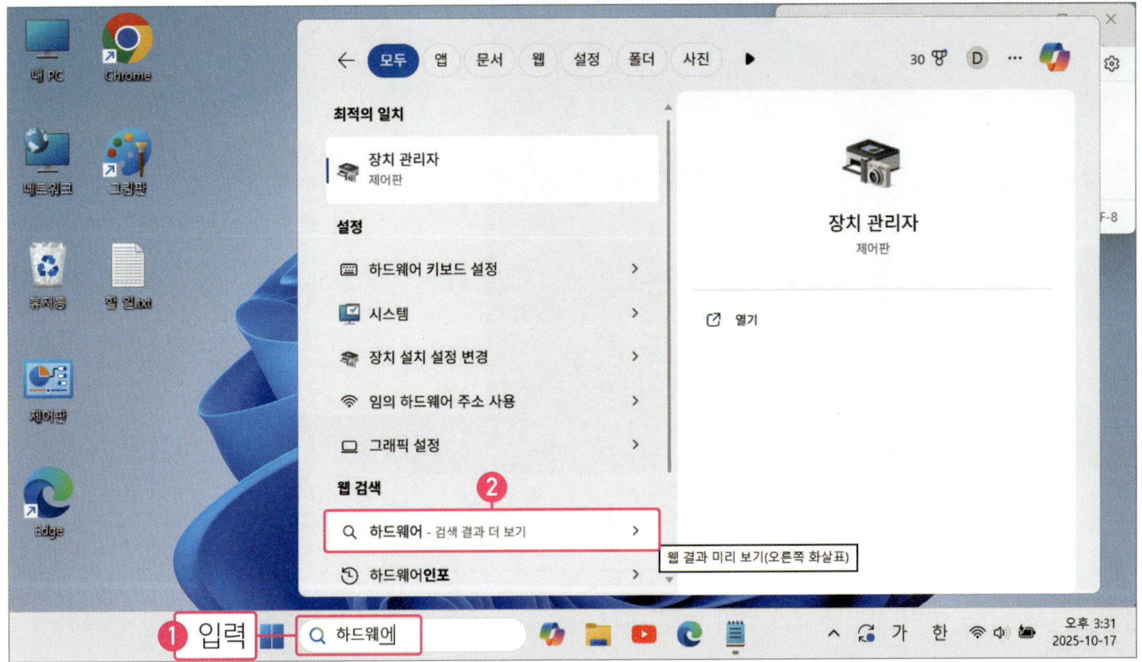

02 'Microsoft Edge' 앱에 검색 결과가 표시됩니다. 인터넷에서 찾은 정보 일부를 다음과 같이 **드래그하여 블록으로 지정한 후 마우스 오른쪽 버튼을 클릭하고 [복사]를 클릭**합니다. **[×(닫기)] 버튼을 클릭**하여 창을 닫습니다.

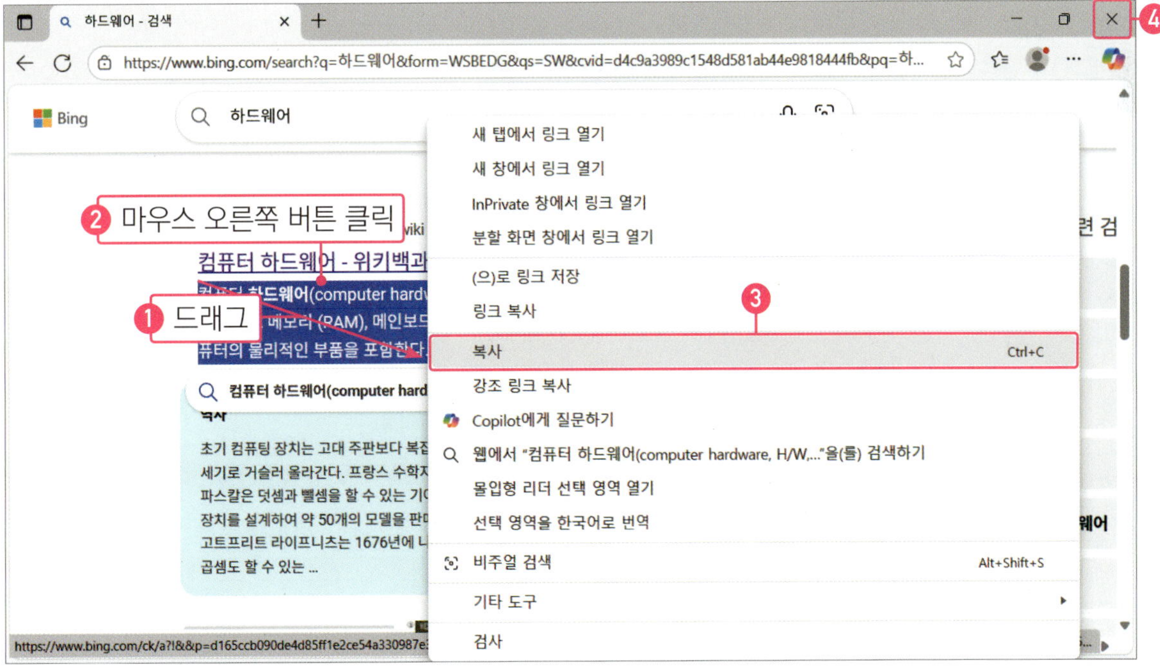

03 [메모장] 창에서 **[파일] – [새 탭]를 클릭**합니다.

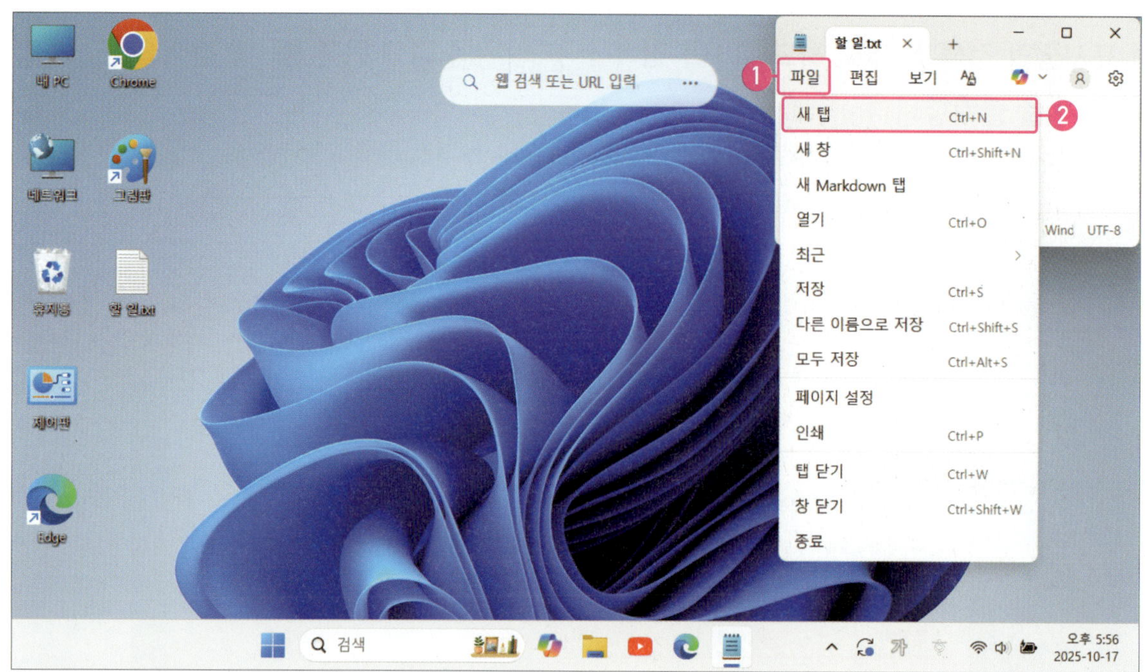

[파일] – [새 창]을 클릭하면 새 메모장이 열려 여러 개의 메모장을 관리해야 하지만 [새 탭]을 클릭하면 한 [메모장] 창에 여러 개의 탭으로 메모를 관리할 수 있어 편리합니다.

04 새로운 탭이 열리면 **작업 창에서 마우스 오른쪽 버튼을 클릭한 후 [붙여넣기]를 클릭**합니다.

05 새로운 탭에 인터넷에서 복사해 온 글이 붙여넣기 되었습니다.

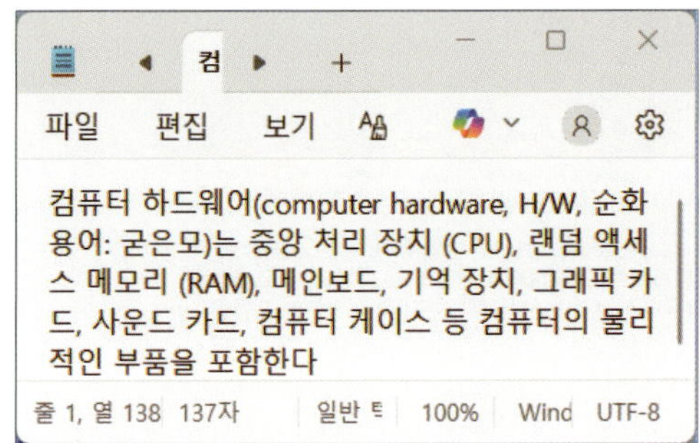

잠깐

자동 줄 바꿈

긴 글을 붙여넣기 했을 때 한 줄로 입력되면서 오른쪽으로만 이어진다면 [메모장] 창의 [보기] – [자동 줄 바꿈]을 클릭하여 체크 표시를 해야 합니다.

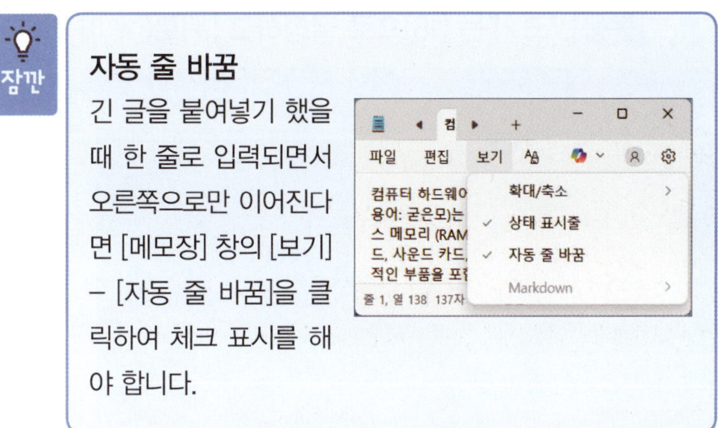

06 **[메모장] 창의 왼쪽 모서리를 드래그**하여 창 크기를 조절합니다. 자동으로 줄 바꿈이 조절됩니다.

▽

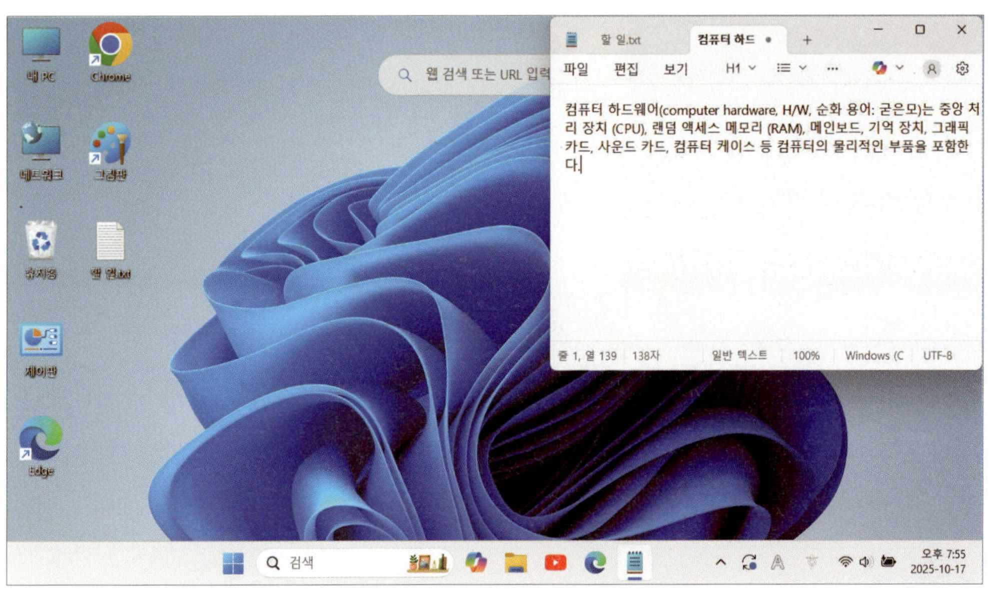

07 메뉴 표시줄 오른쪽 끝의 **[설정(⚙)]을 클릭**한 후 **글꼴의 [⌄]를 클릭**합니다. **'글꼴 목록'은 [돋움], '크기'는 [16]으로 설정하고 [뒤로(←)] 버튼을 클릭**합니다.

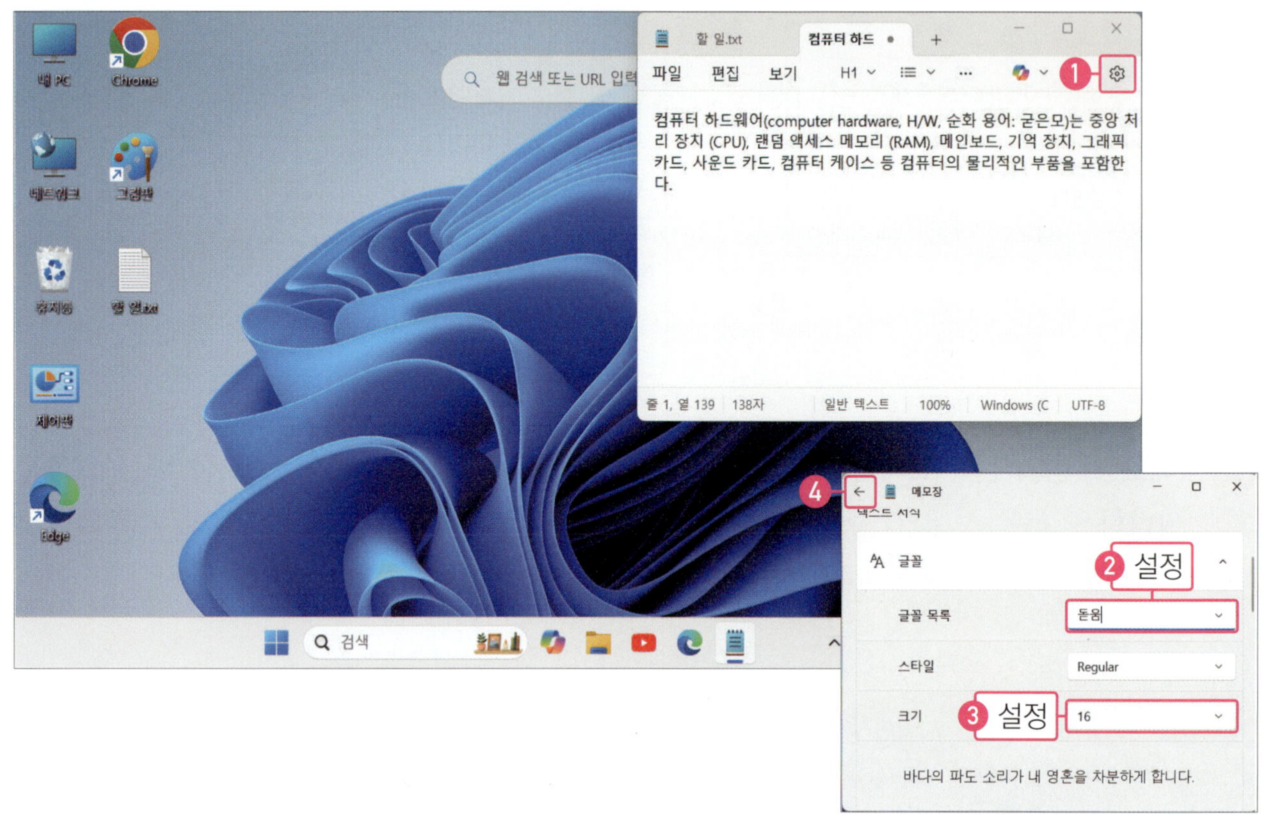

08 문서를 저장하기 위해 **[파일] – [저장]을 클릭**합니다.

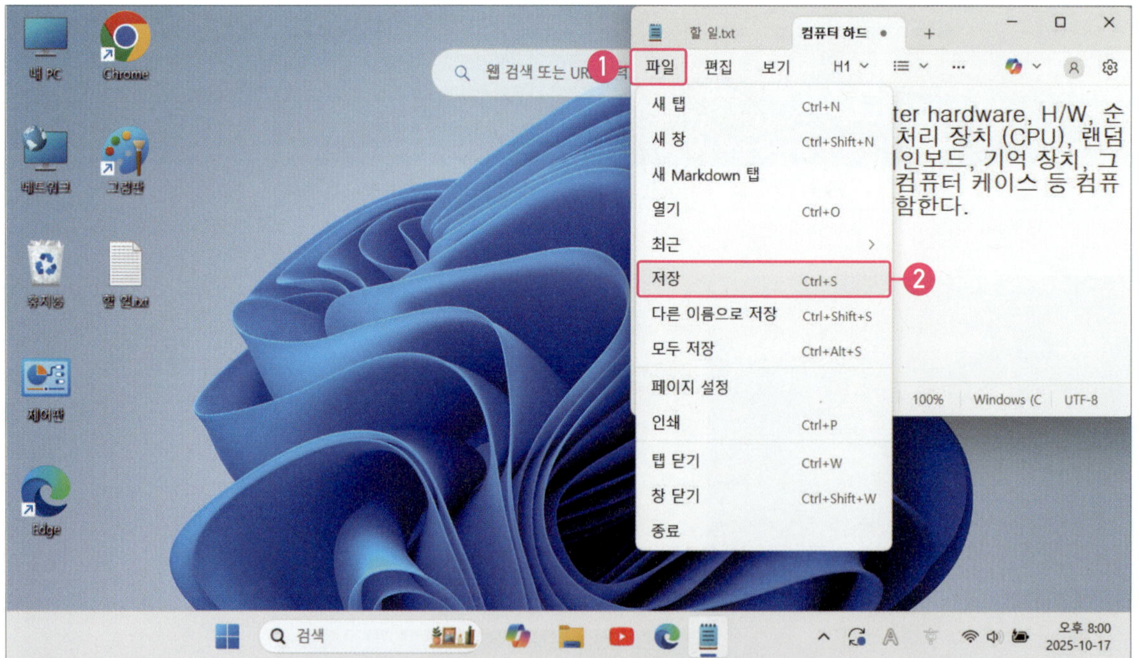

[다른 이름으로 저장]을 클릭해도 됩니다.

09 [다른 이름으로 저장] 대화상자가 나타나면 왼쪽 탐색 창에서 **저장 경로를 '바탕 화면'으로 지정하고, [파일 이름]을 '하드웨어'로 입력한 후 [저장] 버튼을 클릭**합니다.

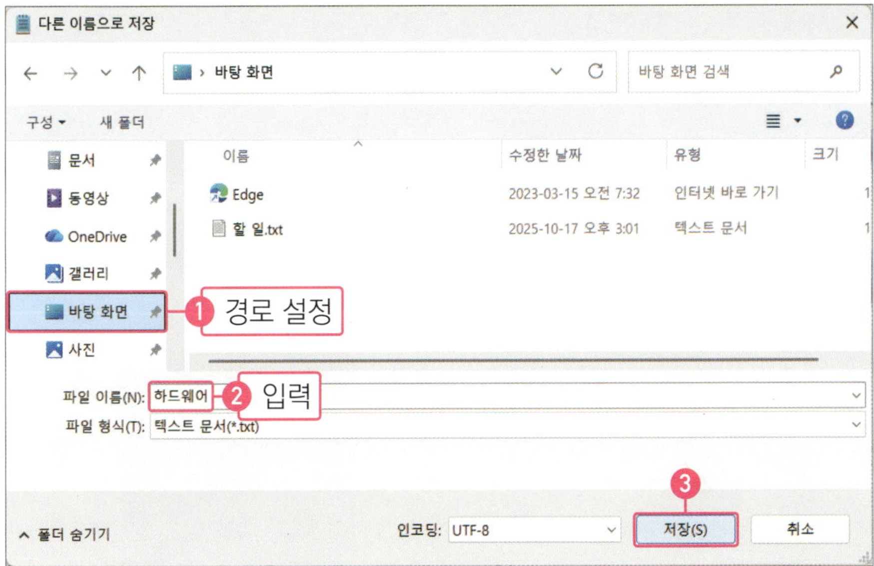

10 [메모장] 창의 **[×(닫기)] 버튼을 클릭**하여 창을 닫습니다. 바탕 화면에 새로운 파일로 저장된 문서를 확인할 수 있습니다.

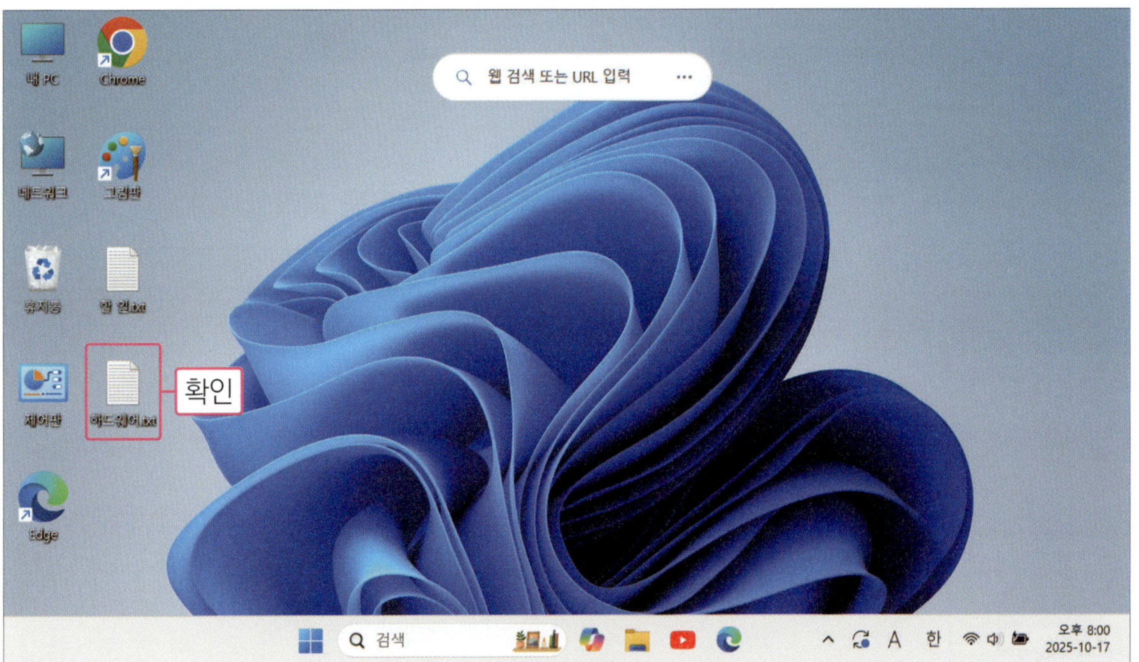

스티커 메모

▶ 스티커 메모 실행하기

01 [시작( )] 버튼 – [모두] – [스티커 메모( )]를 **클릭**하여 실행합니다.

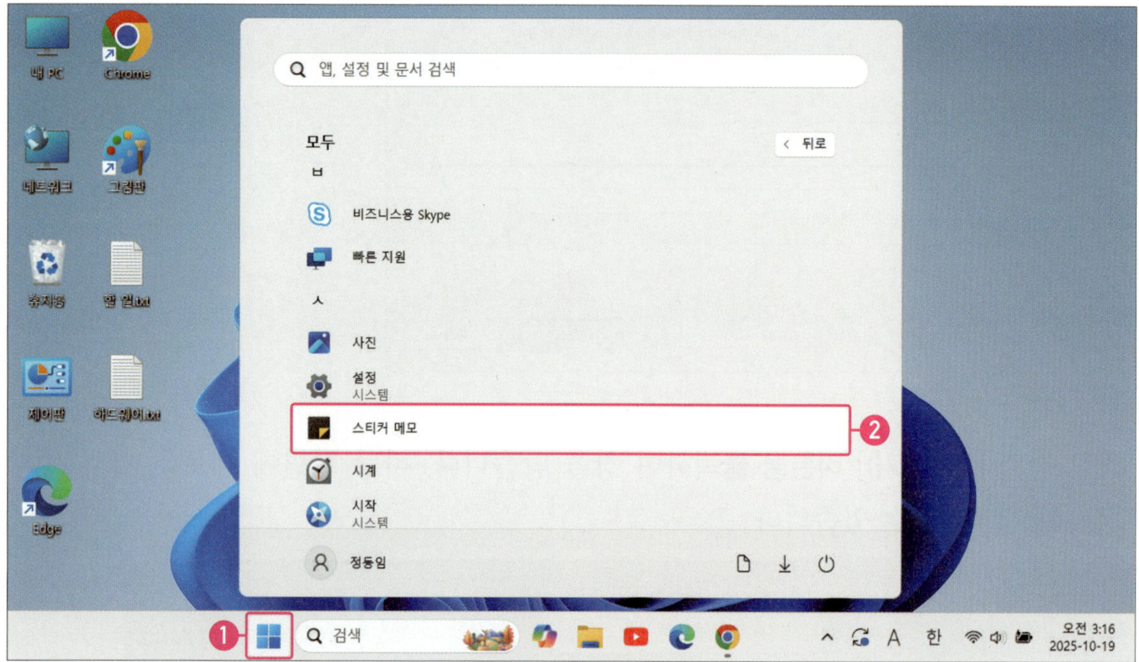

02 윈도우에서 마이크로소프트 계정을 사용하는 경우 **[시작] 버튼을 클릭**합니다.

잠깐

[다른 계정 사용]을 클릭하여 윈도우에서 사용하지 않는 다른 마이크로소프트 계정으로 로그인하여 실행할 수도 있습니다. 마이크로소프트 계정이 없는 경우 새로 계정을 만들어서 로그인합니다.

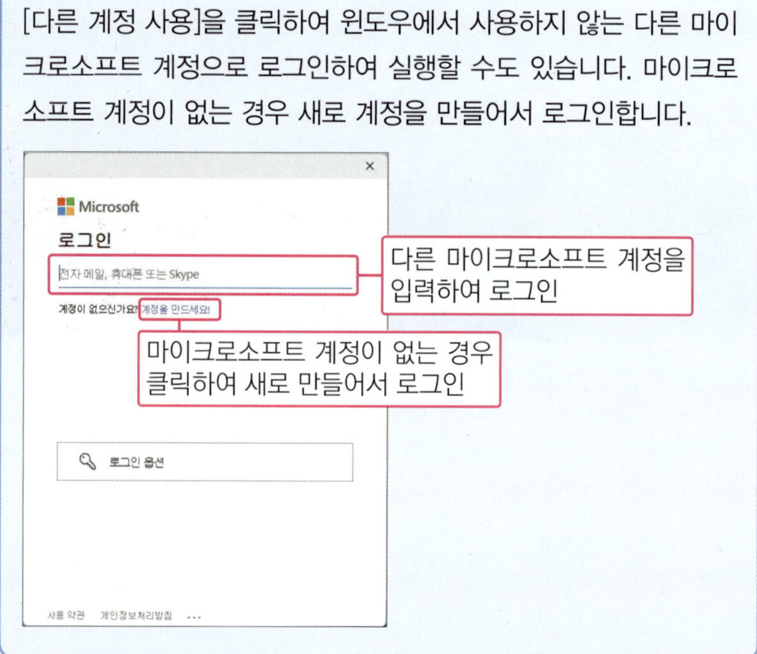

03 오른쪽의 **[메모] 창에 내용을 입력**하면 왼쪽 [노트 목록] 창에 입력한 내용이 나타납니다.

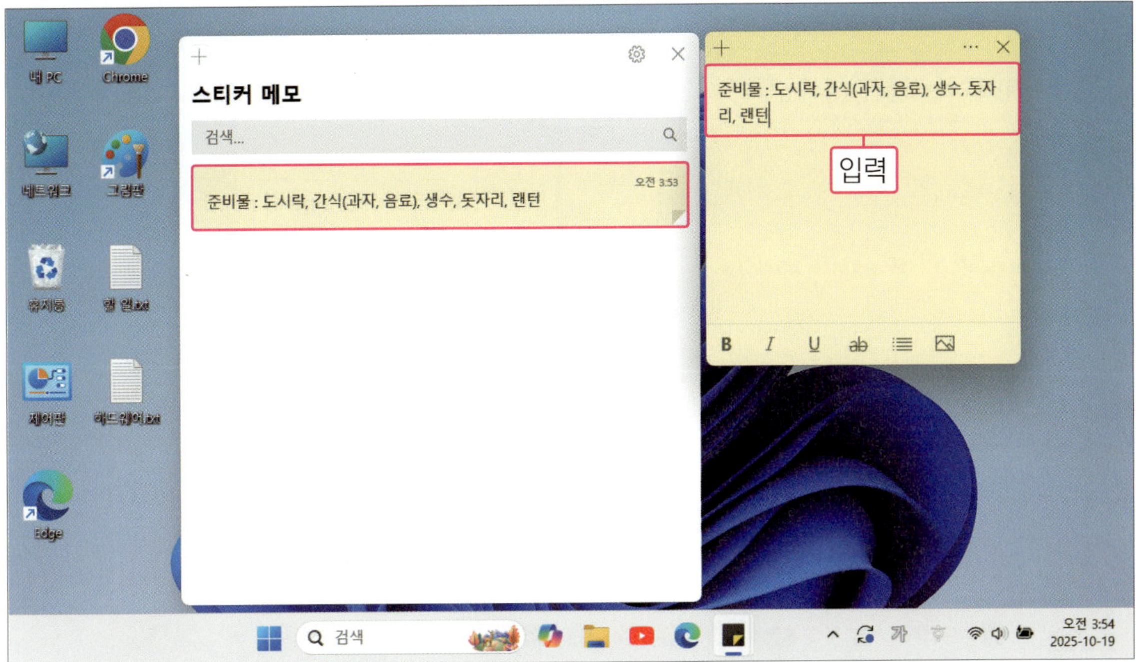

▶ 새 메모 만들기

01 새 메모 창을 만들기 위해 [메모] 창의 **[새 메모(+)]를 클릭**합니다.

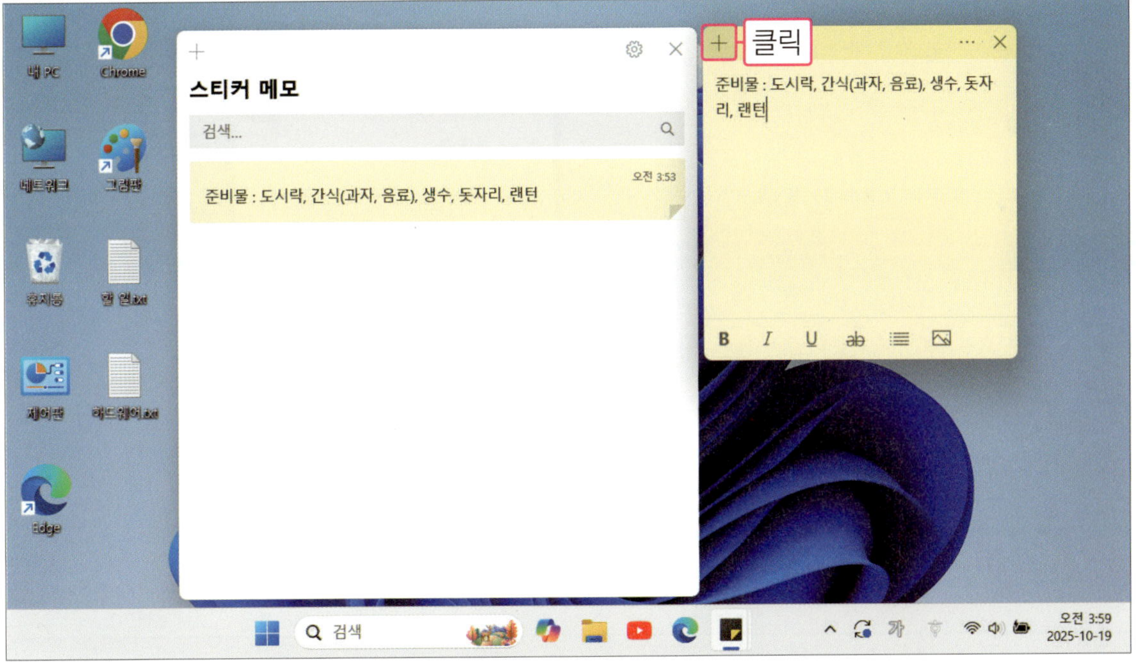

02 새 메모 창이 나타납니다. [메모] 창의 색을 변경하기 위해 **[메뉴(…)]를 클릭**합니다.

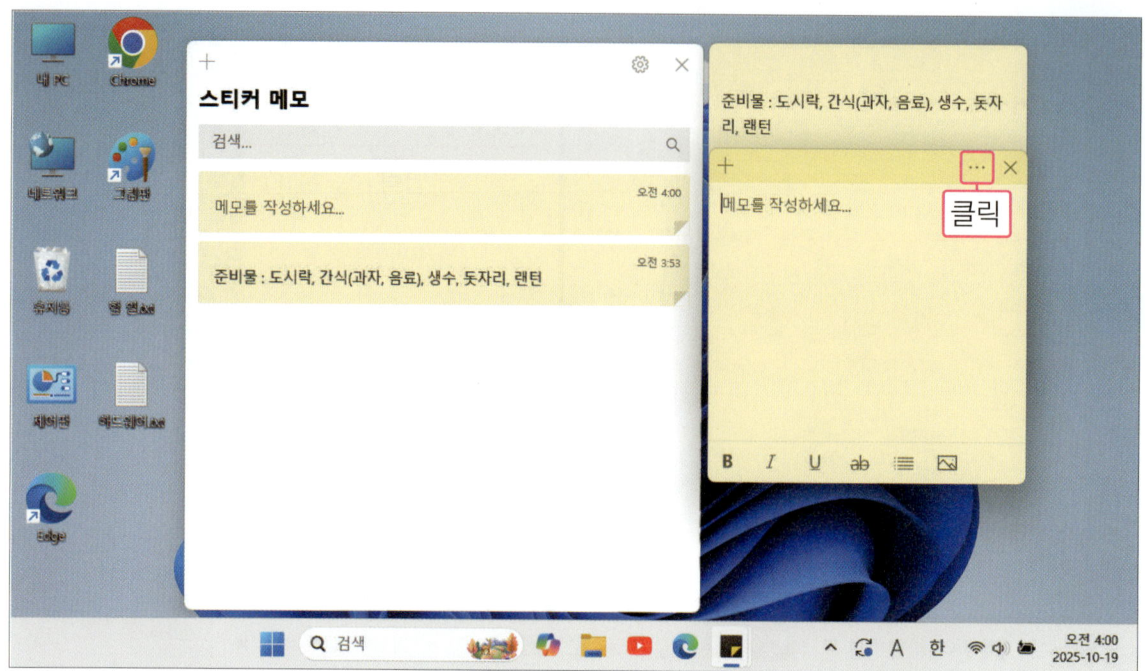

03 7가지 색상 중에서 선택할 수 있습니다. **[분홍]을 선택**합니다.

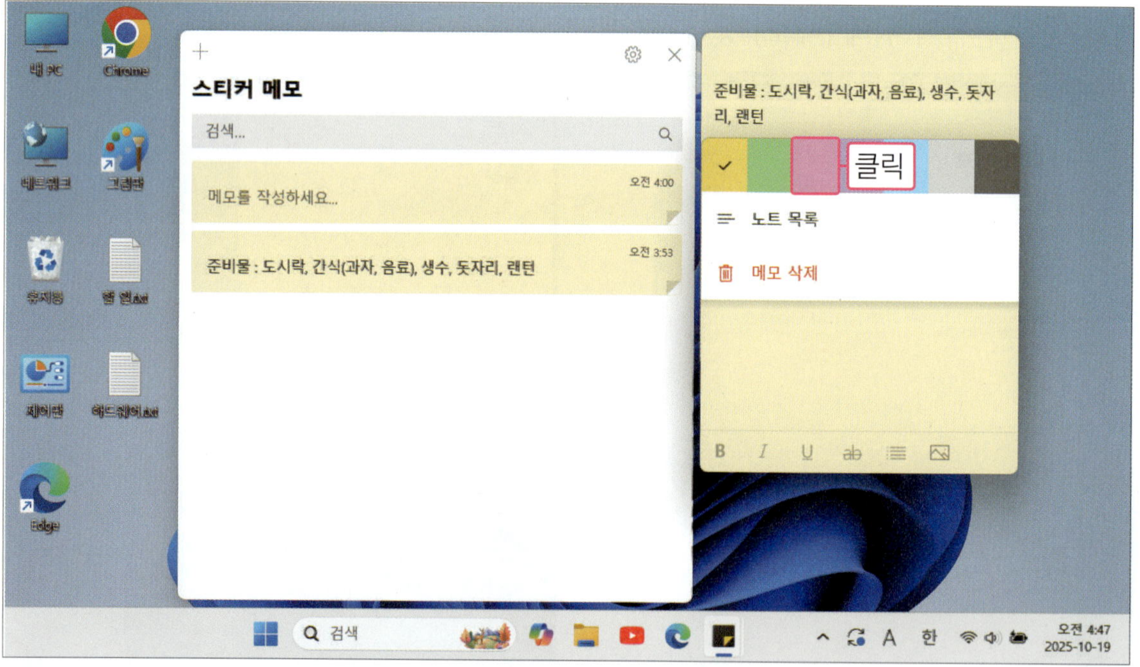

포스트잇에 메모하듯이 스티커 메모를 작성하여 색상별로 바탕 화면에 붙여서 사용할 수 있습니다.

04 메모 내용 중 강조하고 싶은 부분을 드래그한 후 [메모] 창의 도구 모음에서 **[굵게(B)]를 클릭**하면 해당 부분만 굵게 강조할 수 있습니다.

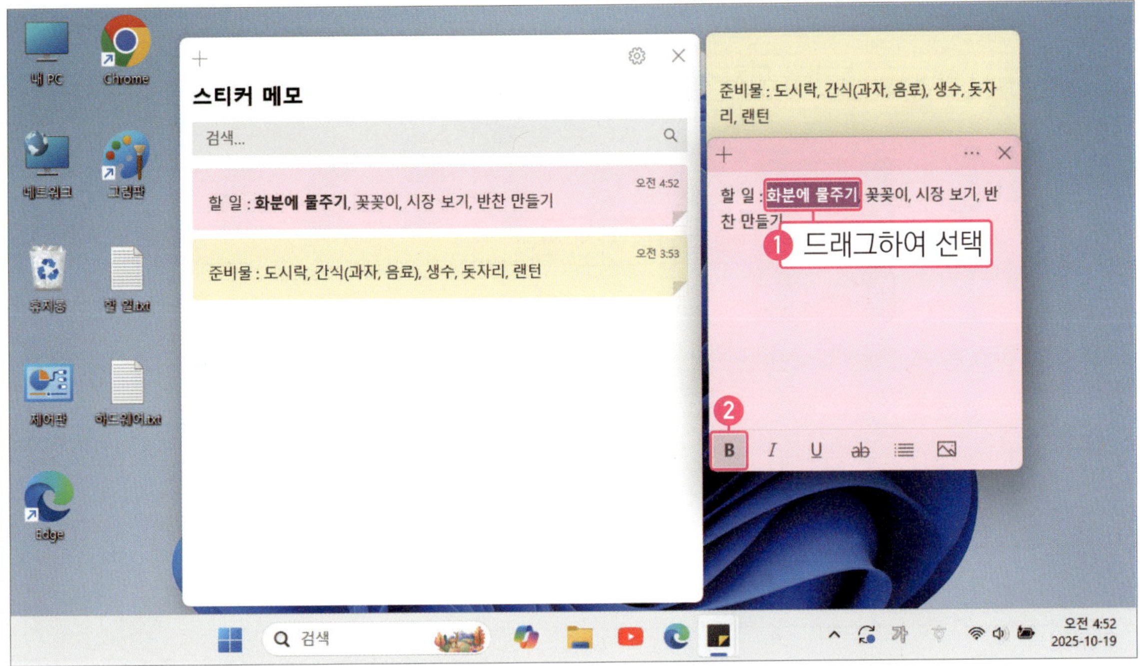

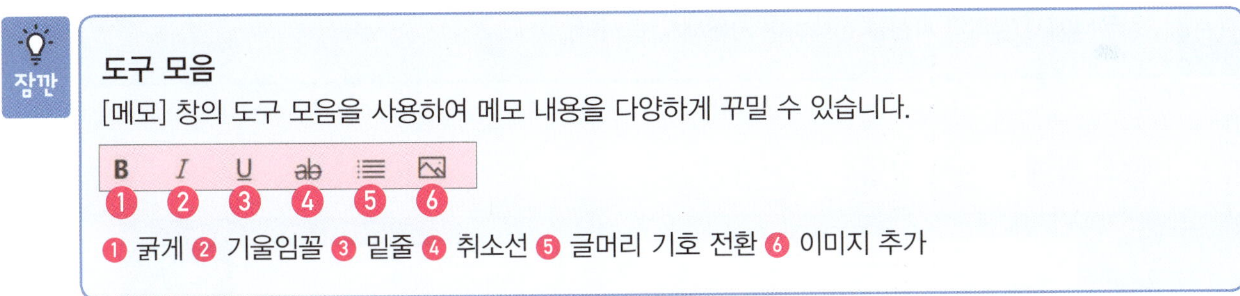

잠깐

도구 모음

[메모] 창의 도구 모음을 사용하여 메모 내용을 다양하게 꾸밀 수 있습니다.

❶ 굵게 ❷ 기울임꼴 ❸ 밑줄 ❹ 취소선 ❺ 글머리 기호 전환 ❻ 이미지 추가

▸ 이미지 추가하기

01 [메모] 창에서 이미지를 추가하기 위해 도구 모음 중 **[이미지 추가(🖼)]를 클릭**합니다.

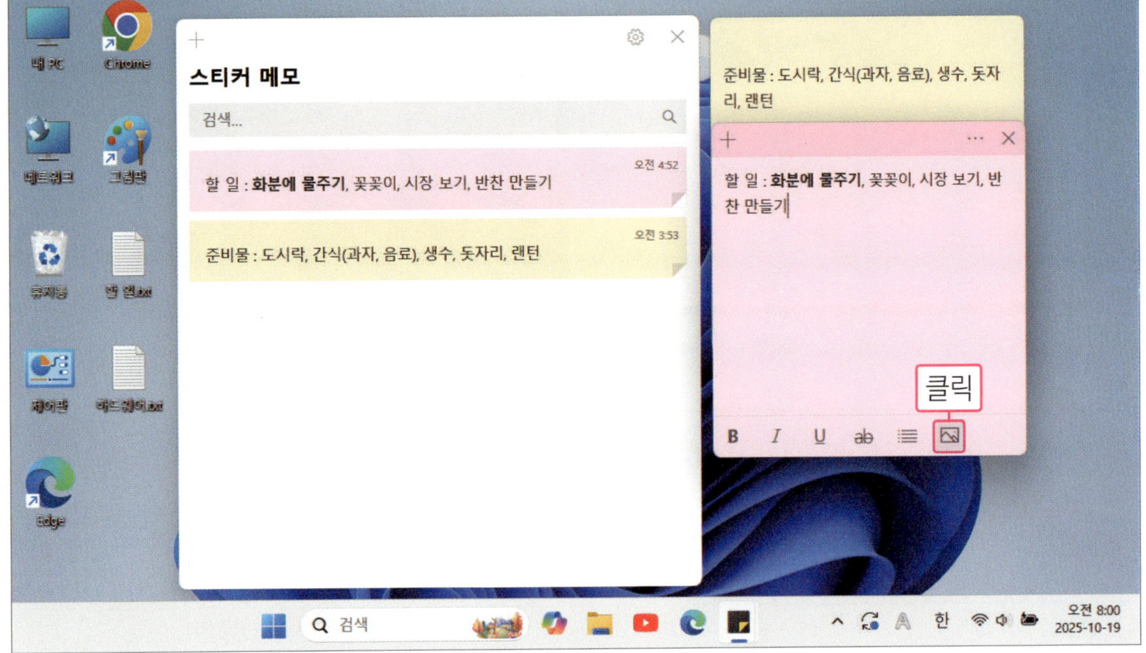

02 [열기] 대화상자가 나타나면 **이미지를 불러올 위치를 설정**한 후 사용자가 **삽입할 사진을 선택하고 [열기] 버튼을 클릭**합니다.

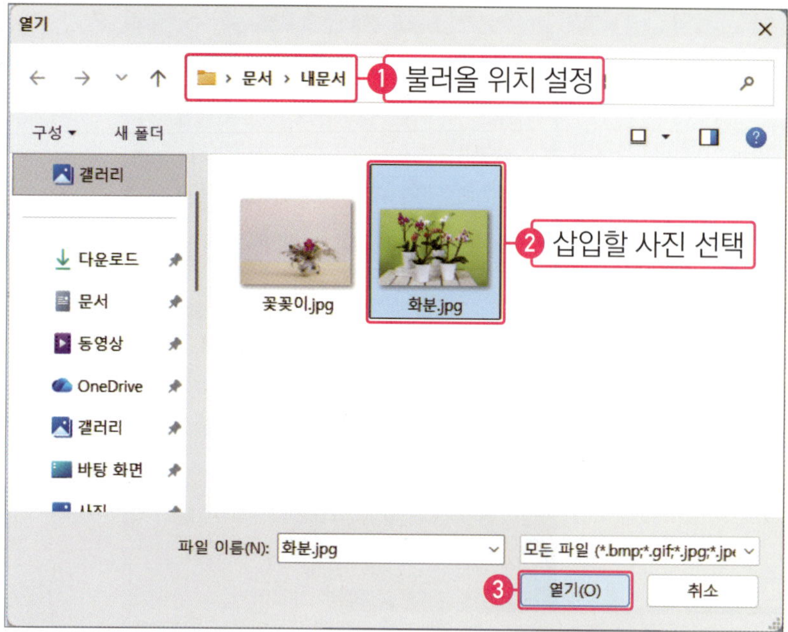

잠깐

컴퓨터에서 임의의 사진을 선택하여 사용해도 됩니다.

03 [메모] 창에 사진이 삽입되었습니다.

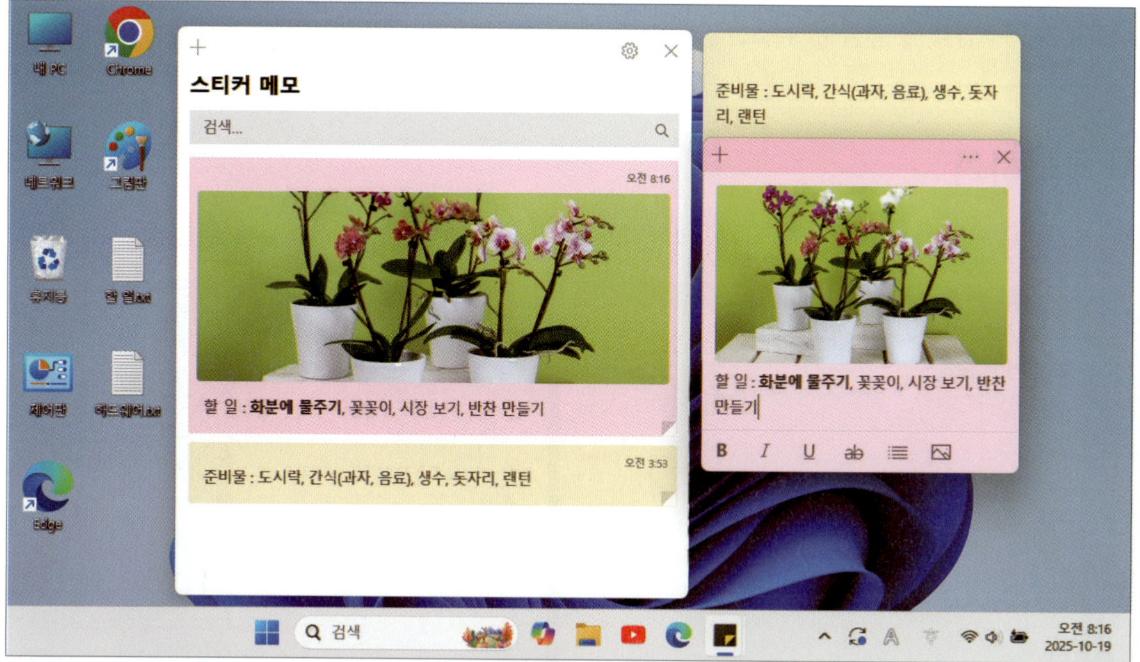

잠깐

스티커 메모는 이미지 용량에 대해 명시되어 있지 않지만, 고해상도 이미지의 경우 삽입할 수 없습니다. 또한 이미지를 삽입한 후에 이미지의 크기를 조정할 수 없으므로 미리 사이즈를 조정한 후 삽입하는 것이 좋습니다.

▶ 메모 검색하기

01 [노트 목록] 창의 [ⓧ(닫기)] **버튼을 클릭**하여 창을 닫습니다.

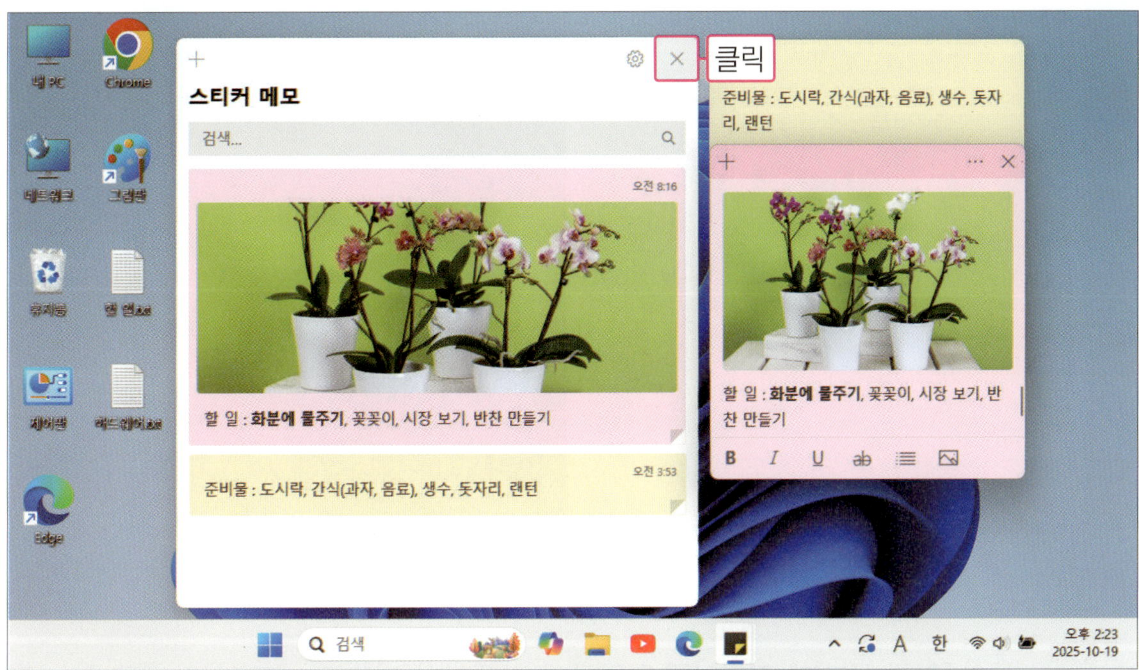

02 [노트 목록] 창이 닫혔습니다. [메모] 창에서 다시 [노트 목록] 창을 불러오기 위해 **[메뉴(…)]를 클릭한 후 [노트 목록]을 클릭**합니다.

03 [노트 목록] 창이 나타나면 반대로 **[메모] 창을 모두 닫습니다.**

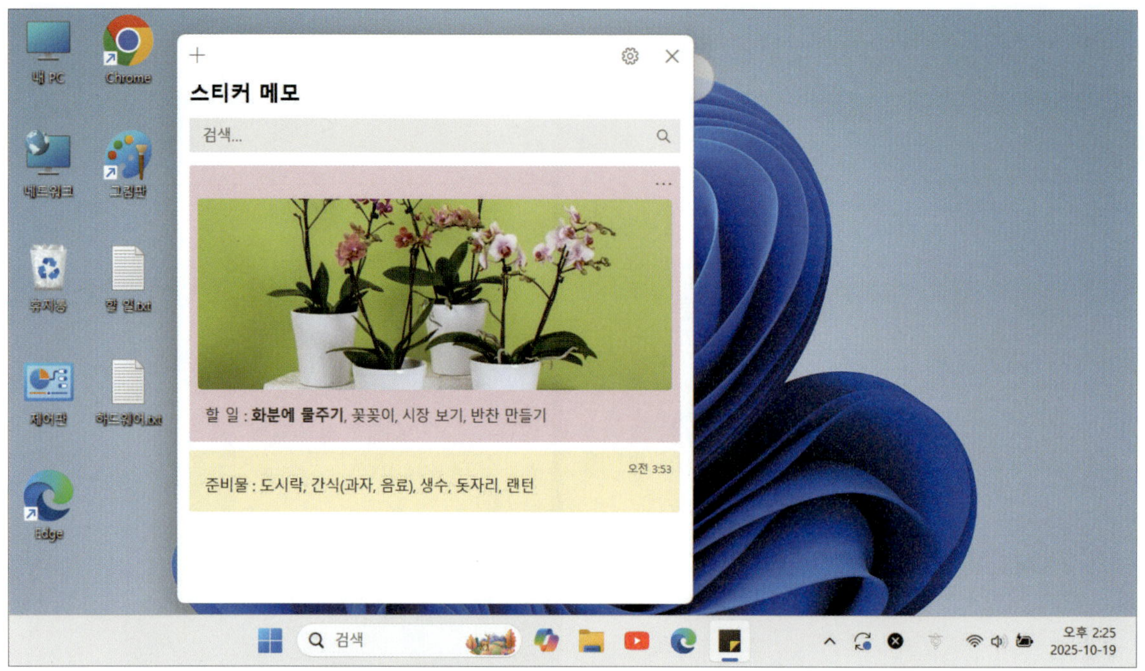

04 [노트 목록] 창의 **[검색 상자]에 검색어를 입력**하면 검색어와 관련된 메모만 검색됩니다. **검색된 메모를 더블 클릭**합니다.

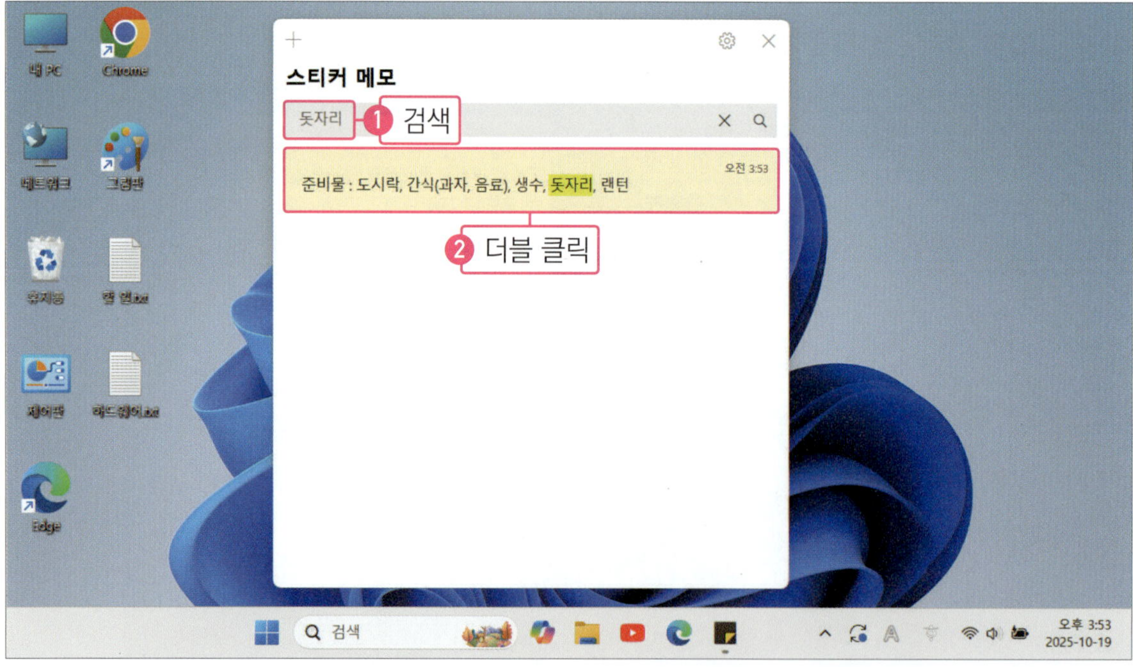

05 검색어가 포함된 메모를 확인할 수 있습니다.

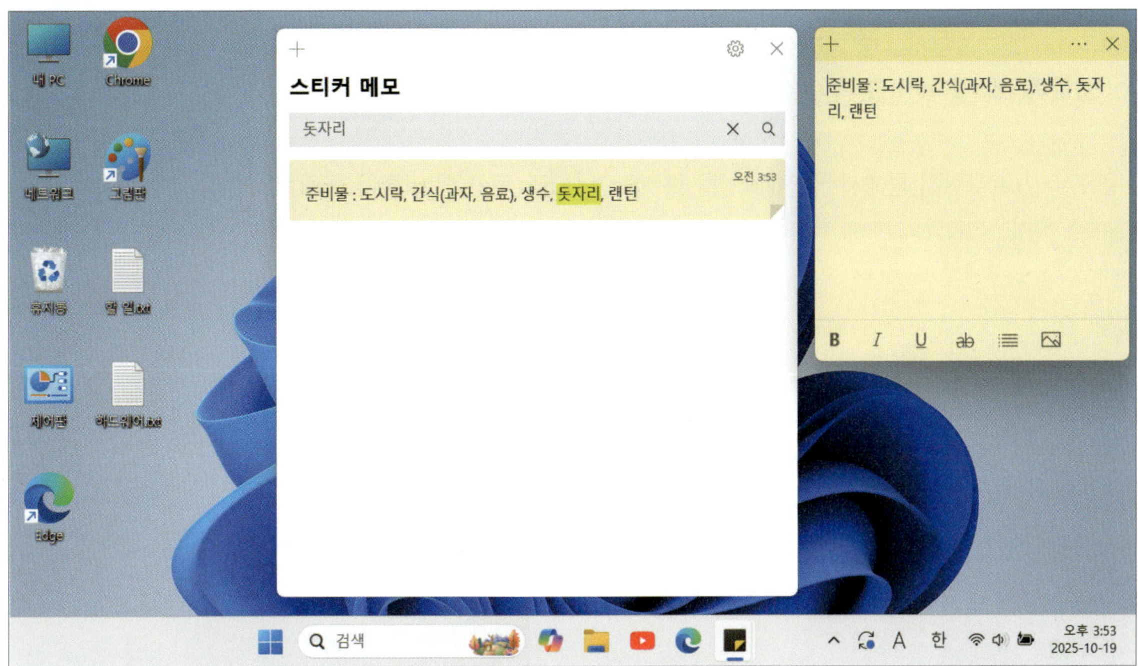

스티커 메모 앱은 해야 할 일을 잊지 않기 위해 시작 화면이나 작업 표시줄에 고정해 두고 빠르게 실행해서 사용하는 것이 좋습니다. [시작()] 버튼 – [모두] – [스티커 메모()] 위에서 마우스 오른쪽 버튼을 클릭하여 [시작 화면에 고정] 또는 [기타] – [작업 표시줄에 고정]을 클릭합니다. 시작 화면에 고정 또는 작업 표시줄에 고정된 스티커 메모를 빠르게 실행해서 사용할 수 있습니다.

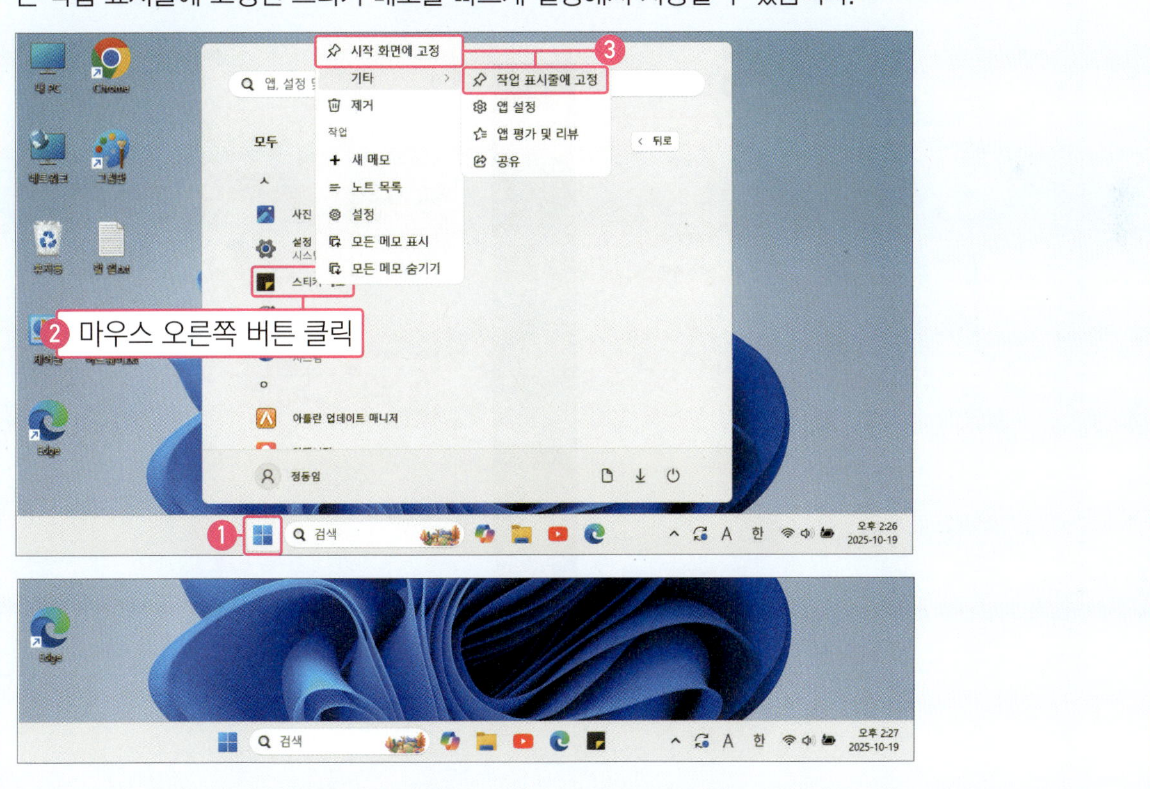

동기화

윈도우에서 마이크로소프트 계정으로 로그인하여 스티커 메모 앱을 사용한 경우 다른 기기에서 동기화하여 스티커 메모를 확인할 수 있습니다.

① 윈도우 [노트 목록] 창에서 [설정(⚙)]을 클릭하여 [지금 동기화] 버튼을 클릭합니다.

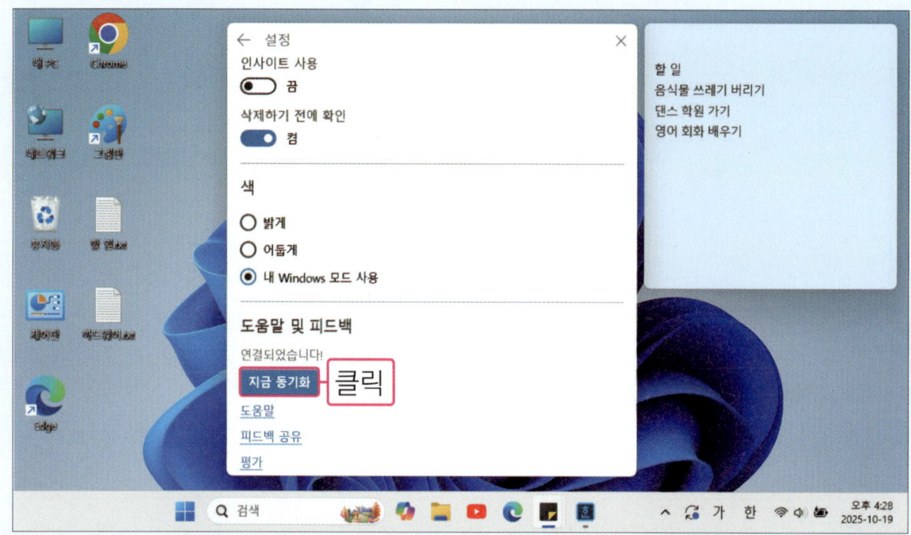

② 스마트 폰의 원노트 앱(▣)을 PC의 스티커 메모 앱과 동일한 계정으로 로그인합니다. 왼쪽 상단의 프로필을 클릭한 후 [스티커 메모]를 클릭하면 PC에서 작업한 메모 창이 나타납니다.(원노트 앱이 없는 경우 설치해서 사용할 수 있습니다.)

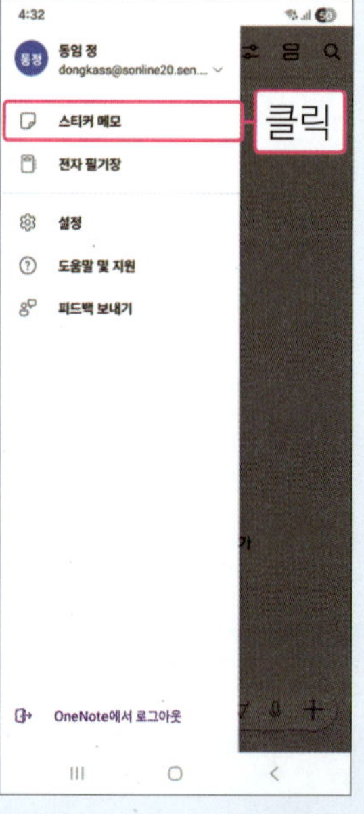

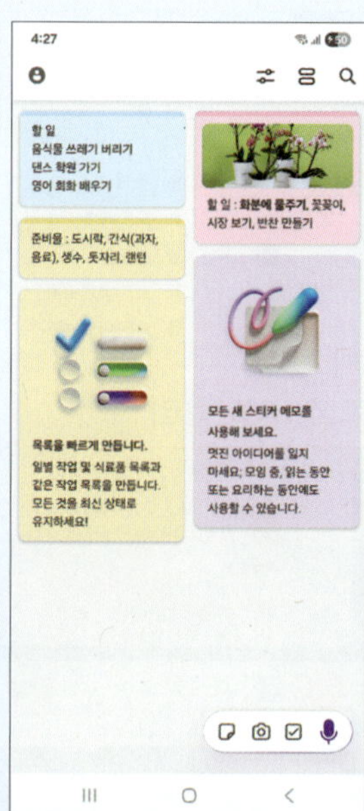

응용력 키우기

01 메모장에 다음처럼 입력한 후 '연락처.txt' 파일로 저장하고, 바탕 화면에 작게 배치해 봅니다.

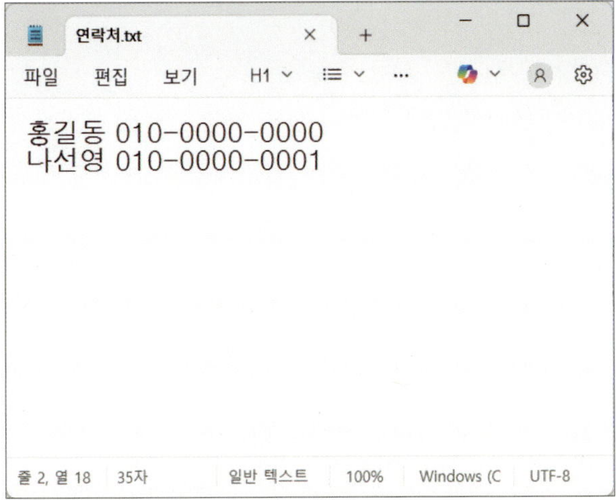

02 메모장을 새로 만든 후 다음처럼 입력하고 '서시.txt'라고 저장해 봅니다.

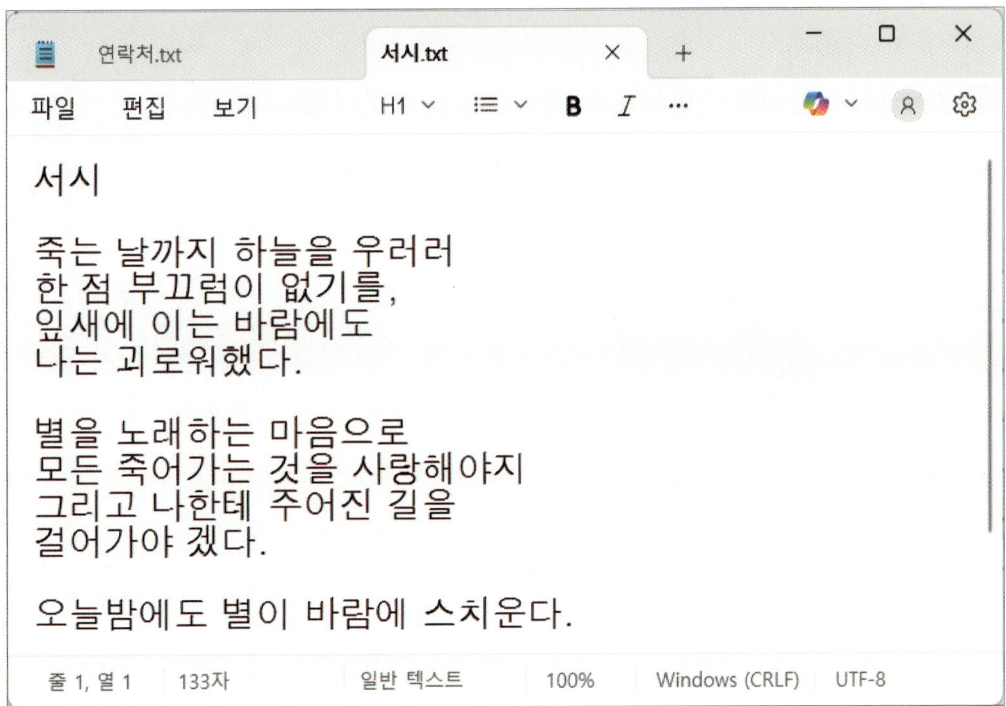

03 스티커 메모를 다음처럼 만듭니다.

- 메모 색상 : 목탄
- '오늘의 급식 메뉴'는 밑줄로 표시

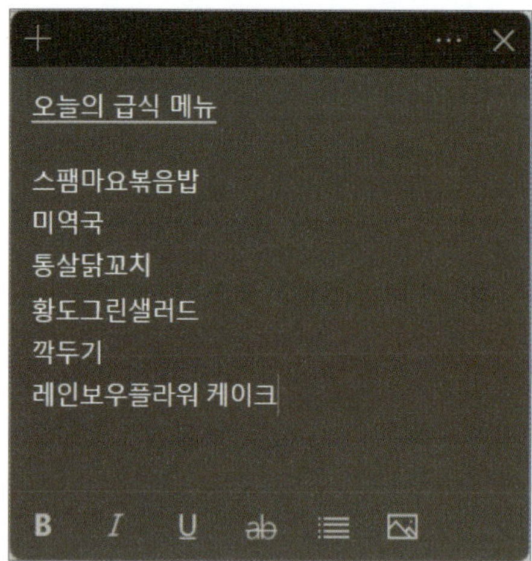

04 새 메모에 사용자가 원하는 이미지를 추가하고, 글도 작성해 봅니다.

07 그림판과 캡처 도구

- 그림판과 캡처 도구
- 레이어
- 캔버스로 가져오기
- 배경 제거
- 텍스트 입력하기
- 도형 그리기
- 캡처 영역 변경하기
- 화면 캡처 방법

미/리/보/기

준비파일 : 노부부.png, 해변.jpg, 배.jpg
완성파일 : 인생.png, 인생.paint

그림판이 업데이트 되면서 레이어를 생성하여 그림을 편집할 수 있고, AI를 활용하여 배경을 제거할 수 있어서 다른 유료 앱을 사용하지 않아도 그림을 편집하고 그릴 수 있게 되었습니다. 캡처 도구 앱을 활용하면 컴퓨터를 사용하면서 필요한 화면을 바로바로 캡처할 수도 있습니다. 그림을 그리는 방법과 캡처하는 방법을 알아보겠습니다.

01 그림판과 캡처 도구 살펴보기

▶ 그림판의 화면 구성

그림판은 별도의 설치가 필요하지 않으며, 윈도우에서 기본적으로 제공되는 앱(프로그램)으로 그림을 그리거나 사진을 편집할 수 있습니다.

그림판은 [시작()] 버튼 – 고정됨 앱에서 [그림판()]을 클릭합니다.

❶ **상단 메뉴** : 파일 메뉴를 포함한 다양한 명령이 모여 있습니다.

❷ **도구 모음** : 연필, 브러시, 색 채우기, 도형 그리기 등 다양한 도구와 크기 조절 기능이 있습니다.

❸ **크기/불투명 슬라이더** : 일부 도구를 선택했을 때 크기를 조절할 수 있는 슬라이더가 추가됩니다. 또한 레이어의 투명도를 슬라이더로 조절할 수 있습니다.

❹ **캔버스** : 그림을 그리는 작업 영역입니다.

❺ **레이어 팔레트** : 도구 모음에서 [레이어()]를 클릭하면 레이어 팔레트가 나타나 새 레이어를 추가할 수 있습니다.

❻ **상태 표시줄** : 현재 작업 상태, 이미지 사이즈, 정보 등을 보여줍니다.

❼ **확대/축소** : 화면의 보기 배율을 설정하는 곳입니다.

▶ 캡처 도구

캡처 도구에서는 이미지 캡처뿐만 아니라 동영상 녹음도 선택하여 캡처할 수 있습니다. 캡처 영역은 직사각형, 창, 전체 화면, 자유형 중 선택하여 캡처합니다. 캡처 후에는 캡처 화면을 편집할 수 있는 프로그램으로 변경됩니다. 캡처 영역을 직사각형으로 선택한 후 [빠른 마크업()]을 선택하면 화면을 캡처한 후 곧바로 편집할 수 있는 기능이 함께 나타납니다.

캡처 도구는 [시작()] 버튼 – [모두] – [캡처 도구()]를 클릭하여 실행합니다.

1 캡처 도구가 나타나면 [새 캡처] 버튼을 클릭합니다.

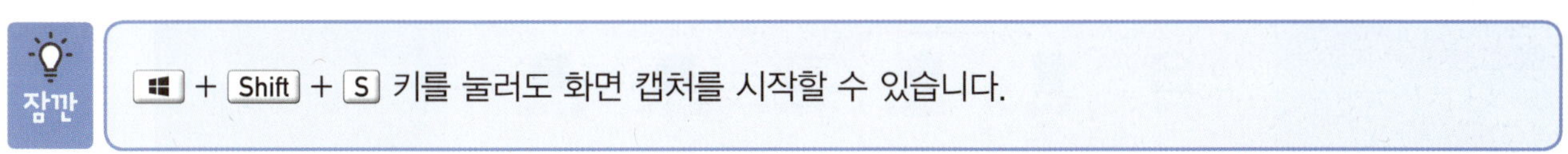

2 캡처, 녹음 중 클릭하여 선택하고 캡처 영역을 선택한 후 캡처할 곳을 드래그 혹은 선택하여 캡처합니다.

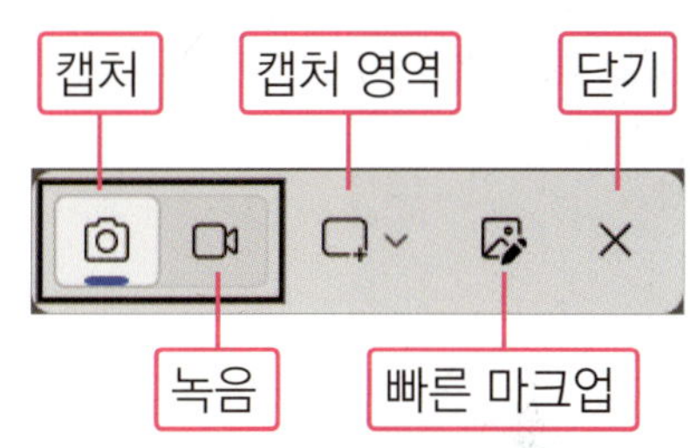

윈도우 업데이트 상황에 따라 도구의 기능 표시가 다르게 나타날 수 있고, 편집 화면으로 변경되는 방식이 다를 수 있습니다.

3 캡처가 완료되면 다음과 같이 캡처 화면을 편집할 수 있는 프로그램으로 변경됩니다.

- a 새 캡처 : 새로운 캡처를 할 수 있습니다.
- b 캡처, 녹음 중 선택하여 캡처할 수 있습니다.
- c 캡처 영역/캡처 지연 : 캡처 영역의 종류와 캡처 지연 시간을 설정할 수 있습니다.
- d 캡처한 이미지나 동영상를 편집할 수 있는 도구들(여기서는 이미지를 캡처했을 때 도구들)입니다.
- e 저장, 복사, 공유를 할 수 있습니다.
- f 자세히 보기에서는 인쇄, 설정 등의 작업을 할 수 있습니다.
- g 불러온 이미지나 캡처한 이미지를 간단하게 편집할 수 있는 영역입니다.

그림판 다루기

▶ 파일 열기와 캔버스로 가져오기

01 그림판은 **[시작( )] 버튼 – 고정됨 앱에서 [그림판( )]을 클릭**합니다.

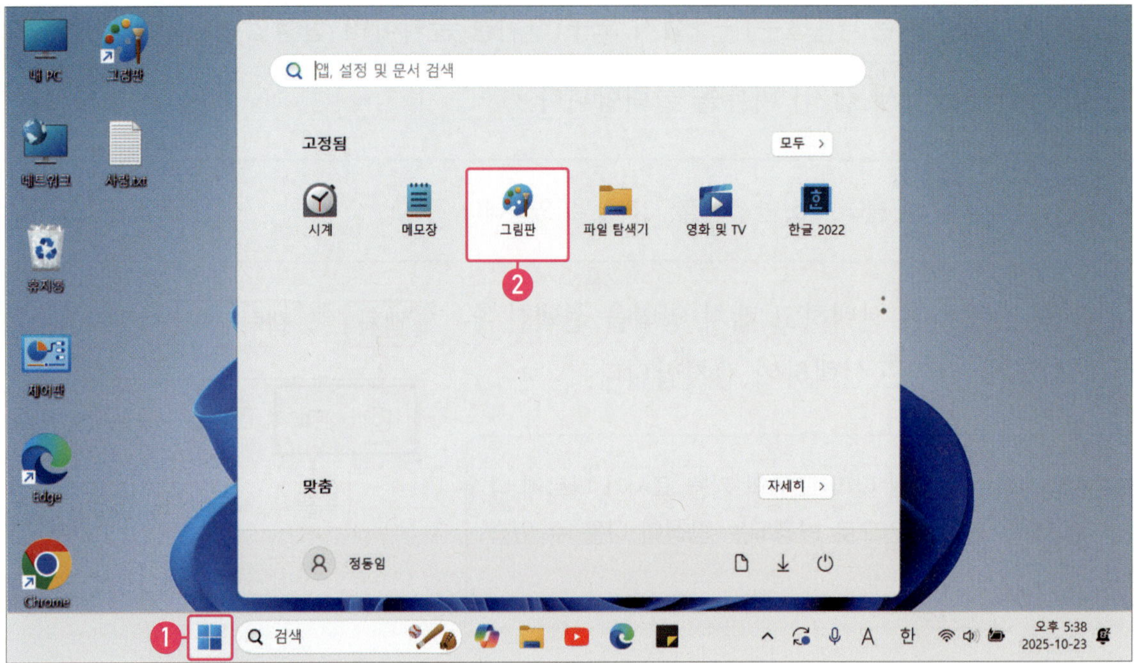

02 '그림판' 앱이 실행됩니다. 편집할 사진을 불러오기 위해 **[파일] – [열기]를 클릭**합니다.

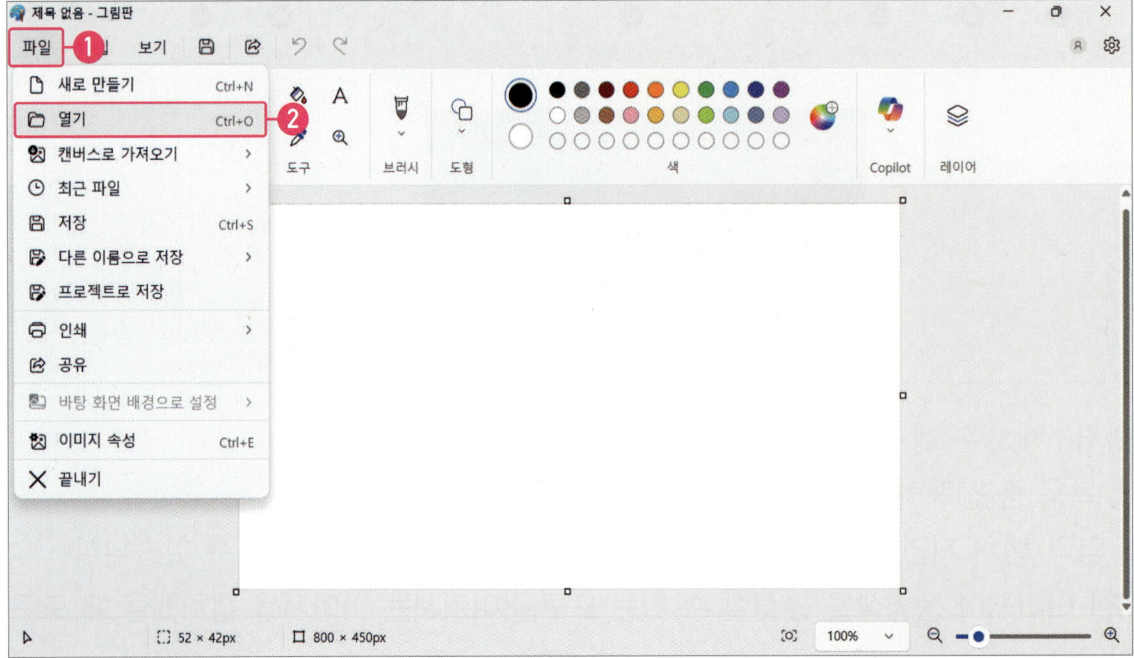

03 [열기] 대화상자가 나타나면 **불러올 위치를 설정한 후 사진(여기서는 '노부부.png')을 선택하고, [열기] 버튼을 클릭**합니다.

04 불러온 사진의 배경을 제거하기 위해 도구 모음 중 **[배경 제거( )]를 클릭**합니다.

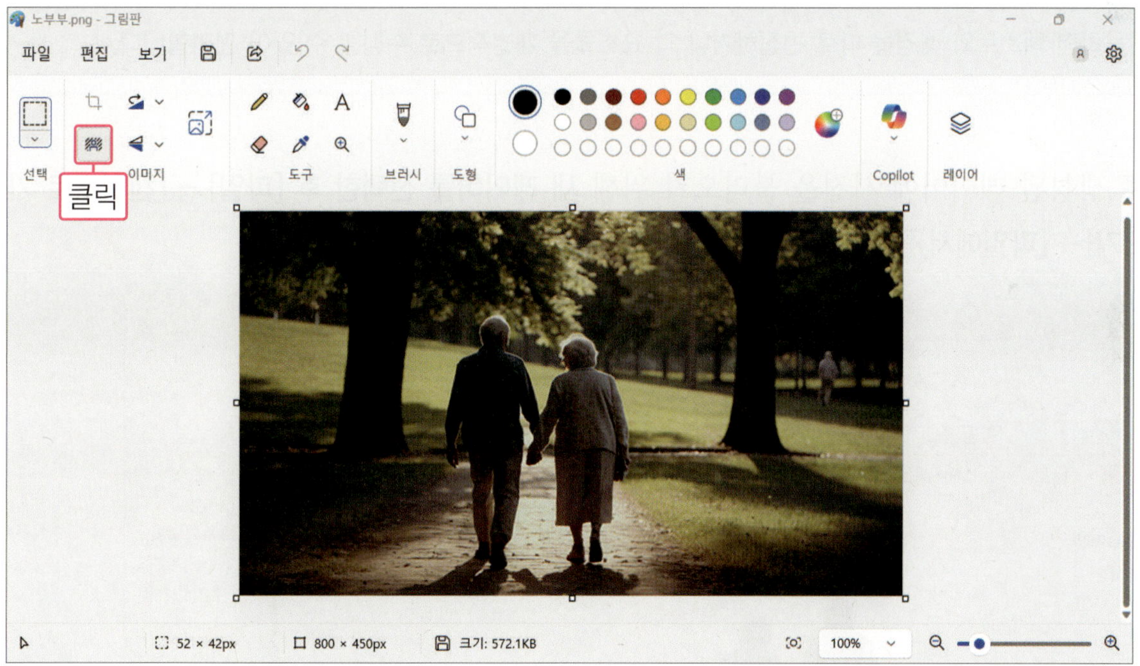

그림판의 새로운 기능으로 인물이나 사물을 자동으로 인식하여 배경을 제거합니다. 배경이 제거된 이미지를 저장하려면 PNG 형식으로 저장하면 됩니다. 그림판이 업데이트되면서 PNG 형식으로 저장할 수 있게 되었습니다.

05 배경이 제거되어 흰 배경에 인물만 남게 됩니다. 도구 모음의 **[레이어( )]를 클릭**하면 오른쪽에 레이어 팔레트가 나타납니다. 상단의 **'+'를 클릭하여 새로운 레이어를 생성**합니다.

레이어 기능은 투명한 층을 겹쳐놓은 것처럼 이미지의 각 요소를 분리하여 작업할 수 있습니다. 겹쳐놓은 투명한 층을 위에서 보면 각 레이어의 요소들이 합쳐져서 하나의 그림으로 보입니다. 레이어 기능을 활용하면 텍스트와 배경을 따로 편집하거나 각 요소들을 개별적으로 수정할 수 있어 편리합니다.

06 새로 생성된 레이어에 사진을 불러오기 위해 **새 레이어를 선택한 후 [파일] – [캔버스로 가져오기] – [파일에서]를 클릭**합니다.

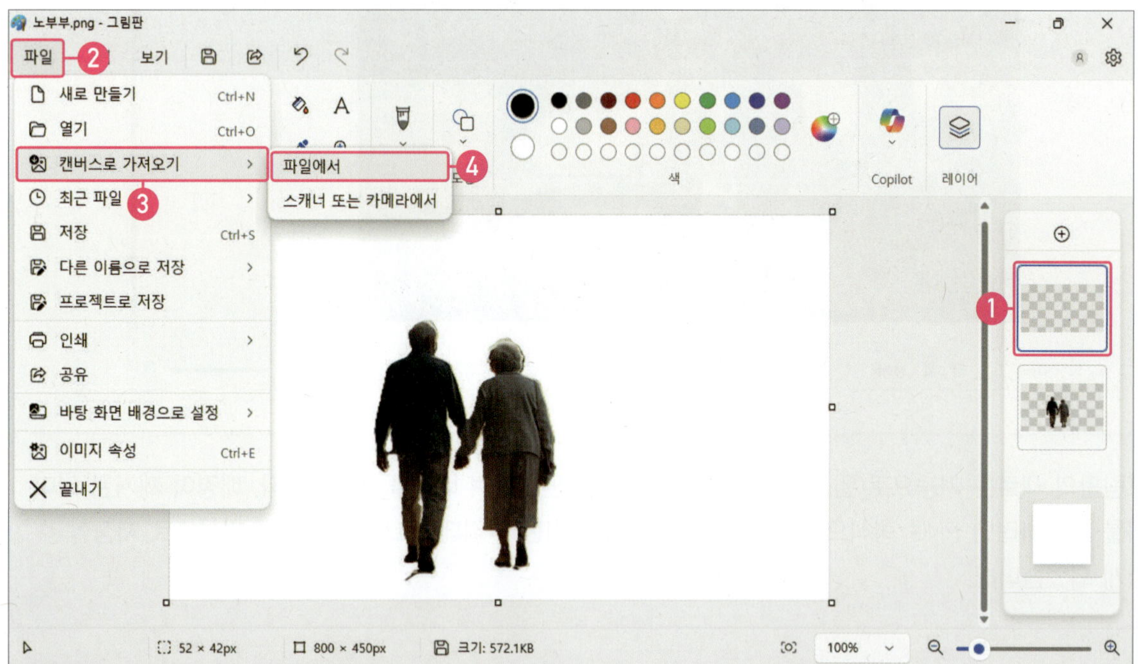

[파일] – [열기]를 클릭하여 사진을 불러오면 기존 그림은 없어지고 새로운 그림을 생성하게 됩니다. 기존 그림에서 파일을 가져와 작업하려면 [캔버스로 가져오기] 기능을 사용해야 합니다.

07 [열기] 대화상자가 나타나면 **불러올 위치를 설정한 후 사진(여기서는 '해변.jpg')을 선택하고, [열기] 버튼을 클릭**합니다. 새 레이어에 해변 사진이 불러와졌습니다.

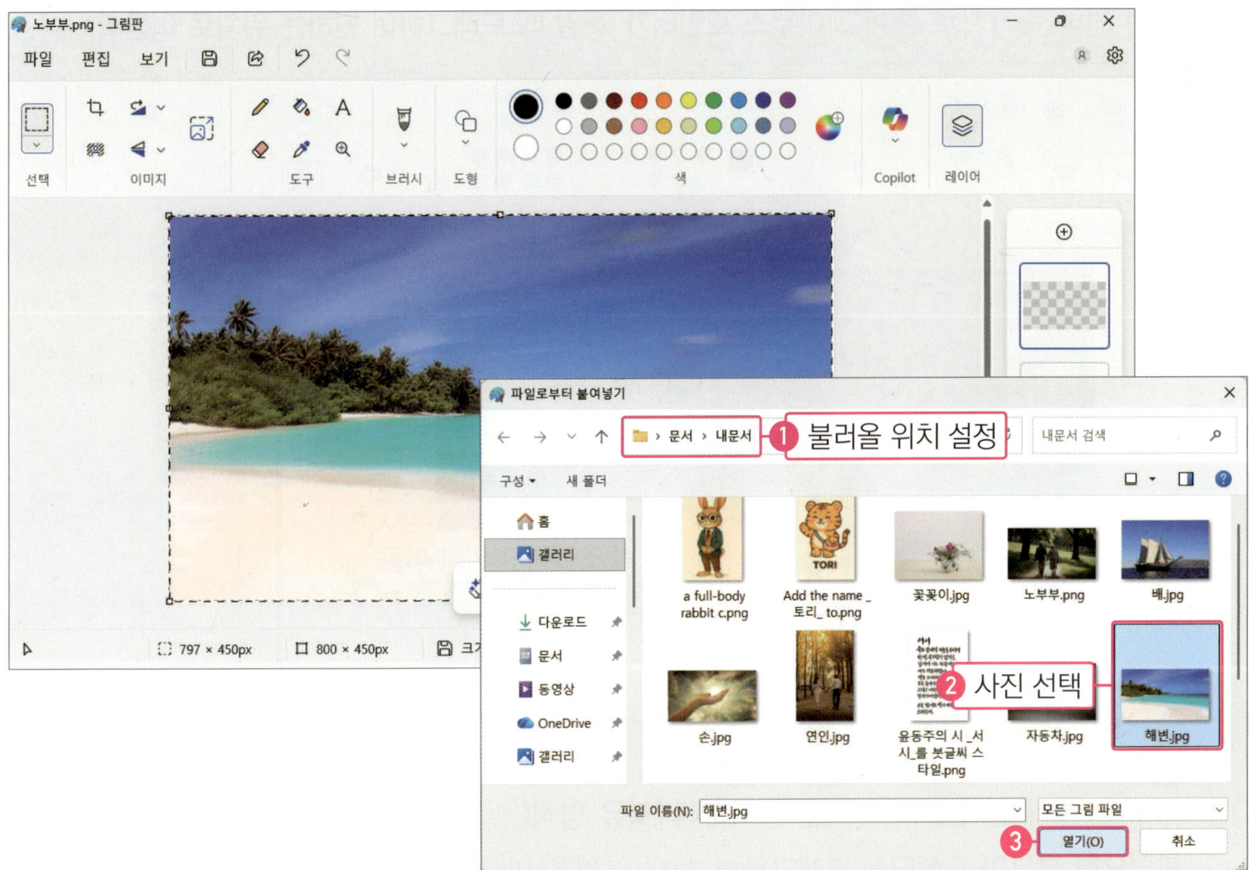

▶ 선택 영역으로 움직이고 수정하기

01 배경을 해변으로 변경하기 위해 레이어 팔레트에서 **해변 레이어를 드래그하여 인물 레이어 아래로 이동**합니다.

02 **인물 레이어를 선택**한 후 도구 모음의 **선택에서 [ ]를 클릭하여 [직사각형( )]을 선택**합니다. **인물 위에서 드래그**하여 직사각형의 선택 영역을 만든 후 **모서리의 크기 조절점을 드래그**하여 원하는 크기로 줄이고 **마우스 포인터가 일 때 드래그하여 원하는 위치로 이동**합니다.

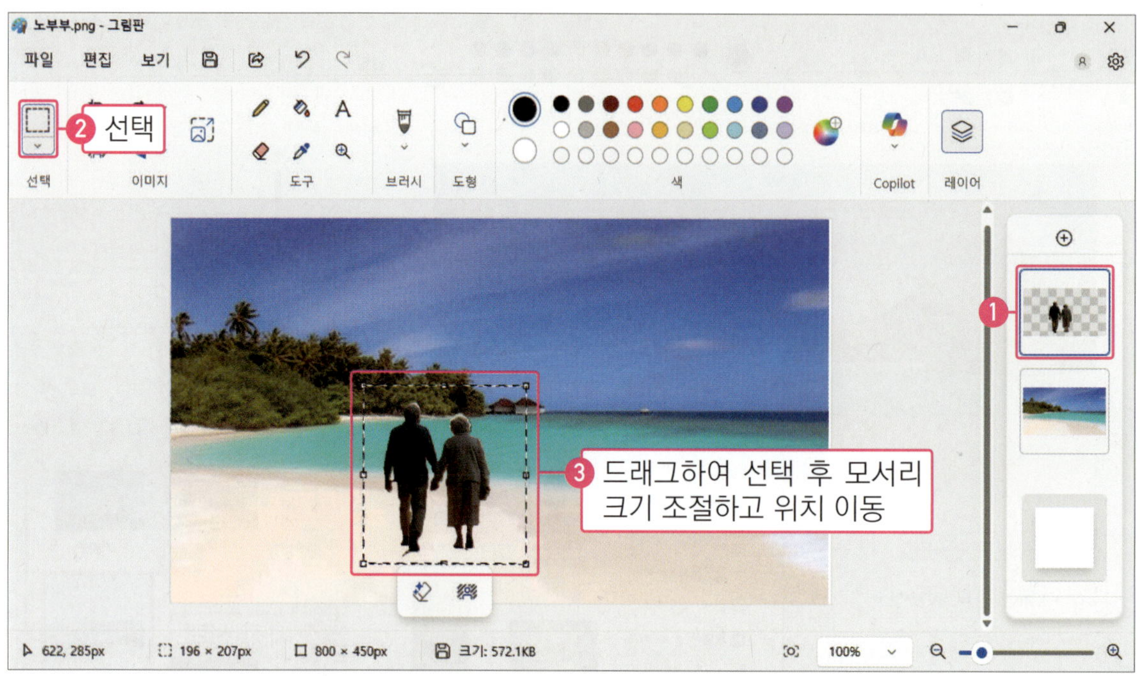

03 도구 모음의 **선택에서 [ ]를 클릭하여 [자유 형식( )]을 선택**합니다. **할아버지 발 아래의 불필요한 부분이 포함되게 드래그**하여 선택 영역을 만든 후 Delete **키를 눌러 삭제**합니다.

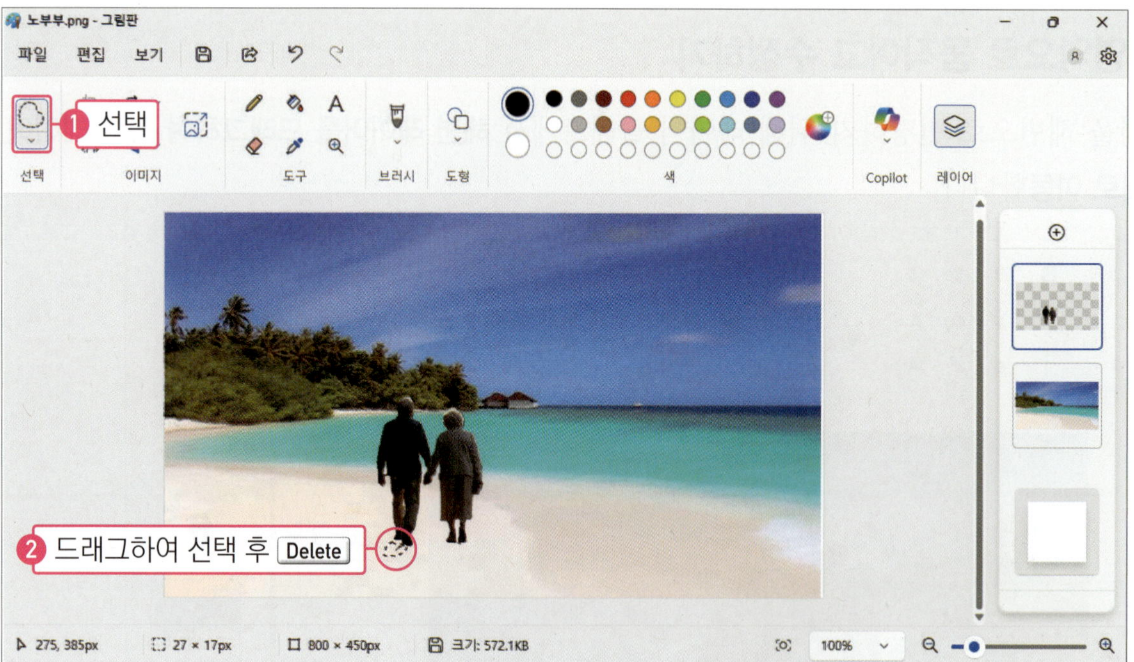

▸ 생성형 지우개

01 레이어 팔레트 상단의 **'+'를 클릭하여 새로운 레이어를 생성**합니다. **[파일] – [캔버스로 가져오기] – [파일에서]를 클릭**합니다.

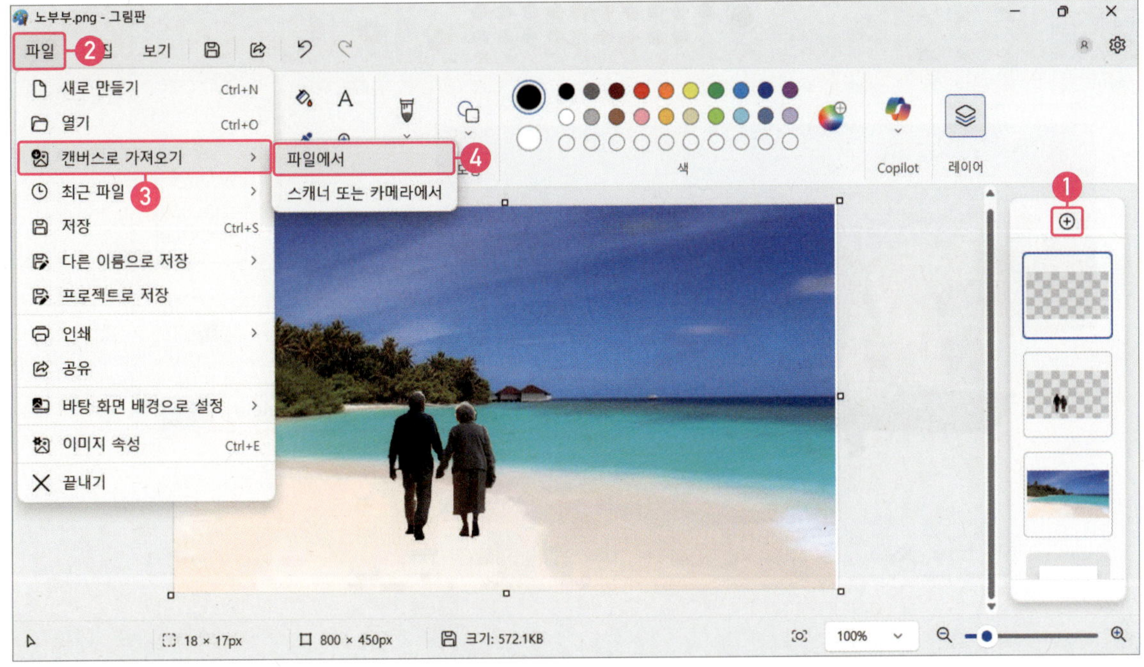

02 [열기] 대화상자가 나타나면 **불러올 위치를 설정한 후 사진(여기서는 '배.jpg')을 선택하고, [열기] 버튼을 클릭**합니다. 새 레이어에 배 사진이 불러와졌습니다. 사진의 배경을 제거하기 위해 도구 모음 중 **[배경 제거()]를 클릭**합니다.

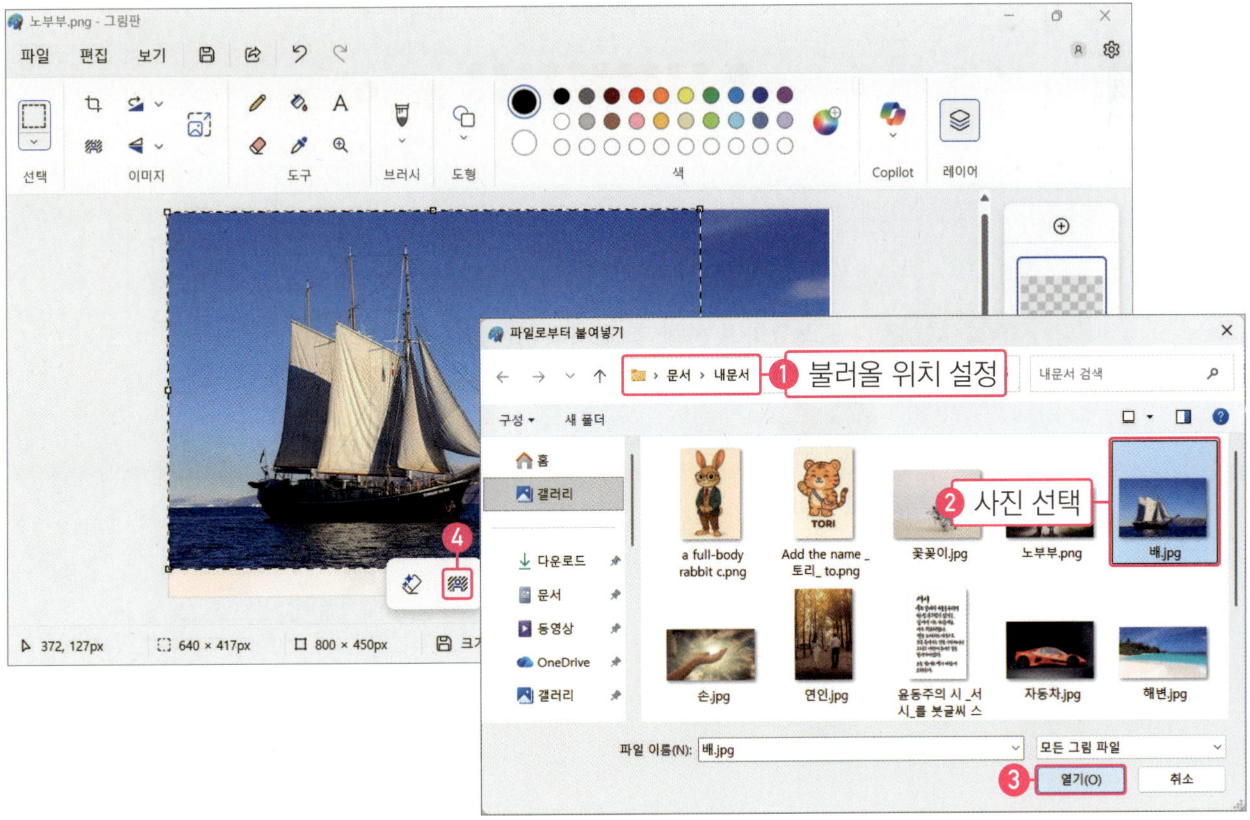

03 도구 모음의 **선택**에서 **[⌄]**를 **클릭**하여 **[자유 형식( )]**을 **선택**합니다. **배 아래 불필요한 부분이 포함되게 드래그**하여 선택 영역을 만든 후 Delete **키를 눌러 삭제**합니다.

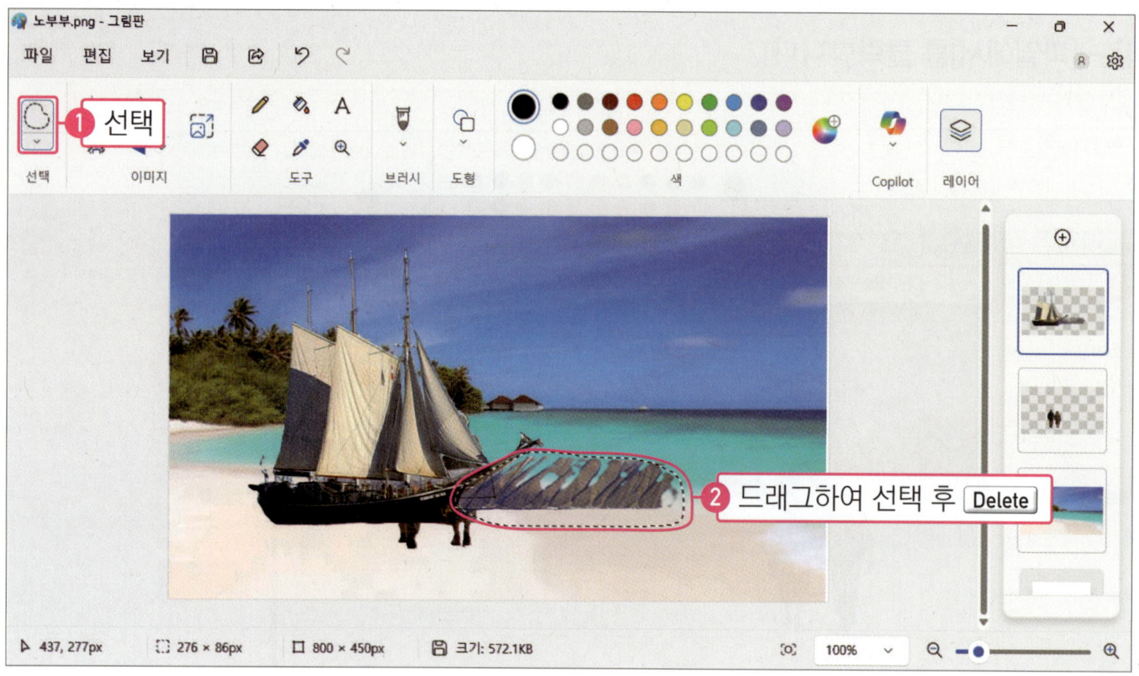

04 도구 모음의 **선택**에서 **[⌄]**를 **클릭**하여 **[직사각형( )]**을 **선택**하고, **배 위에서 드래그**합니다. **선택 영역 모서리의 크기 조절점을 드래그하여 원하는 크기로 줄이고 마우스 포인터가** ✥**일 때 드래그하여 원하는 위치로 이동**합니다. **선택 영역 바깥쪽을 클릭하여 선택을 해제**합니다.

05 레이어 팔레트에서 **해변 레이어를 선택**한 후 도구 모음의 **선택에서 [⌄]를 클릭하여 [자유 형식(◯)]을 선택**합니다. **선상 위의 집 중 하나만 드래그**하여 선택 영역으로 만듭니다. 선택 영역 아래쪽의 도구 중 **[생성형 지우개(◈)]를 클릭**합니다.

06 선택 영역 안의 집은 제거되고, 배경이 하늘로 채워졌습니다.

인공지능을 활용해 이미지에서 불필요한 부분을 자연스럽게 제거해 주는 기능입니다. 제거할 영역을 선택하면 인공지능이 주변 픽셀을 분석하여 그 자리를 자연스럽게 채워줍니다.

▶ 글자 입력하기

01 **배 레이어를 선택**하고, 레이어 팔레트 상단의 **'+'를 클릭하여 새로운 레이어를 생성**합니다. 도구 모음의 **도구에서 [텍스트(A)]를 클릭한 후 [색 2]를 클릭하고 '흰색'으로 설정**합니다. **[글꼴 패밀리]는 '양재난초체M', [글꼴 크기]는 '36'으로 설정**하고, **[배경 채우기]는 체크를 해제**합니다.

배경 채우기

'배경 채우기'에 체크 표시가 되어 있고 현재 [색 2]가 선택되어 있는 경우 글자 색상은 흰색, 배경 색상은 [색 1]의 검정이 됩니다. 만약 [색 1]이 선택되어 있었다면 글자 색상은 검정, 배경 색상은 흰색으로 채워집니다. 글자 색상은 [색 1], [색 2] 중 선택된 색이 글자 색상이 됩니다.

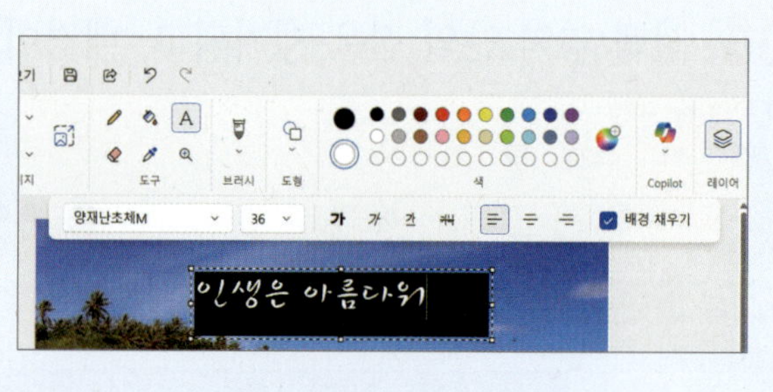

02 선택 영역 안에 **'인생은 아름다워'를 입력**하면 선택된 [색 2]의 색상으로 채워집니다. **원하는 곳으로 선택 영역을 드래그**하여 위치를 이동한 후 **선택 영역 바깥쪽을 클릭**합니다.

▶ 연필과 도형으로 꾸미기

01 **글자 레이어를 선택**하고 레이어 팔레트 상단의 **'+'를 클릭하여 새로운 레이어를 생성**합니다.

02 도구 모음의 **도구에서 [연필(✎)]을 클릭**하면 왼쪽에 슬라이더가 표시됩니다. [색 2]에 흰색이 설정된 상태에 **크기와 불투명도 슬라이더를 각각 드래그하여 설정**한 후 **'인' 앞쪽을 클릭**하고, 다시 **크기 슬라이더를 드래그**하여 크기를 작게 조정한 후 **'워'와 겹치게 클릭**합니다.

잠깐

연필 도구의 불투명도가 조정되어 글자와 겹친 부분이 잘 보이지만 만약 불투명도가 '100%'라면 글자를 가리게 됩니다.

03 [색 1]은 '연한 옥색', [색 2]는 '흰색'으로 **설정**합니다. 도구 모음의 **도형에서 [ ]를 클릭하여 [4점 별( )]을 선택한 후 [도형 윤곽선( )]은 [윤곽선 없음], [도형 채우기( )]는 [단색 채우기]로 설정**합니다.

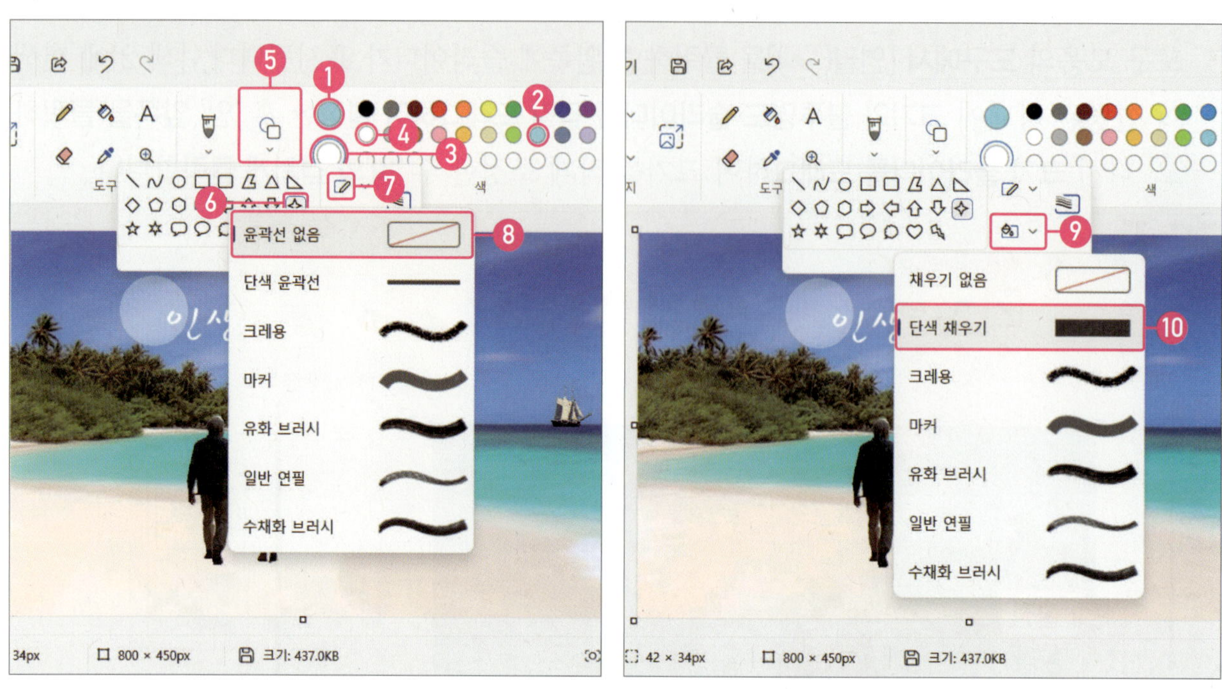

04 **캔버스에서 드래그**하여 크고 작은 4점 별을 여러 개 그립니다. 연한 옥색의 별이 그려집니다.

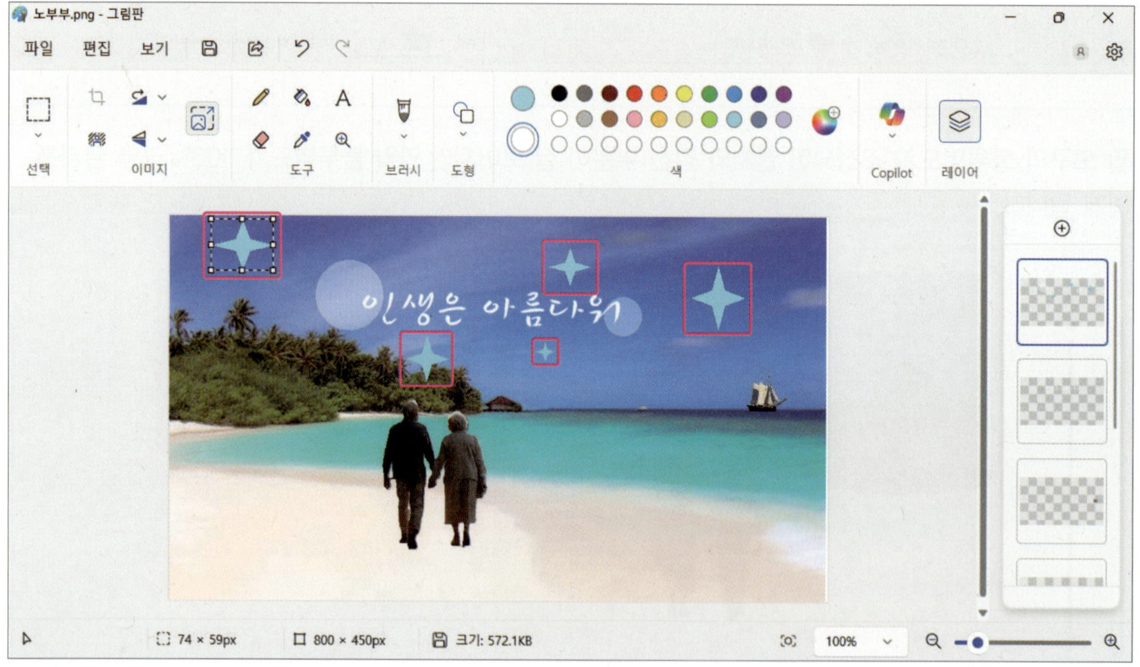

선택한 색상은 도형 윤곽선이 되고 선택하지 않은 색상은 채우기 색입니다. [색 1]을 선택한 경우 도형 윤곽선이 되고, 선택하지 않은 [색 2]는 도형 채우기 색이 됩니다. 반대로 [색 2]를 선택하면 도형 윤곽선이 되고 [색 1]은 도형 채우기가 됩니다. 여기서는 선택한 [색 2]의 '흰색'은 도형 윤곽선인데 '윤곽선 없음'으로 선택해 흰색이 적용되지 않고, [색 1]은 채우기로 '연한 옥색'이 설정되어 별을 그리면 옥색으로 채워진 별이 그려집니다.

▸ 크기 조정과 저장하기

01 도구 모음 중 이미지에서 **[크기 조정 및 기울이기( )]를 클릭**합니다.

02 [크기 조정 및 기울이기] 대화상자에서 **[백분율]을 선택**하고, **'가로'를 [80]으로 설정한 후 [확인] 버튼을 클릭**합니다.

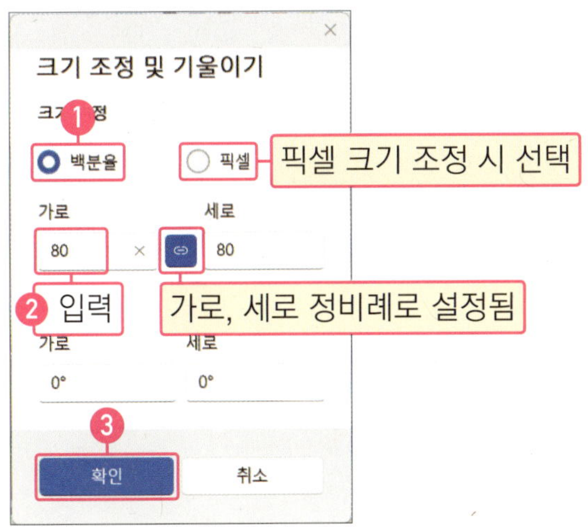

03 크기가 80%로 조정되었습니다. 저장하기 위해 **[파일] – [다른 이름으로 저장] – [PNG 그림]을 클릭**합니다.

04 [다른 이름으로 저장] 대화상자에서 **저장할 폴더를 설정한 후 파일 이름을 '인생'이라고 입력하고 [저장] 버튼을 클릭**합니다.

05 '플랫 이미지로 저장하시겠어요?' 메시지 창이 나타납니다. 레이어 콘텐츠를 포함한 파일로 저장하려면 **[그림 프로젝트 파일로 저장] 버튼을 클릭**합니다.

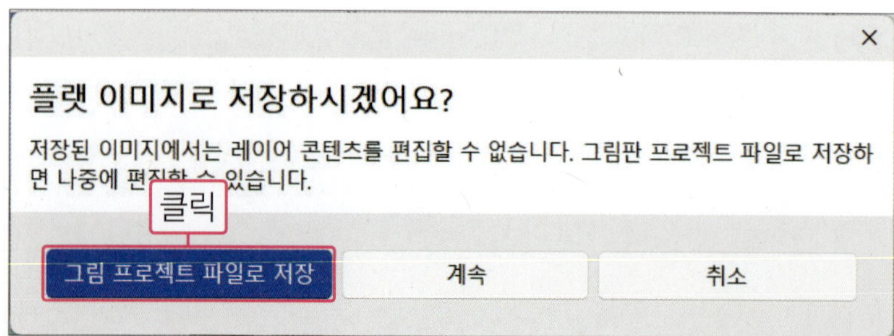

06 [다른 이름으로 저장] 대화상자에 **파일 이름을 '인생'이라고 입력한 후 [저장] 버튼을 클릭합니다.**

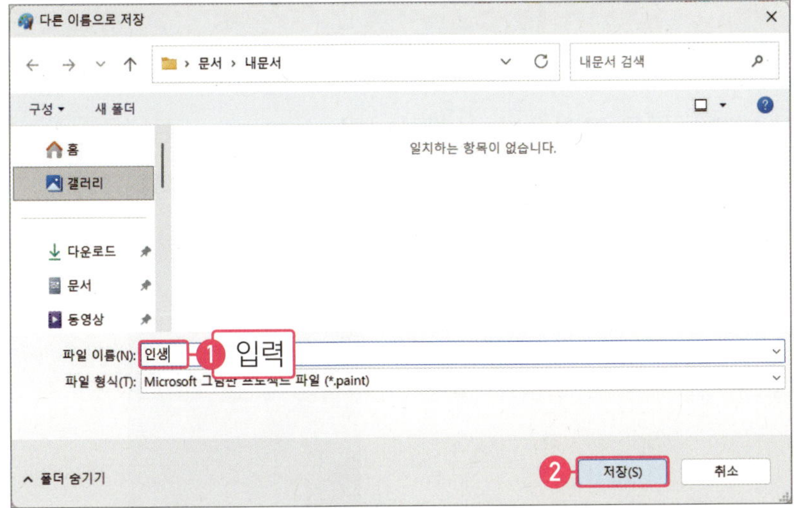

07 제목 표시줄에 '인생.paint'로 바뀌어서 나타납니다. 레이어를 포함한 파일로 저장되었습니다.

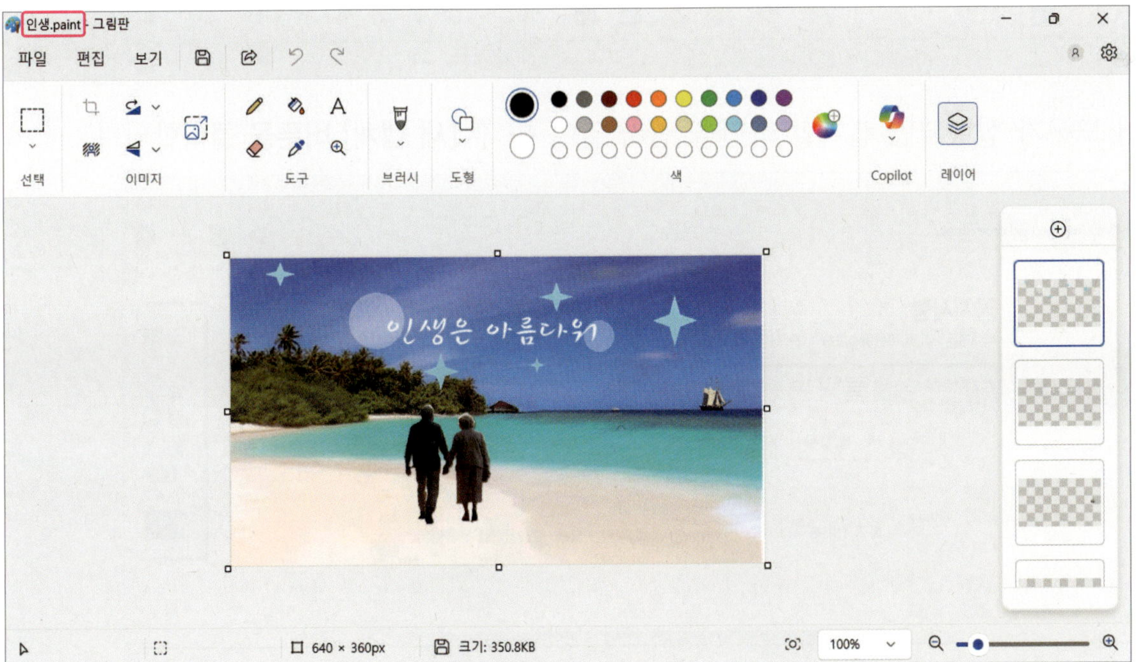

캡처 도구 다루기

▶ 캡처 도구로 화면 캡처하고 꾸미기

01 [시작( )] 버튼 – [모두] – [캡처 도구( )]를 **클릭**하여 실행합니다.

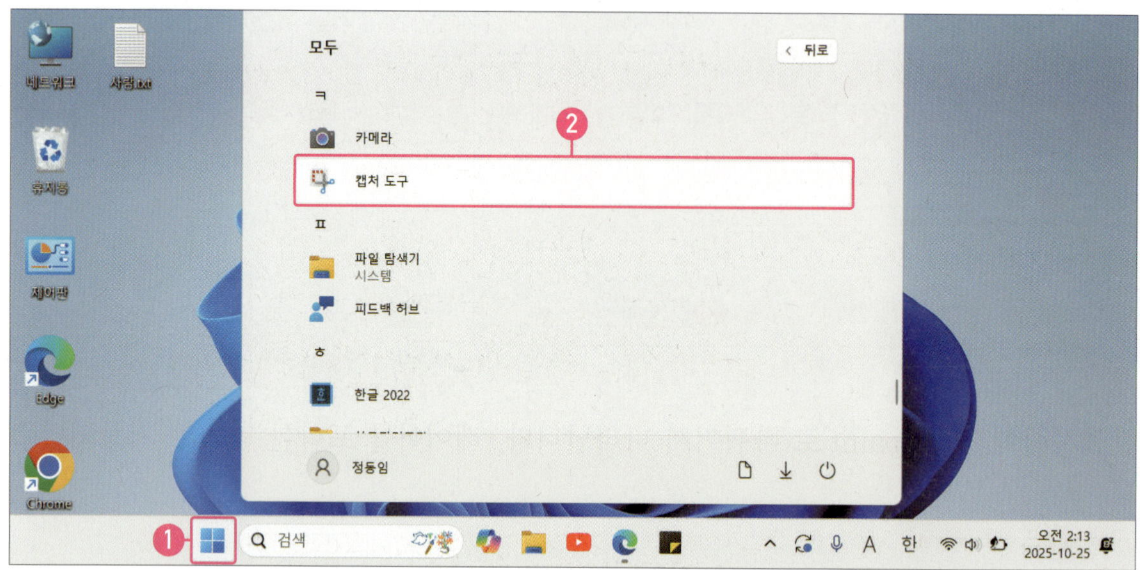

02 캡처 도구가 실행되면 캡처할 화면을 먼저 열어 둔 후 **[새 캡처] 버튼을 클릭**합니다.

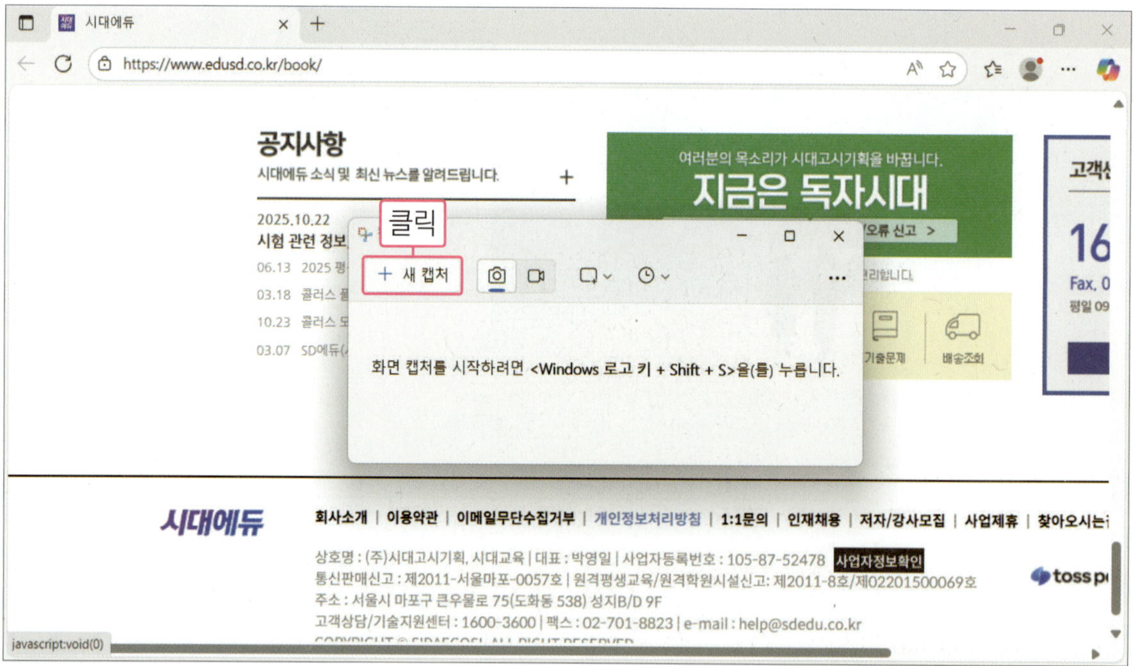

도구 모음의 [캡처 지연( )]을 클릭해 [3초 지연] 혹은 [10초 지연]을 선택하면 설정 시간 후에 자동으로 캡처되어 [캡처 도구] 창에 나타납니다.

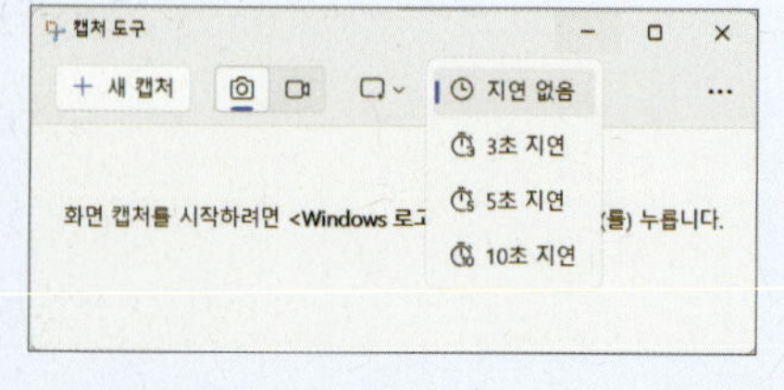

03 캡처 도구에서 **[캡처( )]**와 캡처 영역이 **[직사각형( )]**으로 설정된 상태에서 캡처할 곳을 **드래그**하여 캡처합니다.

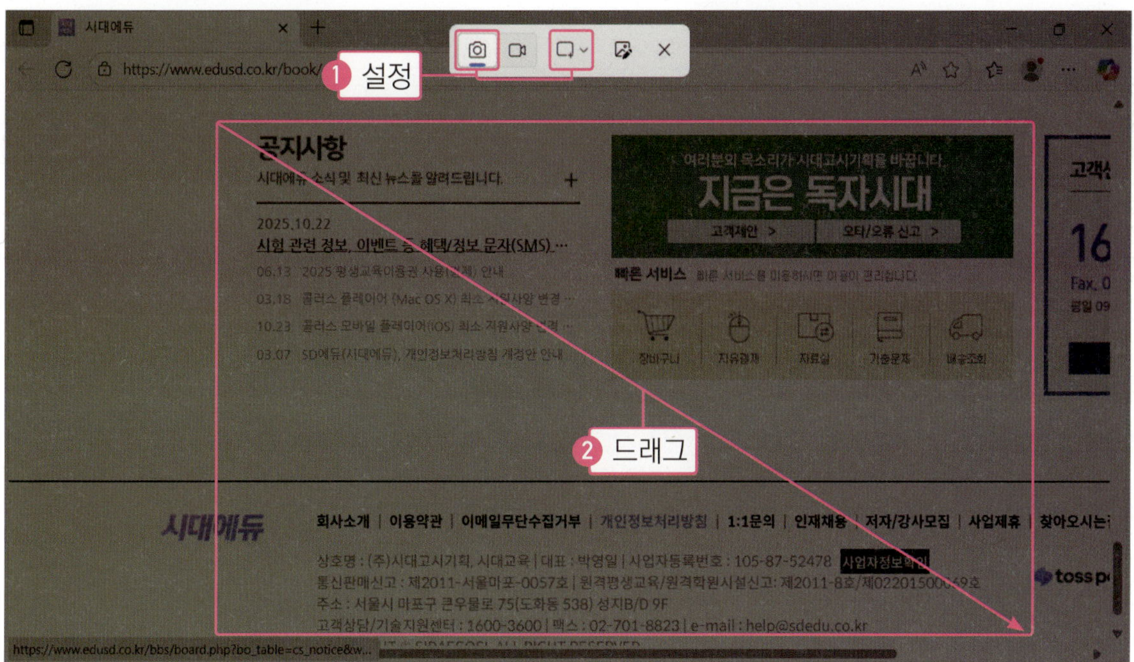

용도에 맞게 캡처 영역 선택하기

- [(창)] : 창을 캡처할 수 있습니다.
- [(전체 화면)] : 전체 화면을 캡처할 수 있습니다.
- [(자유형)] : 캡처할 화면 위에서 원하는 모양이 되도록 드래그하여 캡처합니다.

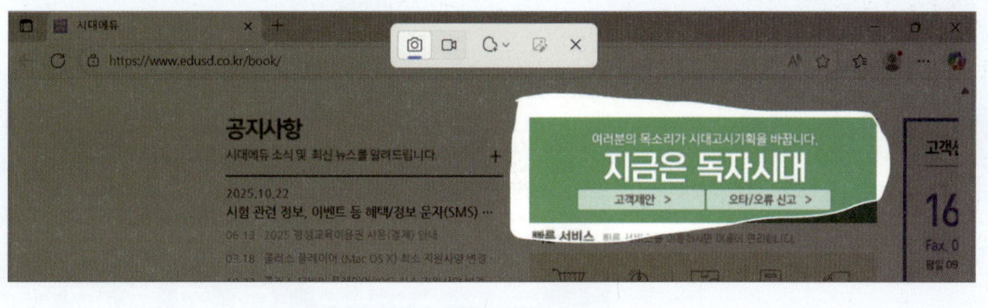

캡처 도구를 실행하지 않고, 바로 가기 키 ⊞ + Shift + S 키를 누르면 캡처 도구가 실행됩니다. 캡처하면 클립보드에 캡처가 저장되었다는 알림 센터 메시지가 나타납니다. 이때 메시지를 클릭하면 [캡처 도구] 창이 나타나면서 캡처한 이미지가 나타납니다.

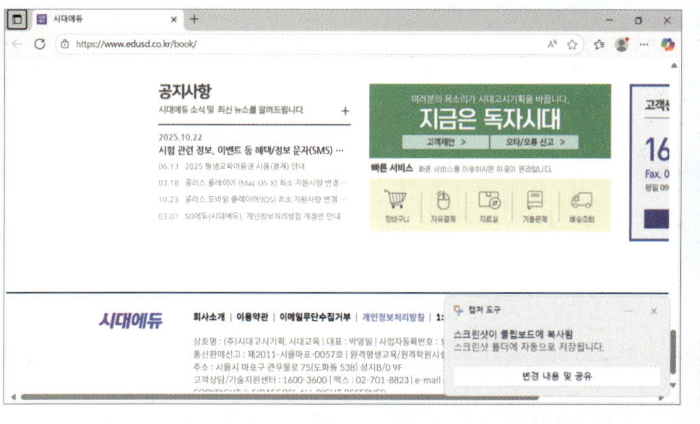

04 [캡처 도구] 창이 나타나고 캡처 이미지가 표시됩니다. **도구 모음에서 [텍스트 작업( )]을 클릭**하면 텍스트만 추출해서 표시됩니다. **[빠른 수정]를 클릭하여 [전자 메일 주소]에 체크 표시**를 합니다.

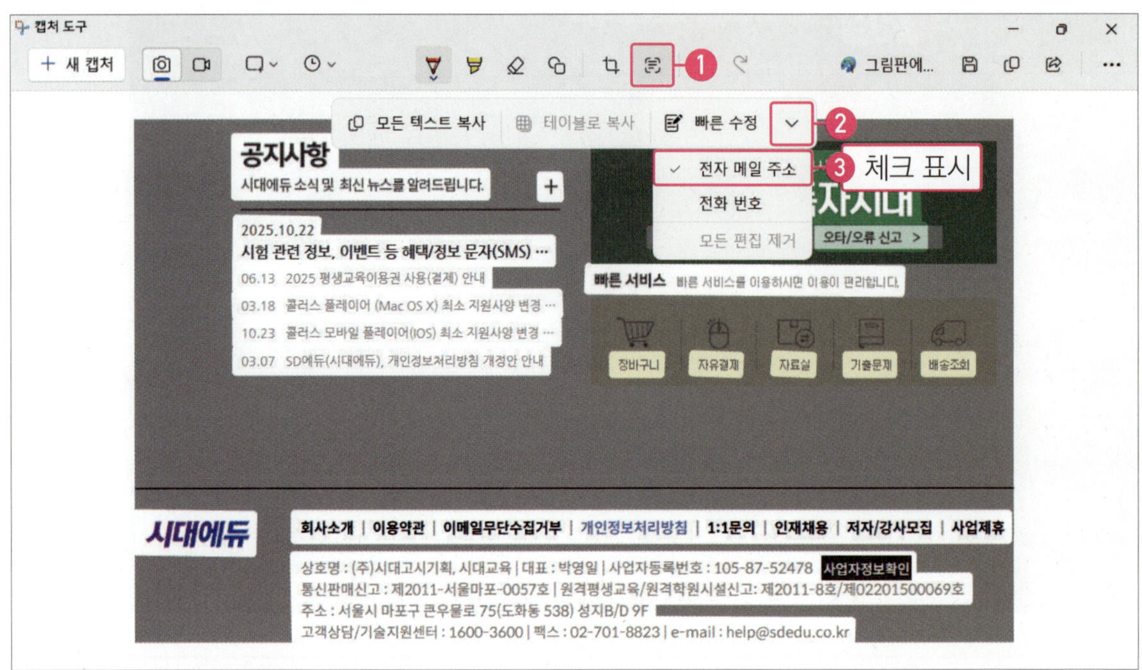

[빠른 수정]은 자동으로 민감한 정보를 가려주는 기능이 있습니다. 이 기능은 캡처 이미지에 포함된 이메일 주소나 전화번호 같은 정보를 자동으로 감지하고 편집할 수 있도록 도와줍니다.

05 자동으로 전자 메일 주소가 바로 가려져서 표시됩니다. 캡처 화면을 저장하기 위해 **[다른 이름으로 저장( )]을 클릭**합니다.

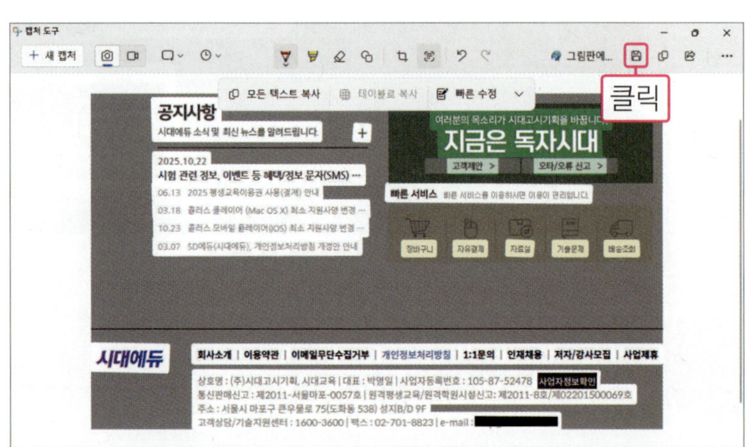

캡처 이미지에서 텍스트만 추출하기

[모든 텍스트 복사]를 클릭하여 텍스트를 복사한 후 메모장 등의 앱을 실행한 후 Ctrl + V 키를 눌러 붙여넣기 하면 전자 메일 주소를 제외한 모든 텍스트가 붙여넣기 됩니다.

06 [다른 이름으로 저장] 대화상자가 나타나면 **저장 위치와 파일 형식을 선택(PNG, JPG, GIF) 하고, 파일 이름을 입력한 후 [저장] 버튼을 클릭**해 저장합니다.

응용력 키우기

01 그림판에서 다음처럼 사진을 편집하고, 프로젝트 파일과 PNG 파일로 저장해 봅니다.

준비파일 손.jpg, 사람.jpg

- 글자 : 한컴 쿨재즈M, 72pt
- 창 크기 : 960×539px

힌트 글자는 사용자가 원하는 서체로 선택하여 작업해도 됩니다.

02 '시대에듀(https://www.sdedu.co.kr/book)'에 접속하여 화면을 캡처한 후 텍스트 부분만 그림판에 가져와서 '시대에듀.png'로 저장해 봅니다.

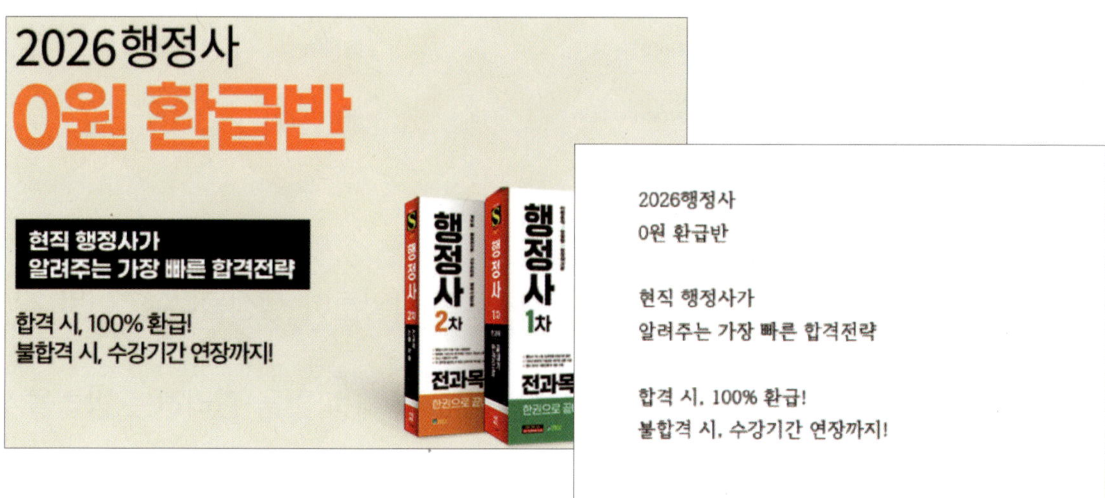

힌트 [캡처 도구] 창에서 [텍스트 작업]을 이용해 텍스트를 복사하고, 그림판 실행 후 [텍스트] 도구를 이용해 복사한 텍스트를 붙여넣기(Ctrl + V) 합니다.

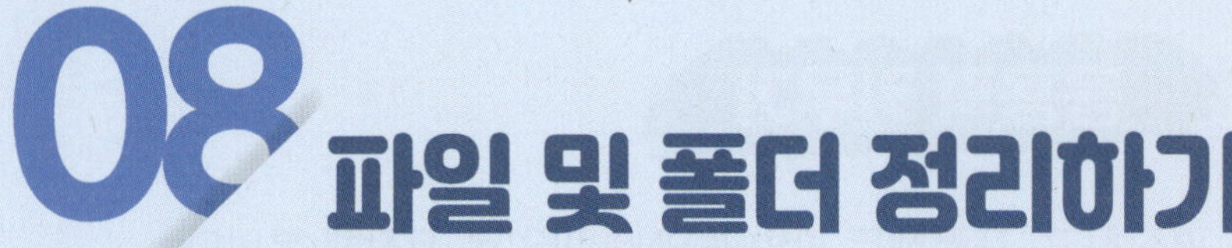

08 파일 및 폴더 정리하기

- 파일과 폴더
- 파일 탐색기의 화면 구성
- 폴더 옵션 변경
- 파일이나 폴더 검색
- 내 폴더 생성
- 이동/복사/삭제
- 휴지통

미/리/보/기

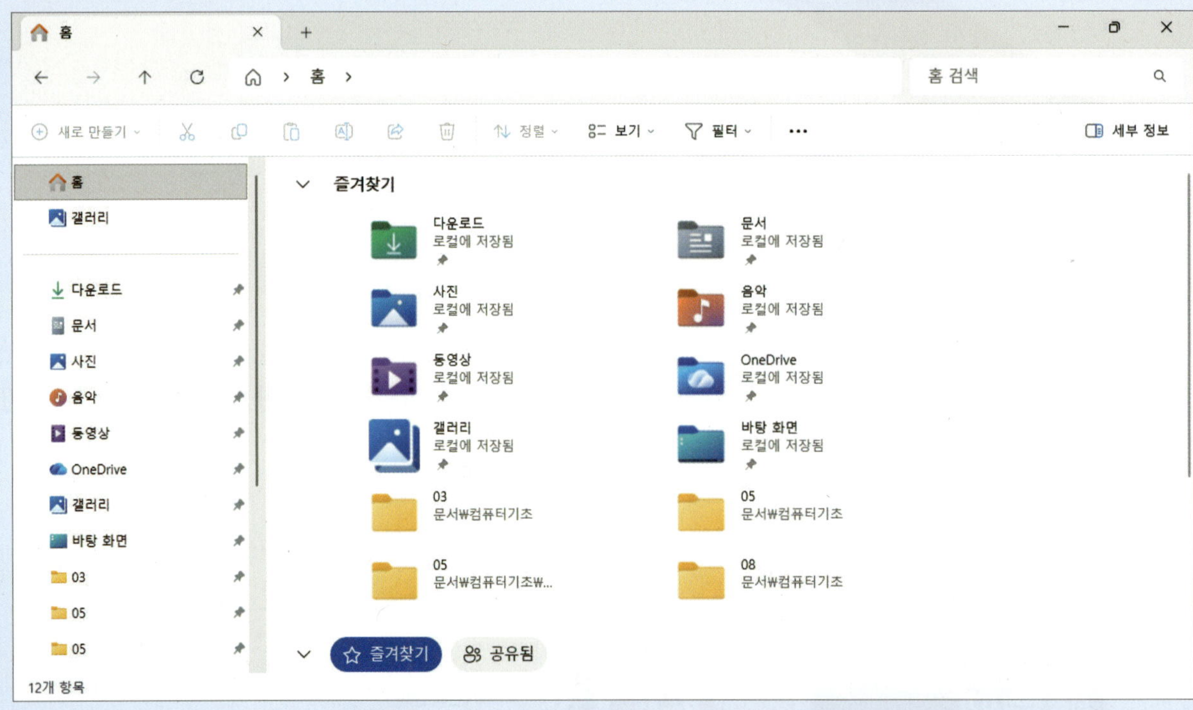

파일은 데이터의 집합으로 앱에 따라 여러 종류의 파일들이 생성됩니다. 이번 장에서는 폴더를 통해 파일을 정리하는 방법과 파일 탐색기를 통해 파일을 관리하는 방법을 알아보겠습니다. 파일이나 폴더를 이동, 복사, 삭제하고 삭제한 파일이나 폴더를 복원하는 방법도 함께 알아보겠습니다.

01 파일과 폴더 살펴보기

▶ 파일

파일은 데이터의 집합으로서 보조 기억 장치에 저장합니다. 파일의 종류는 문서, 음악, 사진, 동영상 등으로 다양하며, 연결된 앱(프로그램)에 따라 다른 아이콘으로 표현됩니다.

▲ 문서 : .hwp

▲ 문서 : .xlsx

▲ 문서 : .txt

▲ 문서 : .pptx

▲ 문서 : .pdf

▲ 압축 : .zip

▲ 압축 : .iso

▲ 음악 : .mp3

▲ 이미지 : .jpg

▲ 동영상 : .mp4

▶ 폴더

폴더는 파일이나 다른 폴더를 저장하기 위한 공간으로, 보통 같은 종류의 파일을 찾기 쉽게 정리할 때 사용합니다. 폴더의 아이콘은 노란색 서류철 모양을 하고 있습니다.

▲ 빈 폴더

▲ 폴더 안에 폴더

▲ 폴더 안에 문서

▲ 폴더 안에 음악

▲ 폴더 안에 동영상 및 사진

▸ 파일 탐색기

파일 탐색기는 파일과 폴더에 대한 많은 정보를 하나의 창에 표시하고 있어 파일을 사용하고 탐색하는 데 유용하며 복사, 잘라내기, 붙여넣기, 이름을 변경하거나 삭제 작업을 손쉽게 할 수 있습니다.

파일 탐색기를 열면 '홈'에서 열리게 되어 즐겨찾기에 고정된 폴더를 바로 탐색할 수 있어서 편리합니다.

사용자 컴퓨터의 윈도우 업데이트 버전에 따라 일부 명칭이 교재와 다를 수 있습니다.
예 즐겨찾기 = 바로가기

작업 표실줄의 [(파일 탐색기)]를 클릭하거나 [시작()] 버튼 – 고정됨의 앱에서 [파일 탐색기()]를 클릭하여 실행합니다.

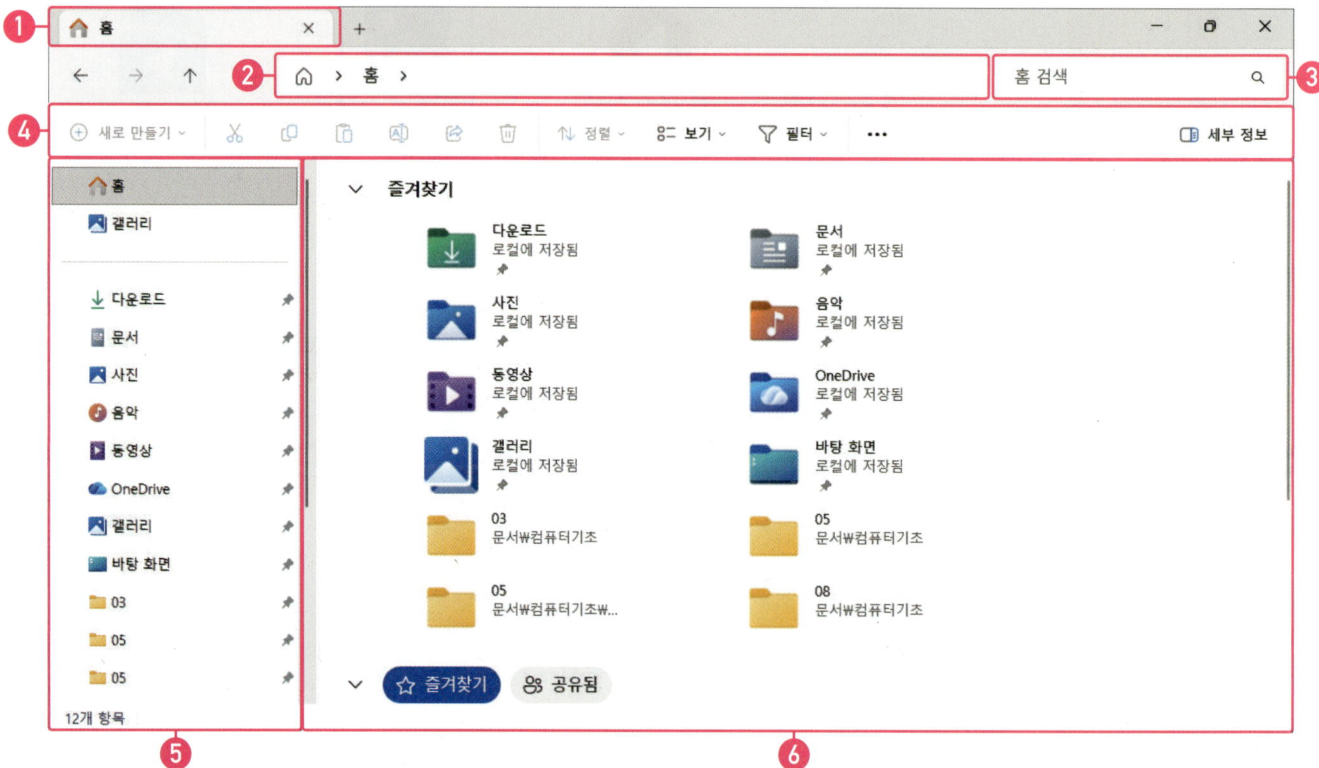

❶ 탭 : 새롭게 탭 기능이 추가 되어 여러 개의 폴더를 하나의 창에서 탭으로 관리할 수 있습니다. 여러 개의 [파일 탐색기] 창을 열 필요가 없어서 편리합니다.

❷ 주소 표시줄 : 현재 사용하거나 사용할 파일이 있는 위치입니다.

❸ 검색 : 파일을 검색할 때 사용하는 곳입니다.

❹ 상단 메뉴 : 새로 만들기, 잘라내기, 복사, 붙여넣기, 이름 바꾸기와 보기 옵션을 설정해 아이콘 크기, 파일 보기 방식 등을 설정할 수 있습니다.

❺ 탐색 창 : 홈, 갤러리 등이 있고, 자주 찾는 폴더를 고정해 둘 수 있습니다. 파일과 폴더에 빠르게 접근할 수 있는 곳입니다.

❻ 파일 영역 : 탐색 창에서 선택한 폴더의 내용(하위 폴더 파일)을 보여 주는 곳입니다.

갤러리 기능

사진과 동영상을 한 곳에서 관리할 수 있는 기능이 추가되었습니다. 탐색 창에서 [갤러리]를 클릭하면 휴대폰이나 클라우드에 있는 사진까지 통합해서 볼 수 있습니다.

파일 탐색기에서 [내 PC]를 클릭하면 연결된 장치 및 드라이브를 확인할 수 있습니다.

- 드라이브 : 컴퓨터의 보조기억장치인 하드디스크나 USB 등의 기록 매체입니다. PC에서는 주로 디스크 드라이브를 통칭하며, 디스크에 기록된 내용을 컴퓨터에서 확인할 수 있습니다. 다음 그림의 경우 하드디스크가 'C' 드라이브이고, 추가로 연결된 USB가 'D' 드라이브입니다. 다른 하드디스크나 USB를 컴퓨터에 추가하면 알파벳 순서대로 표시됩니다.

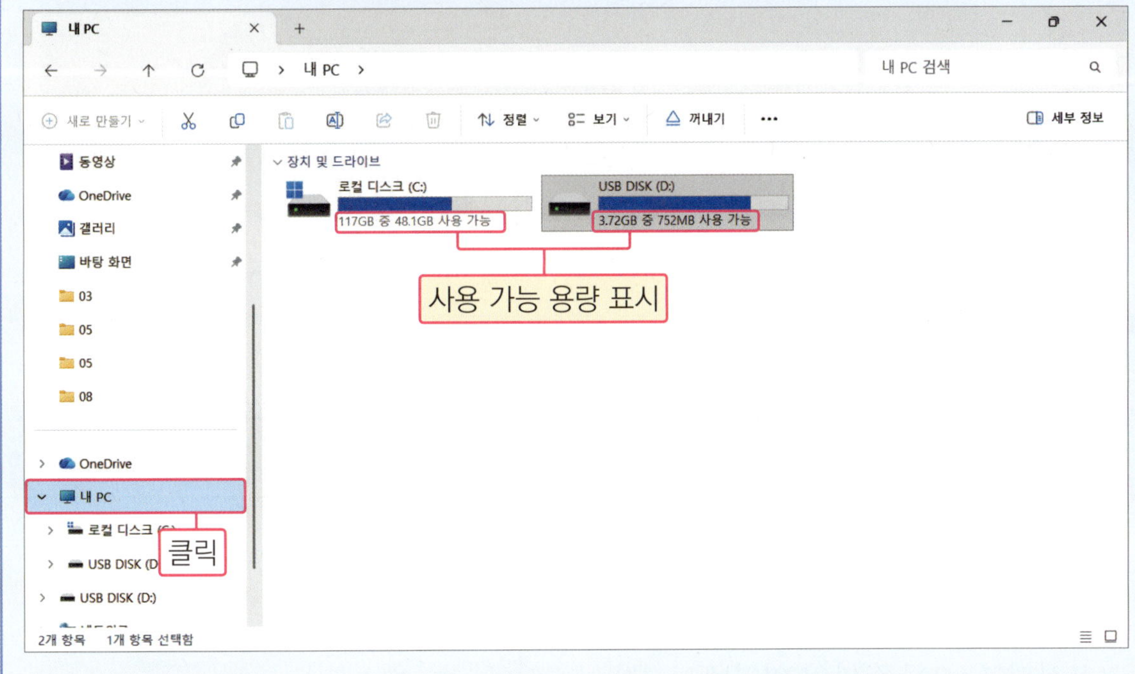

- USB(Universal Serial Bus) : 컴퓨터의 USB 단자에 연결하기만 하면 파일을 옮기거나 저장할 수 있는 이동형 저장장치입니다. USB는 배터리도 필요 없고 저장용량에 따라 많은 양의 정보를 저장할 수 있으며 휴대도 간편하여 매우 편리합니다.

파일 탐색기와 휴지통 다루기

▶ 파일 탐색기 설정하기 – 즐겨찾기에 폴더 제거/추가

01 작업 표실줄의 [(파일 탐색기)]를 클릭합니다.

잠깐

+ E 키를 눌러 파일 탐색기를 실행할 수도 있습니다.

02 [파일 탐색기] 창이 '홈'에서 열리게 됩니다. 왼쪽 탐색 창에는 즐겨찾기(빠른 액세스)가 표시되고, 오른쪽 파일 영역에는 '즐겨찾기'에 가 있는 폴더와 없는 폴더가 있습니다. **즐겨찾기에서 제거할 폴더 위(여기서는 (음악))에서 마우스 오른쪽 버튼을 클릭한 후 바로 가기 메뉴 중 [즐겨찾기에서 제거]를 클릭**합니다.

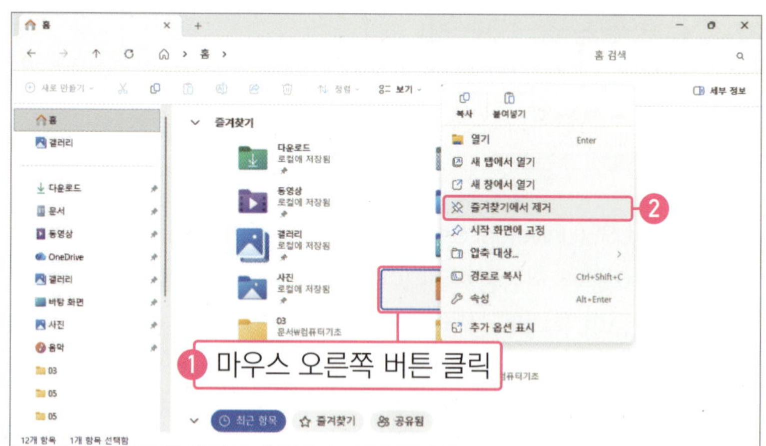

03 해당 폴더가 즐겨찾기에서 제거되었습니다.

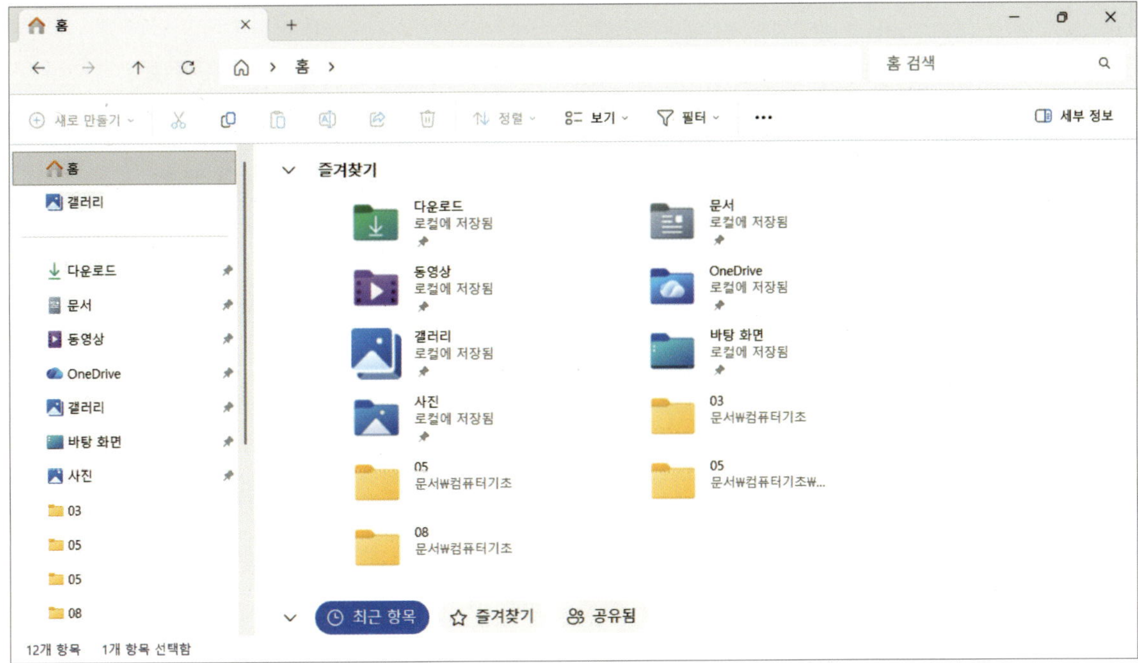

04 자주 사용하는 특정 폴더를 '즐겨찾기'에 추가하고 싶다면 **폴더 위에서 마우스 오른쪽 버튼을 클릭한 후 바로 가기 메뉴 중 [즐겨찾기에 고정]을 클릭**합니다.

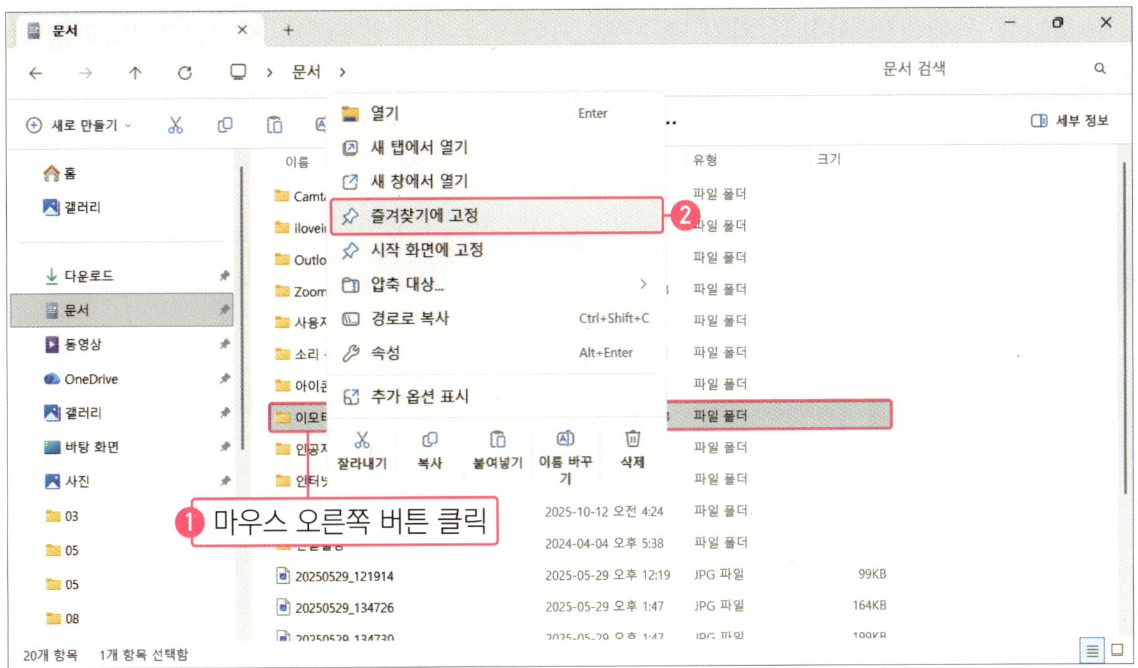

05 '즐겨찾기'에 폴더가 추가된 것을 확인할 수 있습니다. 추가한 폴더를 빠르게 열 수 있습니다.

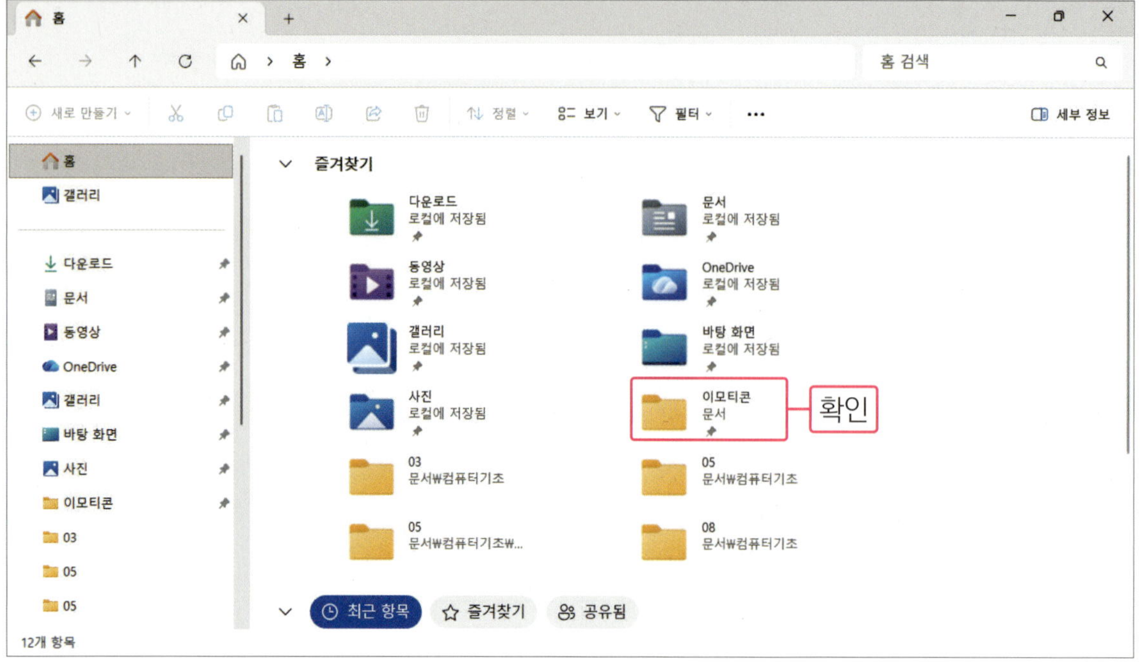

▶ 파일 탐색기 설정하기 – 폴더 옵션 변경

01 파일 탐색기를 실행하면 시작 위치가 '홈'으로 되어 있는데, '내 PC'로 시작하려면 **[파일 탐색기] 창의 상단 메뉴에서 [···(자세히)] – [옵션]을 클릭**합니다.

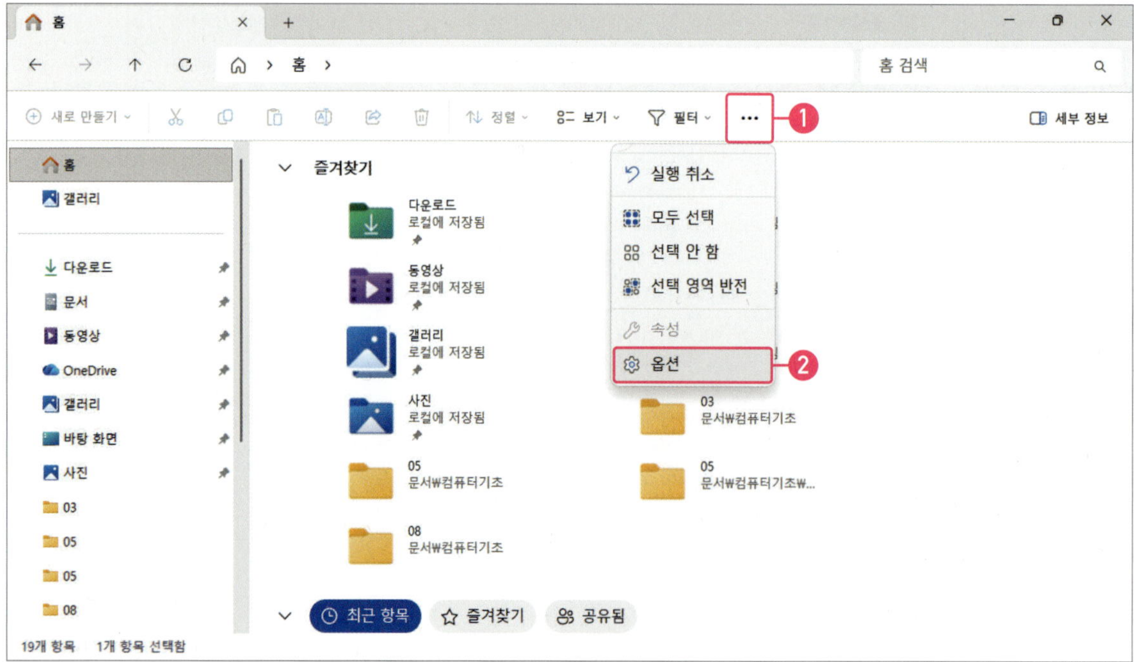

02 [폴더 옵션] 대화상자가 나타납니다. **[일반] 탭의 '파일 탐색기 열기'에 설정되어 있는 [홈]을 클릭하여 [내 PC]로 설정을 변경한 후 [확인] 버튼을 클릭**합니다.

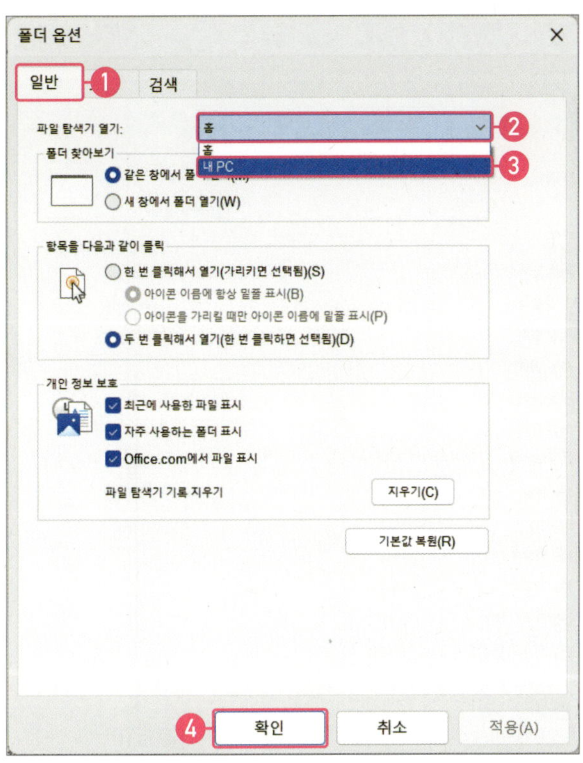

03 [파일 탐색기] 창의 **[×(닫기)] 버튼을 클릭**하여 닫은 후 다시 작업 표시줄의 **[(파일 탐색기)]를 클릭하여 실행**합니다. 시작 위치가 '내 PC'로 변경된 것을 확인할 수 있습니다.

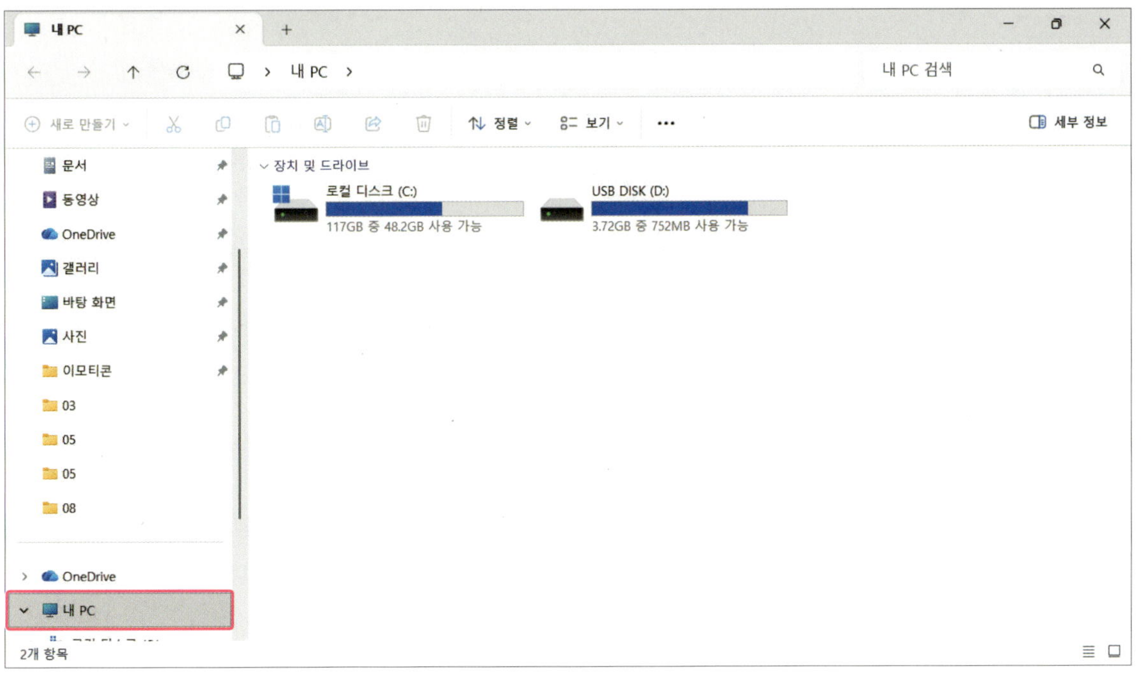

04 **다시 파일 탐색기의 시작 위치를 '홈'으로 변경**합니다.

▶ 파일 및 폴더 관리하기 - 새 폴더 만들기

01 [파일 탐색기] 창의 **탐색 창에서 [문서]를 선택**한 후 상단 메뉴에서 **[새로 만들기] – [폴더]를 클릭**합니다.

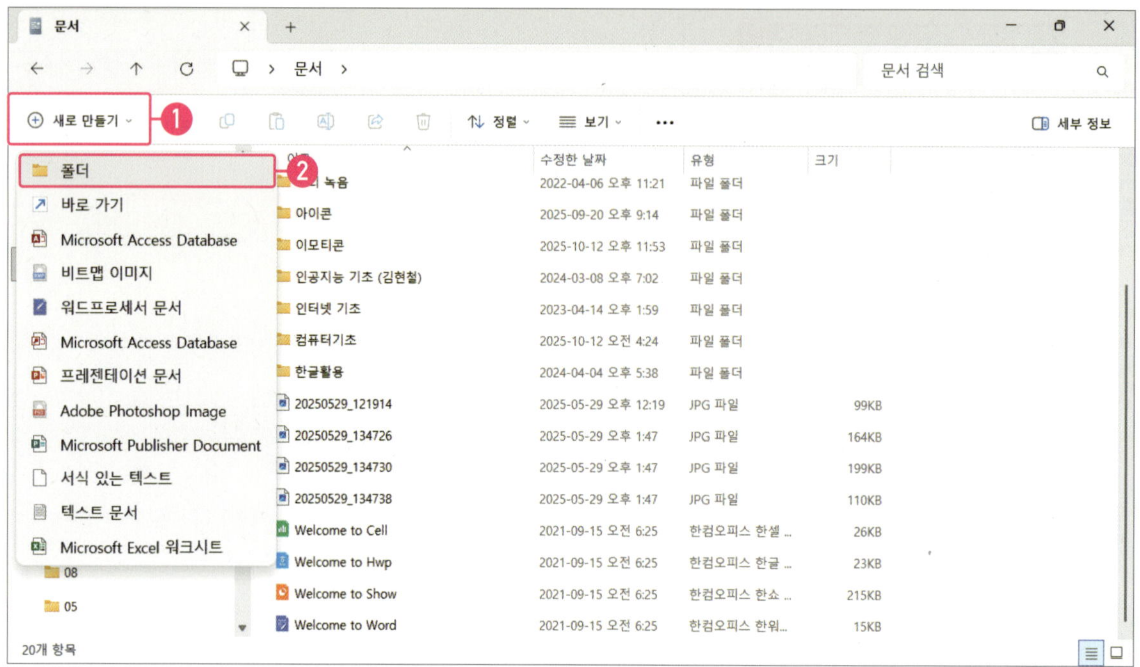

02 새 폴더가 만들어지면 **폴더 이름을 '중요문서'라고 입력**한 후 Enter 키를 누릅니다.

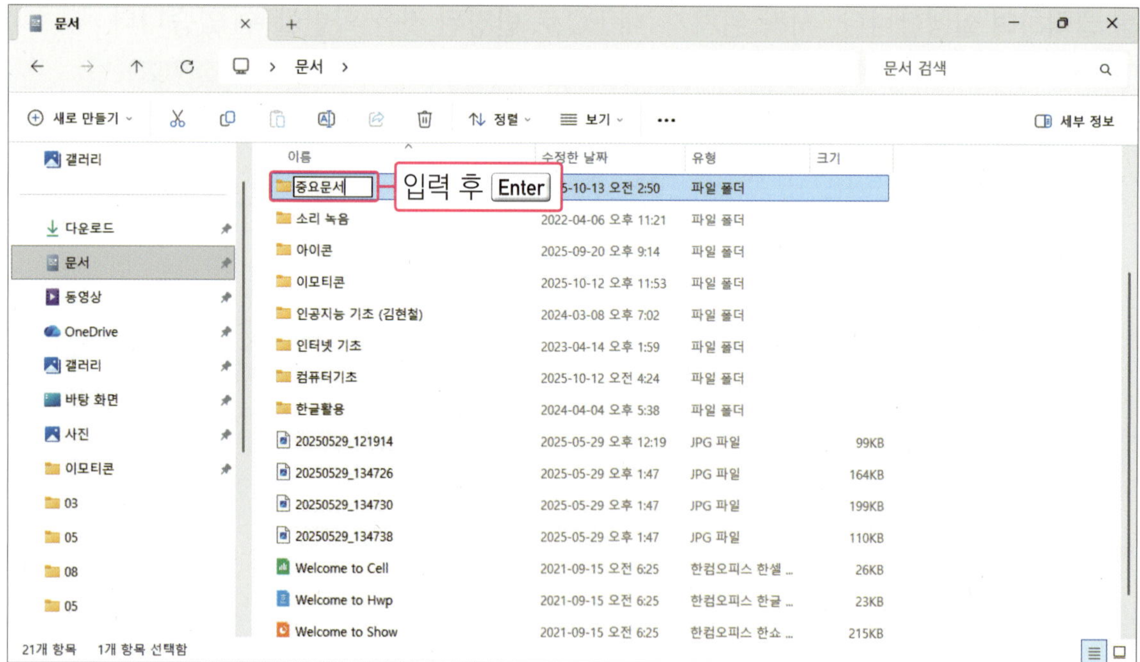

03 폴더 이름이 잘못되었다면 **이름을 바꿀 폴더를 선택**한 후 상단 메뉴에서 **[(이름 바꾸기)]를 클릭**합니다.

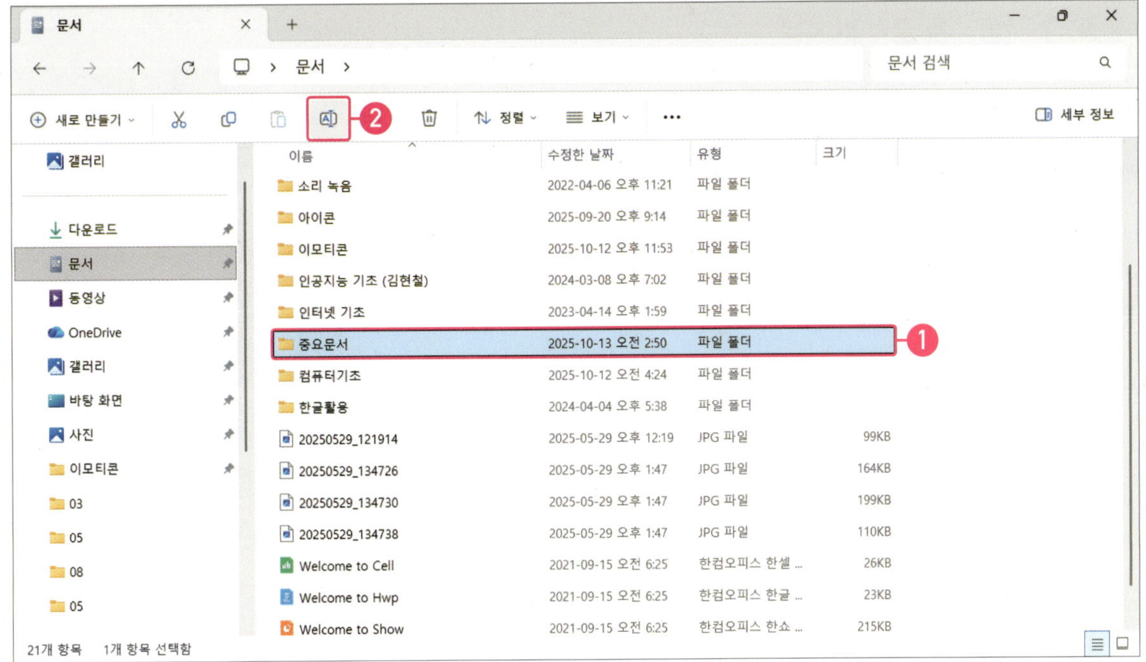

04 **폴더 이름을 '내문서'라고 입력**하고 Enter 키를 누릅니다.

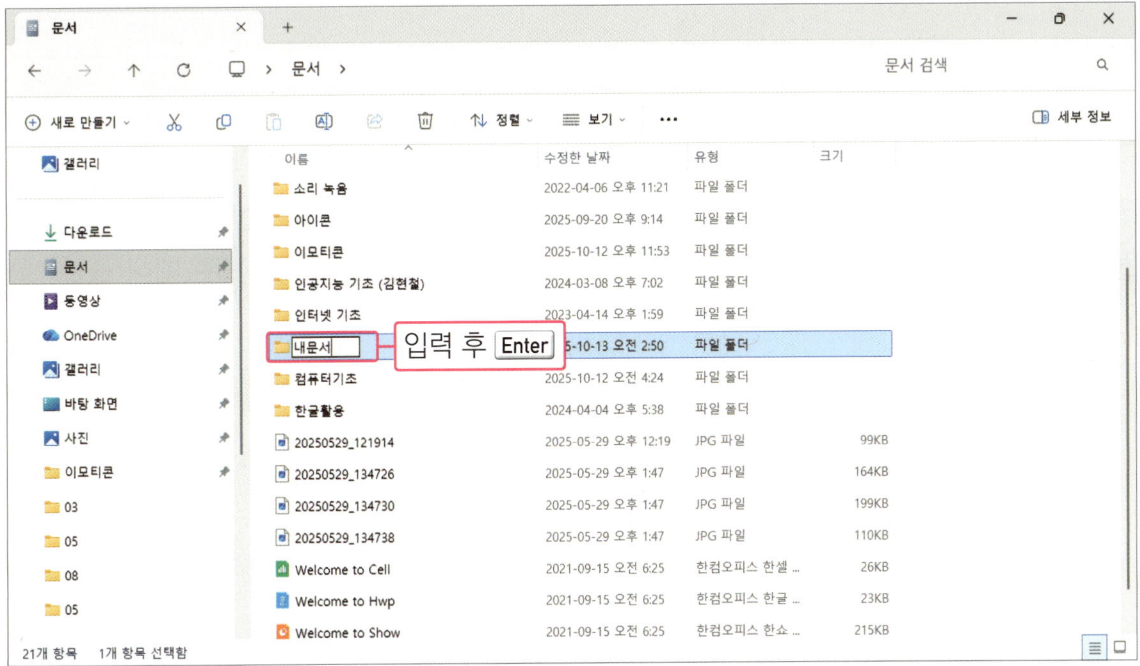

마우스 오른쪽 버튼을 클릭하여 새 폴더 만들고 이름 바꾸기

- **새 폴더 만들기 :** [파일 탐색기] 창의 파일 영역 빈 공간에서 마우스 오른쪽 버튼을 클릭한 후 [새로 만들기] – [폴더]를 클릭합니다.

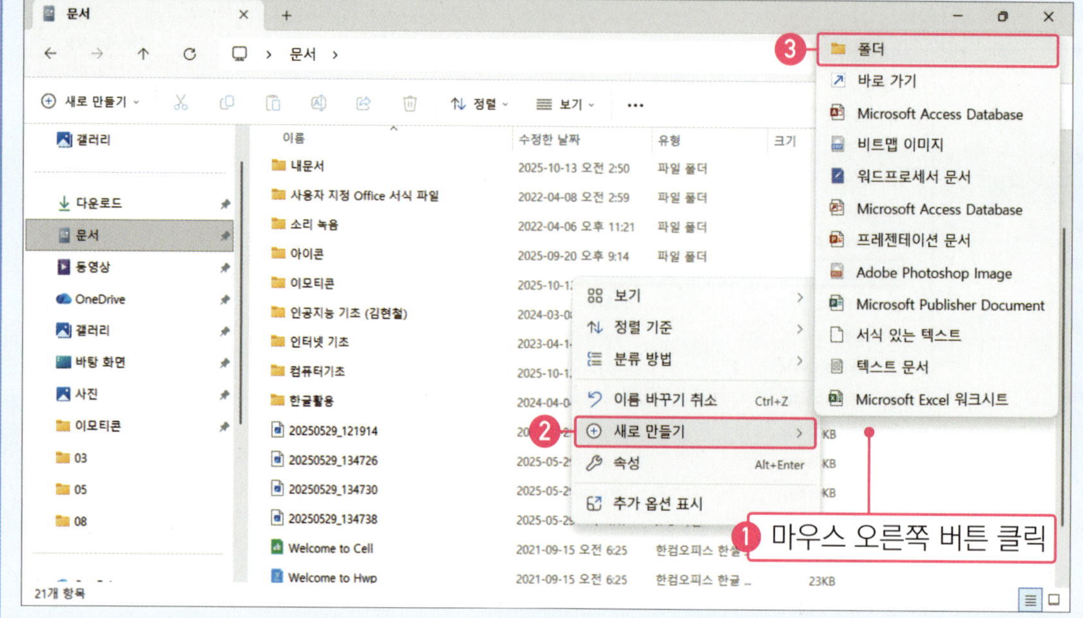

- **이름 바꾸기 :** 파일이나 폴더를 선택한 후 마우스 오른쪽 버튼을 클릭하여 [이름 바꾸기]를 클릭하면 이름을 바꿀 수 있습니다.

▶ 파일이나 폴더 이동/복사하기

01 [파일 탐색기] 창에서 **[바탕 화면]을 선택한 후 이동할 파일이나 폴더를 선택**합니다. **여러 개를 선택하는 경우 Ctrl 키나 Shift 키를 누른 채 클릭**하여 선택(여기서는 '하드웨어.txt', '할 일.txt')합니다.

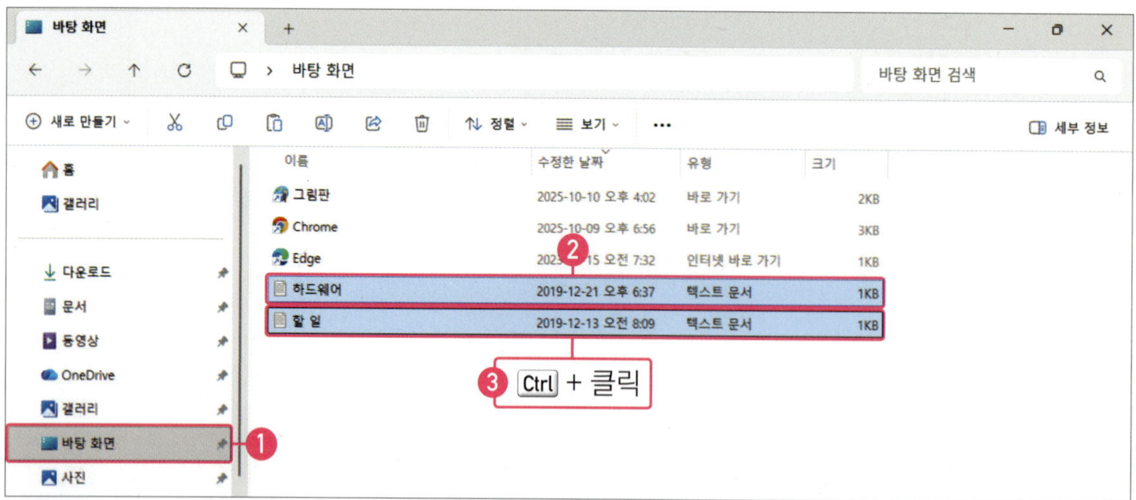

연속된 파일이나 폴더를 선택할 경우 시작 위치의 파일이나 폴더를 선택한 후 Shift 키를 누른 채 마지막 위치의 파일이나 폴더를 클릭합니다. 비연속적인 파일이나 폴더는 Ctrl 키를 누른 채 클릭하여 선택합니다.

02 **선택한 파일이나 폴더를 이동할 폴더(여기서는 [문서] 폴더) 위로 드래그**하여 가져다 놓습니다.

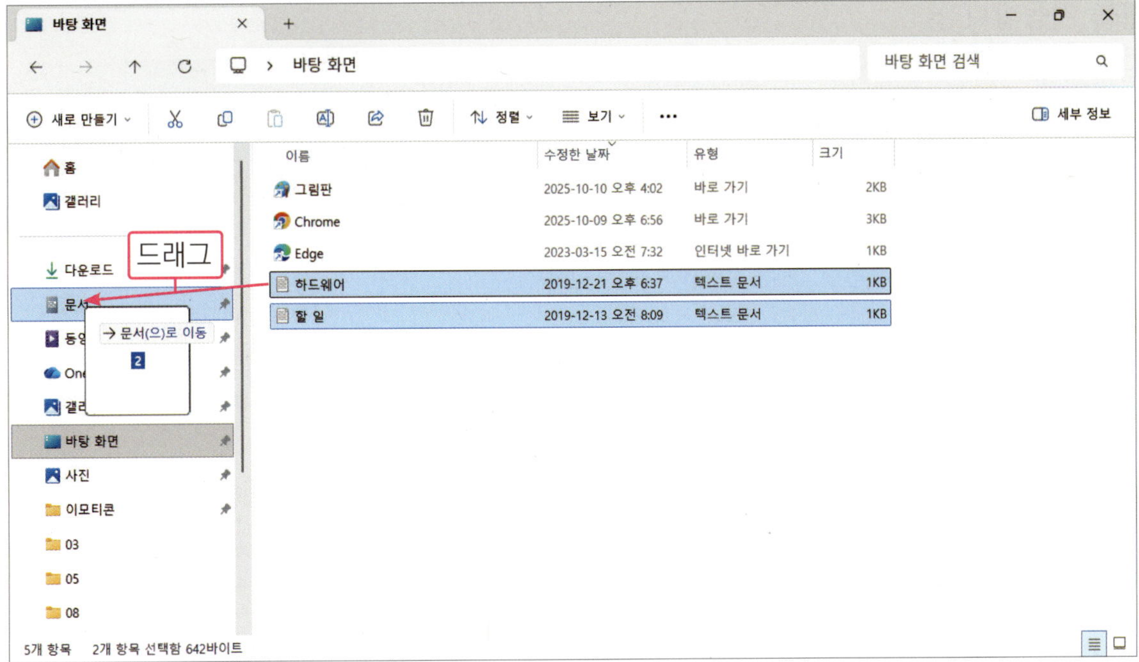

03 탐색 창의 [문서]를 클릭합니다. 이동한 파일이나 폴더(여기서는 '하드웨어.txt', '할 일.txt')를 확인합니다. **이동한 파일이나 폴더가 선택된 채 상단 메뉴의 [✂(잘라내기)]를 클릭**합니다.

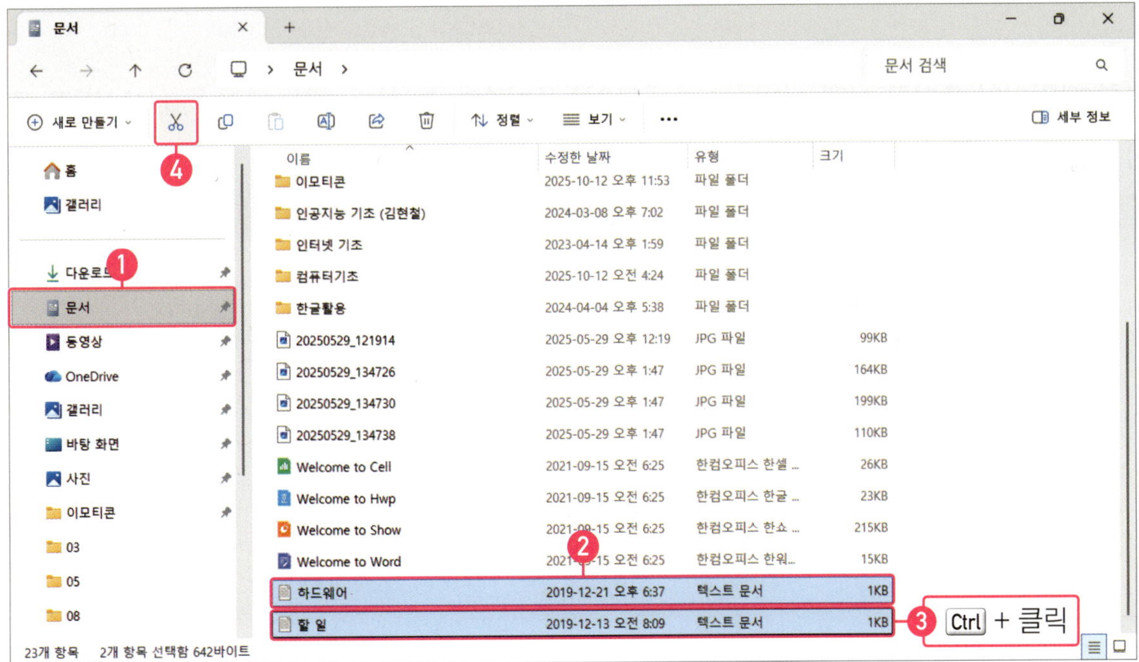

04 **[내문서] 폴더를 더블 클릭**하여 연 후 상단 메뉴에서 **[(붙여넣기)]를 클릭**하여 파일이나 폴더를 이동합니다.

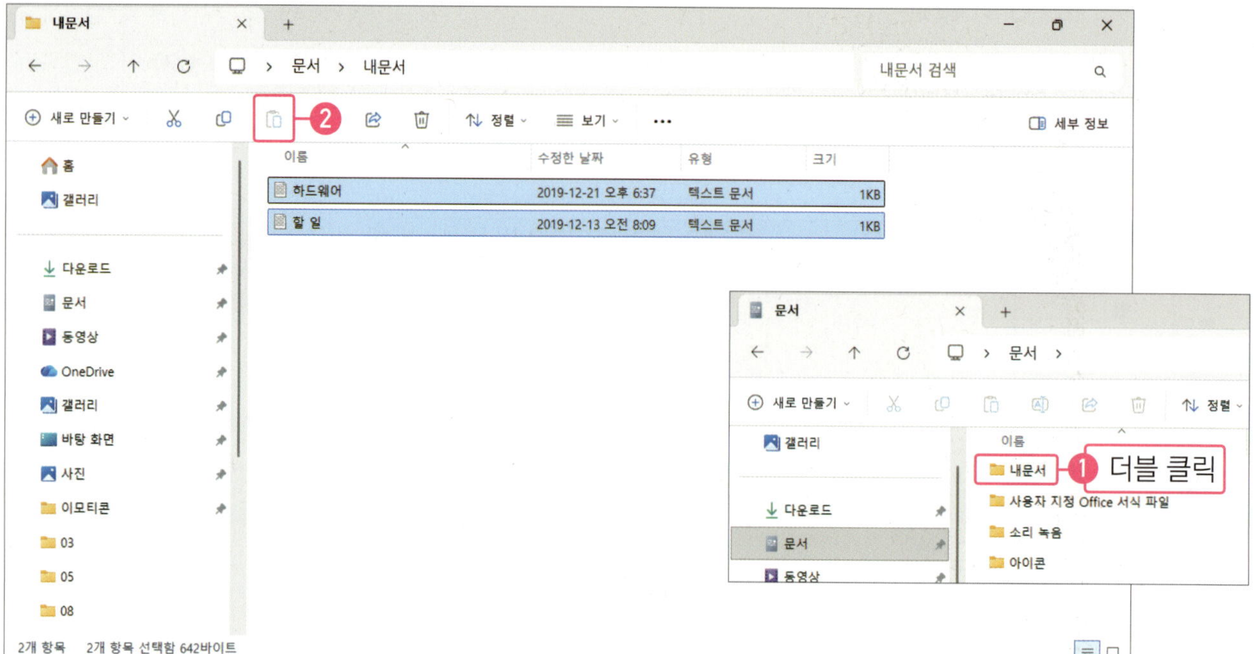

먼저 이동하려는 파일이나 폴더를 선택한 후 Ctrl+X 키를 눌러서 잘라내기하고, 계속해서 이동할 위치 폴더를 더를 클릭하여 연 후 Ctrl+V 키를 눌러 붙여넣기 해도 됩니다.

05 **복사할 파일이나 폴더를 선택**(여기서는 [내문서] 폴더)]한 후 상단 메뉴에서 **[(복사)]를 클릭**합니다. **탐색 창에서 복사할 위치(여기서는 [바탕 화면])를 클릭**합니다.

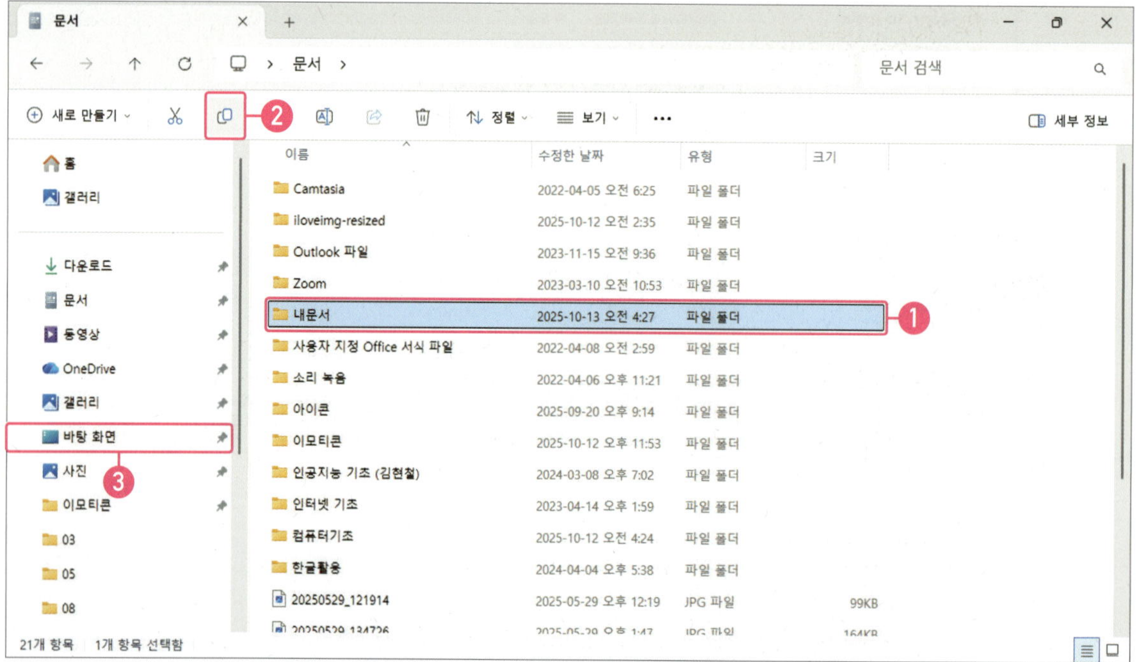

06 [바탕 화면] 창이 열리면 상단 메뉴에서 [(**붙여넣기**)]를 **클릭**합니다. 복사된 폴더(여기서는 [내문서] 폴더)를 확인할 수 있습니다.

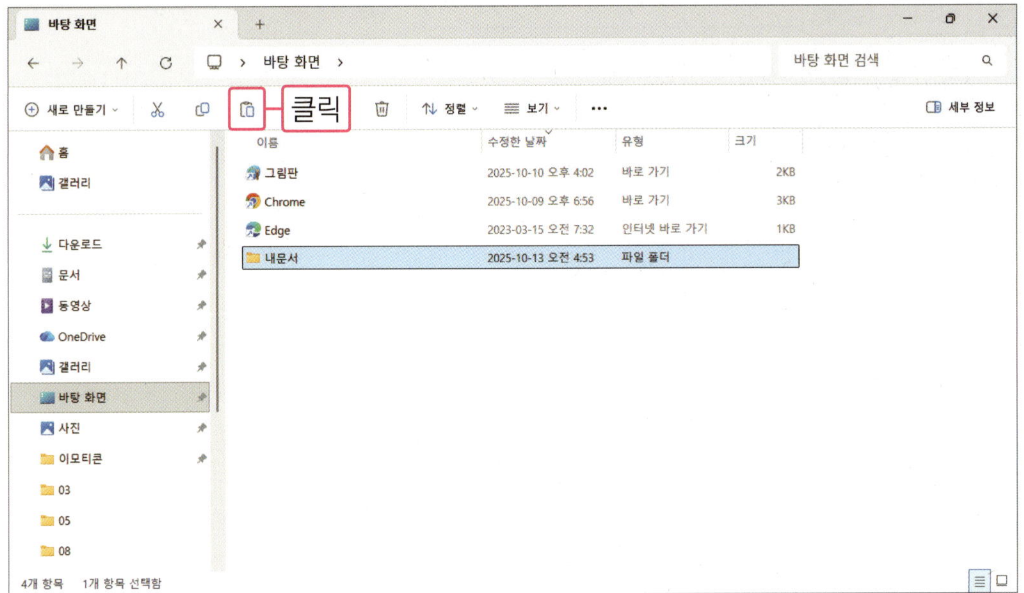

먼저 복사할 파일이나 폴더를 선택한 후 Ctrl+C 키를 눌러서 복사하고, 계속해서 붙여넣기할 폴더를 더블 클릭하여 연 후 Ctrl+V 키를 눌러 붙여넣기 해도 됩니다.

▶ 파일이나 폴더 삭제하기

01 **삭제할 파일이나 폴더(여기서는 [내문서] 폴더)를 선택**합니다. 상단 메뉴에서 [(**삭제**)]를 **클릭**합니다.

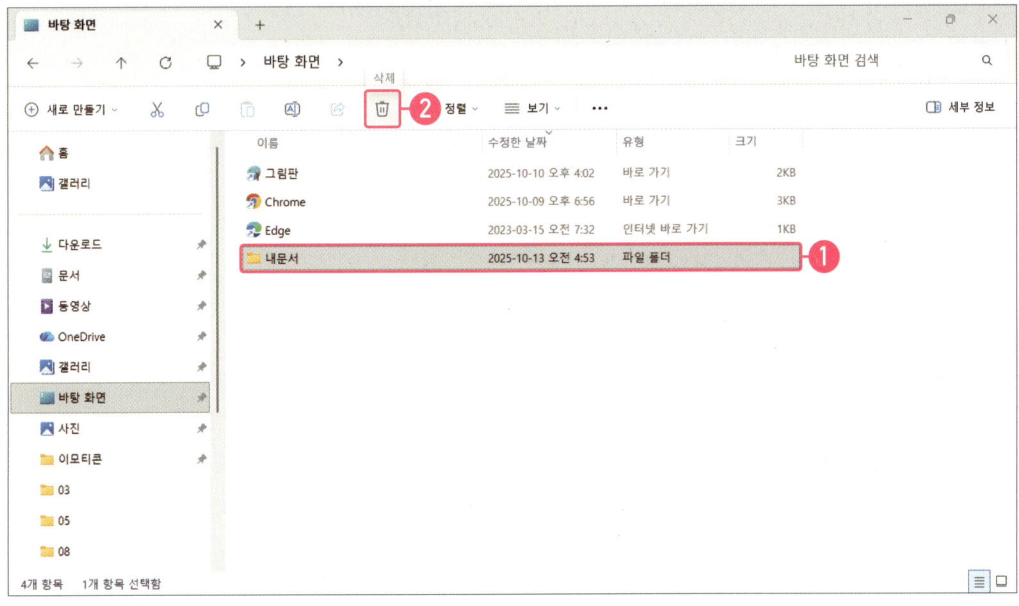

파일이나 폴더를 선택한 후 Delete 키를 눌러도 삭제가 가능합니다.

02 휴지통으로 바로 이동하기 위해 **주소 표시줄에 '휴지통'을 입력**한 후 Enter 키를 누릅니다.

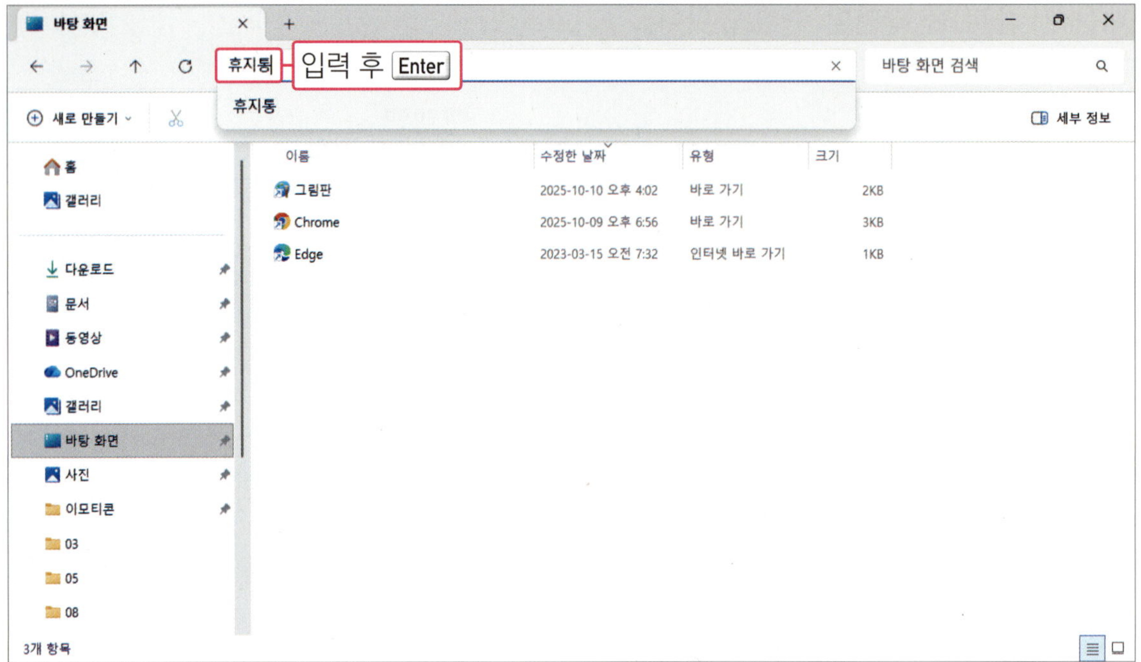

03 [휴지통] 창이 열리면 **복원할 파일이나 폴더를 선택(여기서는 [내문서] 폴더)**한 후 상단 메뉴에서 **[⋯ (자세히)] – [선택한 항목 복원]을 클릭**합니다.

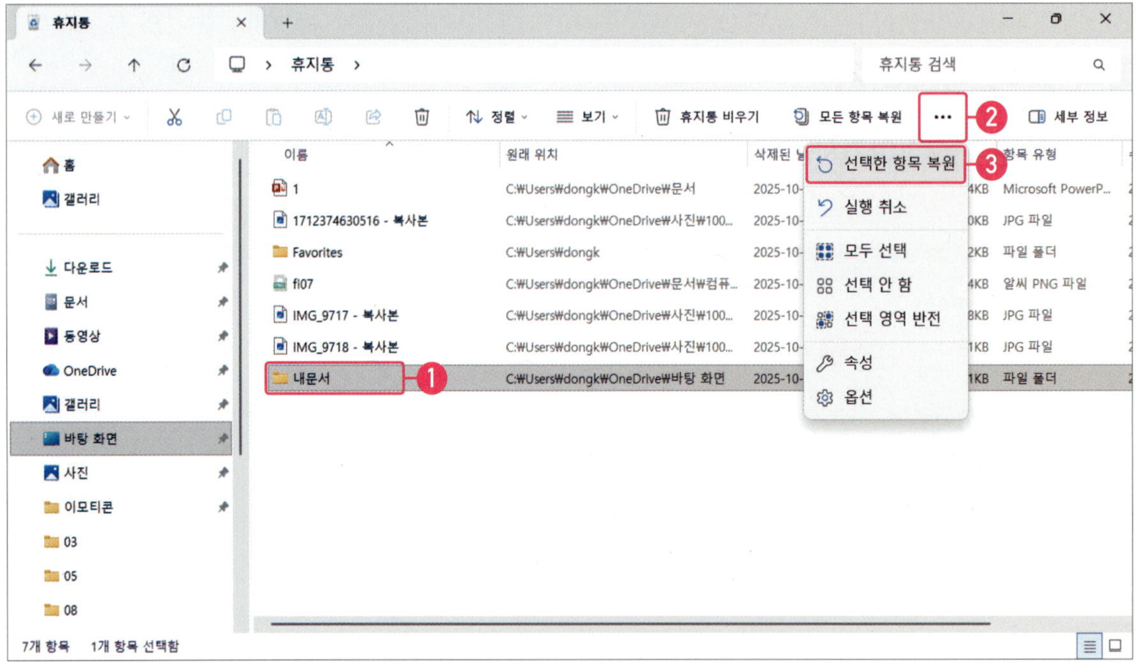

04 작업 표시줄의 **[바탕 화면 보기(|)]를 클릭**합니다.

05 바탕 화면으로 이동하여 [내문서] 폴더가 복원된 것을 확인합니다. **[(휴지통)] 아이콘을 더블 클릭하여 실행**합니다.

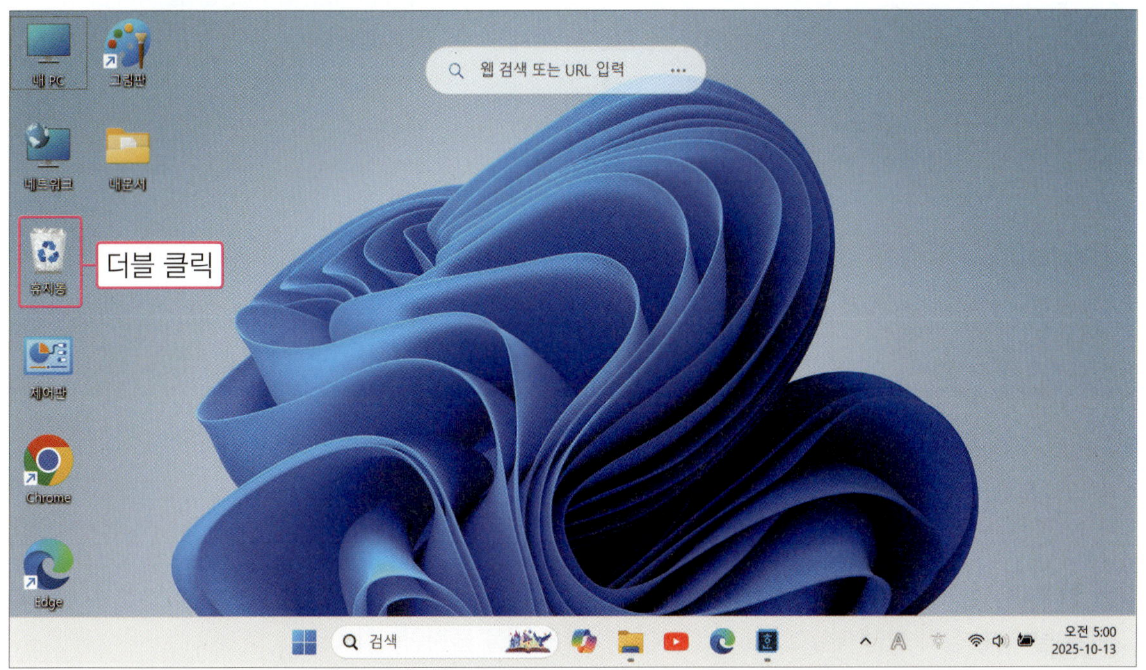

06 [휴지통] 창이 열리면 상단 메뉴에서 **[휴지통 비우기]를 클릭**합니다.

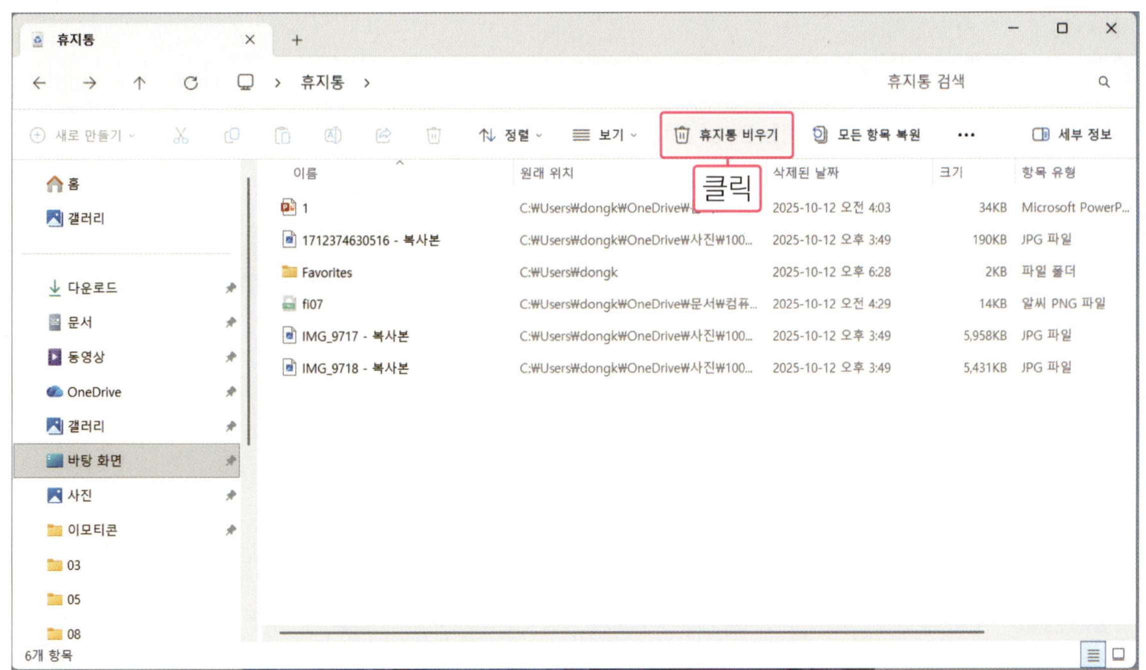

07 여러 항목을 삭제하겠냐는 메시지가 나타나면 **[예] 버튼을 클릭**합니다. 휴지통에서 삭제된 파일이나 폴더는 복원되지 않으므로 신중하게 생각해서 삭제해야 합니다.

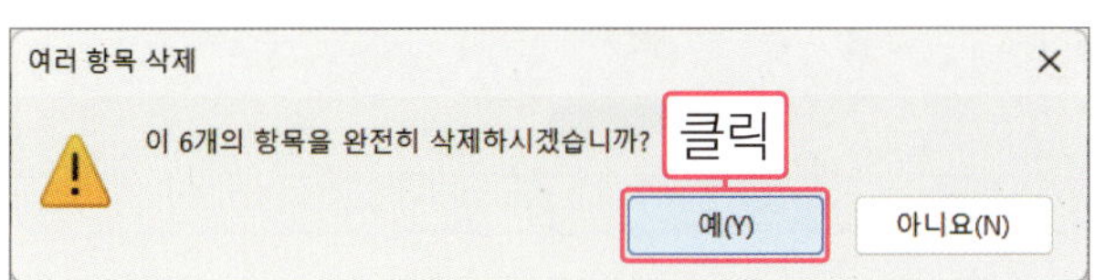

휴지통을 열어보지 않고 비우기

바탕 화면의 [(휴지통)] 아이콘을 마우스 오른쪽 버튼으로 클릭한 후 [휴지통 비우기]를 클릭하면 휴지통을 열어보지 않고도 휴지통 안의 모든 파일을 완전히 삭제할 수 있습니다.

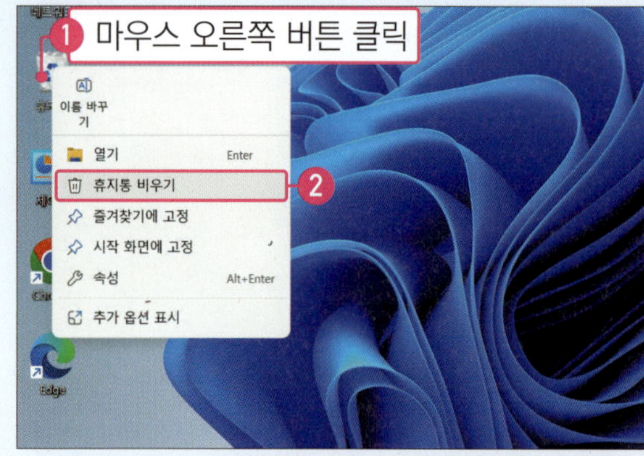

[파일 탐색기] 창의 탐색 창에 '휴지통'과 '제어판' 표시하기

① [파일 탐색기] 창의 상단 메뉴에서 [··· (자세히)] – [옵션]을 클릭합니다.

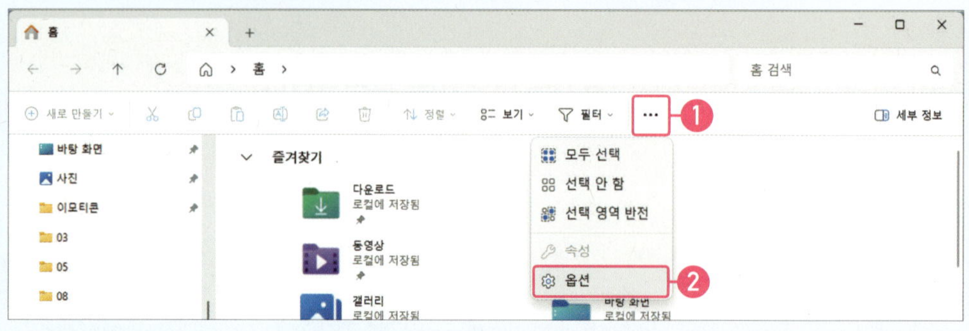

② [폴더 옵션] 대화상자가 나타나면 [보기] 탭에서 '모든 폴더 표시'에 체크 표시를 한 후 [확인] 버튼을 클릭합니다. [파일 탐색기] 창의 탐색 창에 [휴지통]과 [제어판]이 표시됩니다.

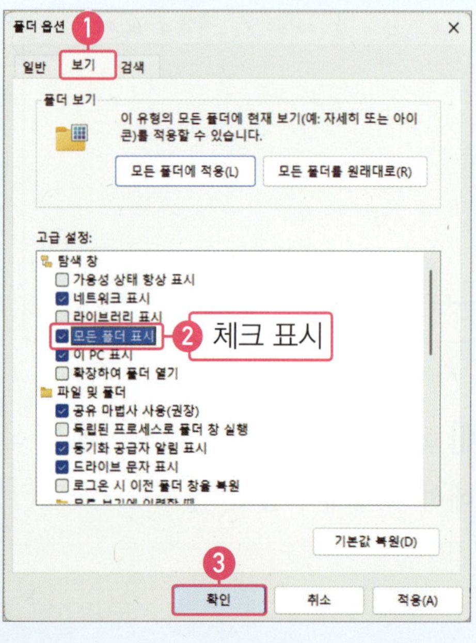

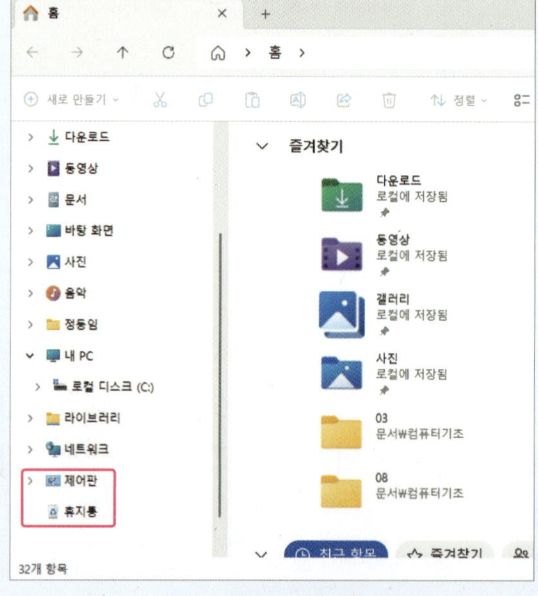

▶ 보기 설정 - 아이콘 정렬 및 크기

01 파일을 정렬하려면 **[파일 탐색기] 창의 상단 메뉴 중 [정렬]을 클릭**합니다. 이름, 수정한 날짜, 유형, 크기 등 원하는 기준(여기서는 '이름', '오른차순')을 선택하여 정렬합니다.

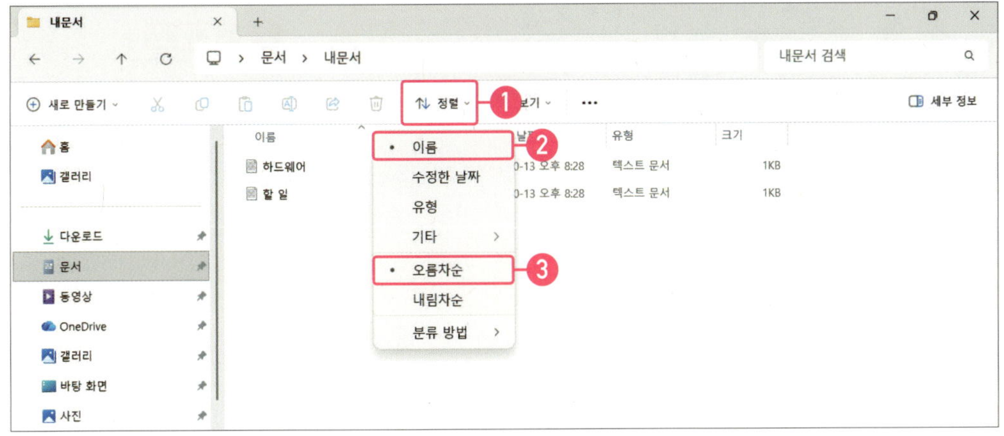

02 파일의 보기 형식을 설정하려면 **[파일 탐색기] 창의 상단 메뉴 중 [보기]를 클릭**합니다. 아이콘 크기(아주 큰 아이콘, 큰 아이콘, 보통 아이콘, 작은 아이콘), 목록, 자세히, 타일, 내용 등 원하는 형식(여기서는 '자세히', '세부 정보 창')으로 선택하여 변경할 수 있습니다.

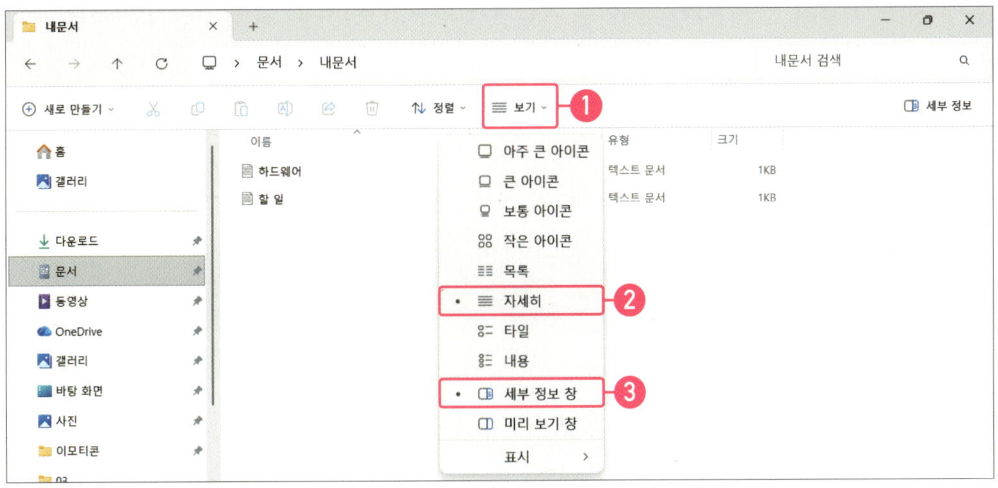

보기 형식 종류

- **아주 큰 아이콘** : 직관적으로 알 수 있듯이 파일 미리 보기가 가능하며, 가장 큰 아이콘으로 표시됩니다.
- **큰 아이콘** : '아주 큰 아이콘'보다 약간 작은 아이콘으로 표시되며 많은 아이콘을 한눈에 볼 수 있습니다.
- **보통 아이콘** : '큰 아이콘'보다 약간 작은 아이콘으로 표시되는 대신 많은 아이콘을 한눈에 볼 수 있습니다. 하지만 미리 보기를 식별하기 좀 어렵습니다.
- **작은 아이콘** : 파일 미리 보기가 지원되지 않으며 제일 앞에 파일의 대표 아이콘을 표시해 줍니다.
- **목록** : '작은 아이콘'을 목록화하여 보여 주는데, '작은 아이콘'과 큰 차이가 없습니다.
- **자세히** : 목록에서 파일의 '속성'을 추가하여 보여줍니다. 기본 설정 메뉴입니다.
- **타일** : '보통 아이콘'과 유사하여 추가 정보(파일 유형, 파일 크기)를 좀 더 보여 주는 형태입니다.
- **내용** : '타일'과 유사하여 추가 정보(파일 유형, 사진 크기, 파일 크기, 수정 날짜 등)를 좀 더 보여 주는 형태입니다.

03 파일 영역에서 파일을 선택한 후 오른쪽 상단의 **[세부 정보]를 클릭**하면 파일에 대한 세부 정보를 볼 수 있습니다.

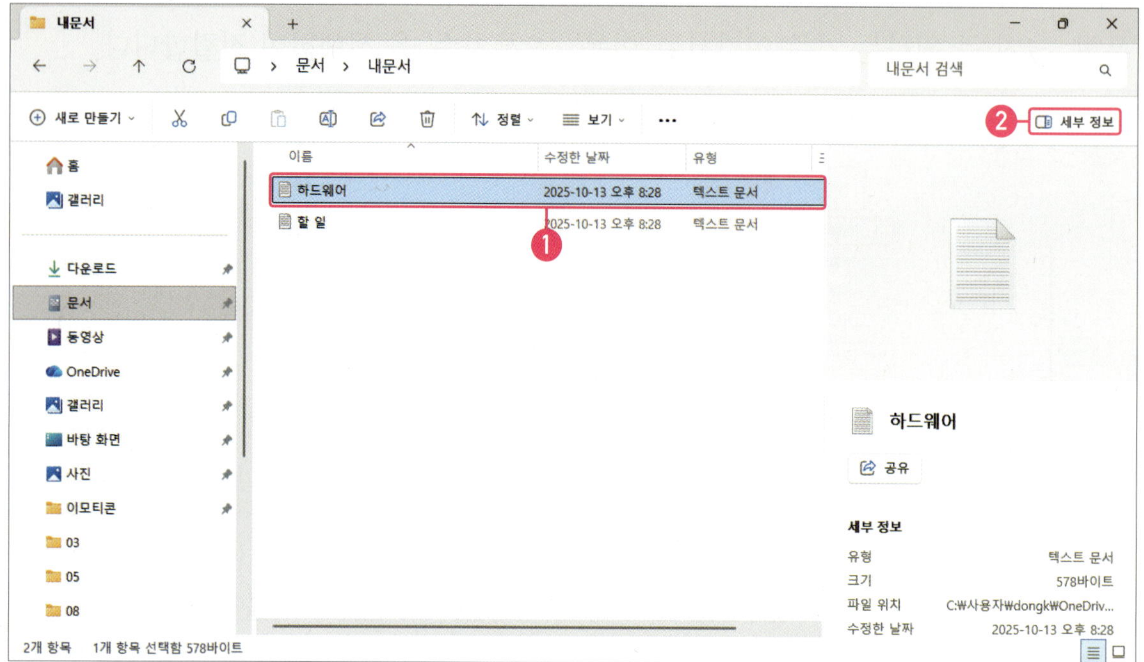

[보기] – [미리 보기 창]을 설정한 후 파일을 선택하고 오른쪽 상단의 [미리 보기]를 클릭하면 파일을 열지 않아도 미리 볼 수 있습니다.

04 [파일 탐색기] 창에서 파일의 확장자를 보이게 하려면 상단 메뉴 **[보기] – [표시] – [파일 확장명]을 클릭해서 체크 표시**를 합니다. 파일 영역에서 파일들의 확장자를 확인할 수 있습니다.

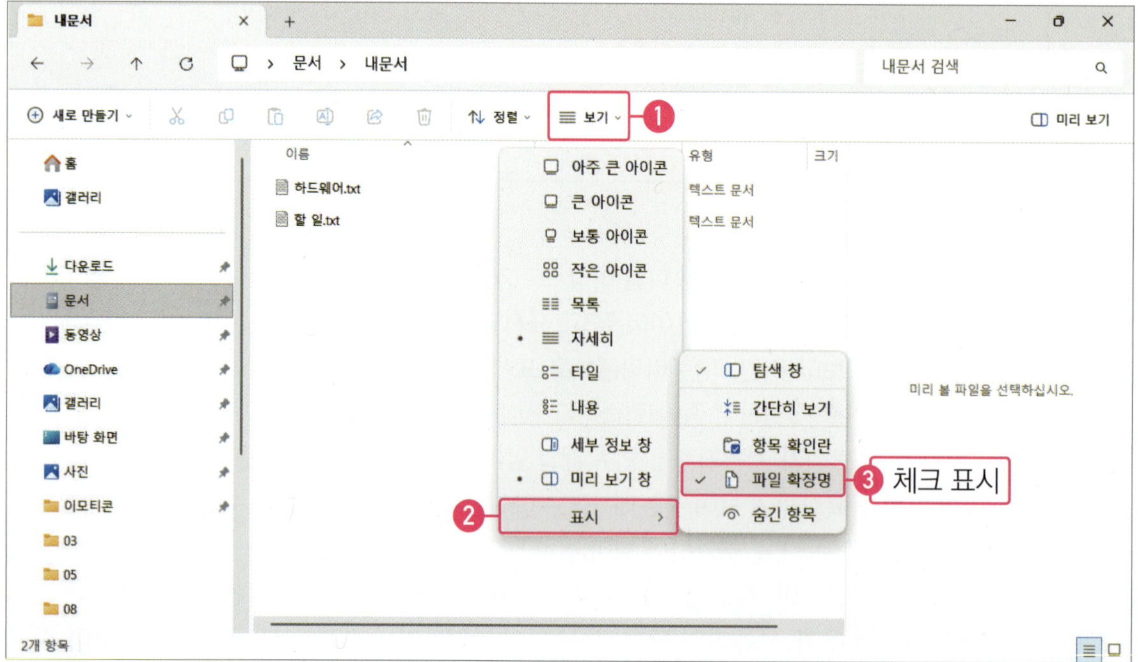

응용력 키우기

01 다음은 어떤 종류의 아이콘인지 연결해 봅니다.

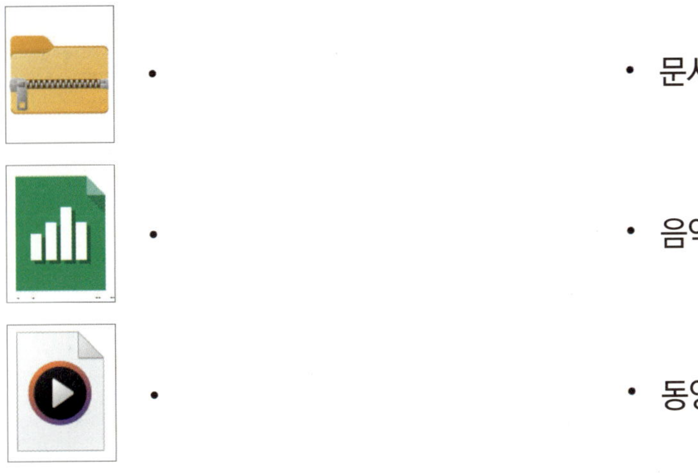

- 문서
- 음악
- 동영상
- 압축
- 사진

02 파일 탐색기의 즐겨찾기에 '휴지통'을 고정해 봅니다.

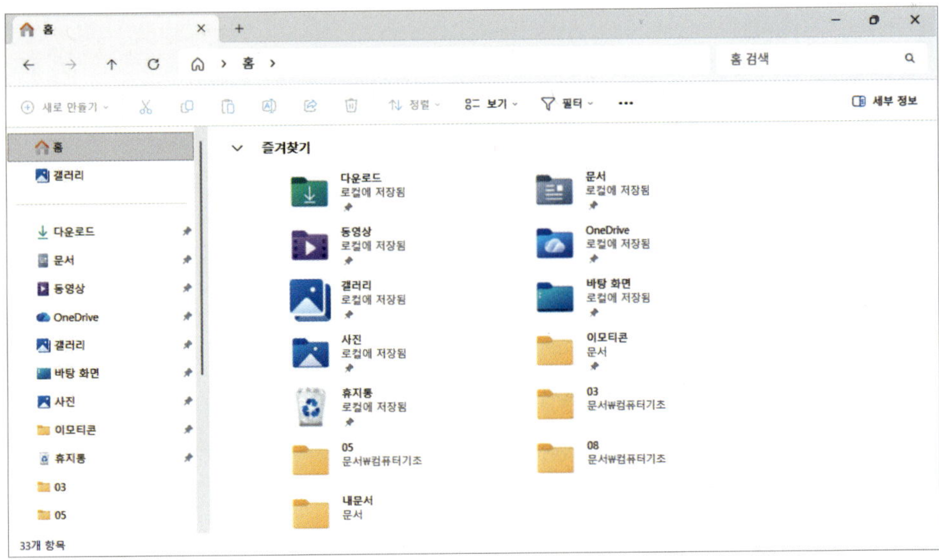

03 파일 탐색기의 '로컬 디스크'에서 검색 상자에 'fonts'라고 입력한 후 검색해 봅니다.

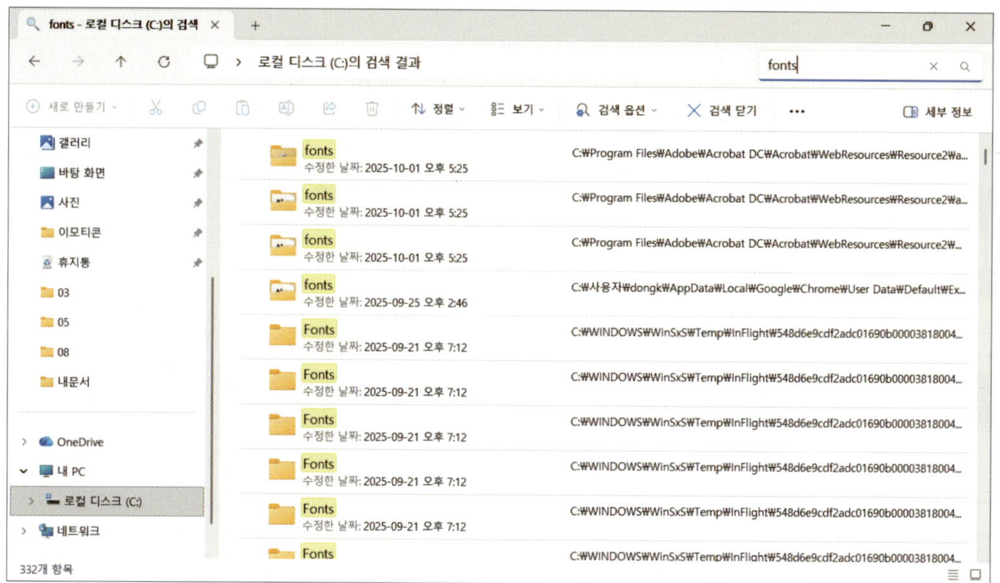

힌트

탐색 창에서 '로컬 디스크'를 선택한 후 상단 오른쪽의 [검색]에서 'fonts'라고 입력하여 검색합니다.

04 바탕 화면에 '사람.txt'라는 새로운 텍스트 파일을 만든 후 [다운로드] 폴더로 복사해 봅니다.

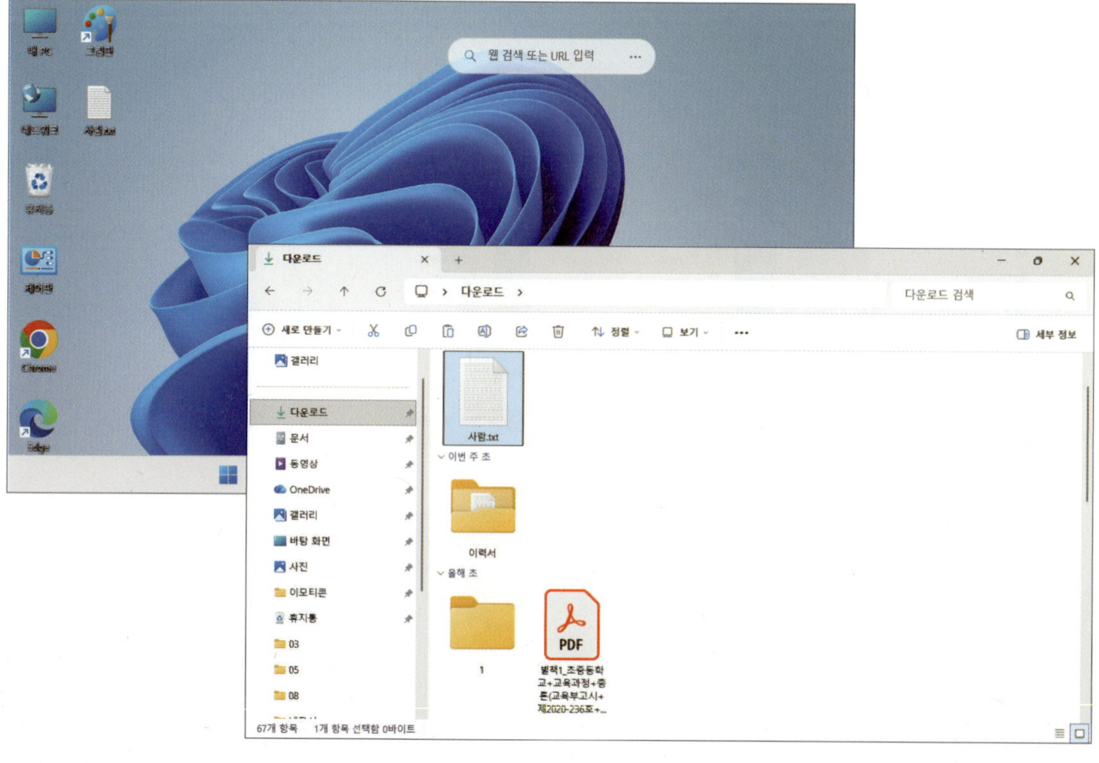

09 시랑 대화하기

- 코파일럿 개념
- 코파일럿의 화면 구성 이해
- 코파일럿과 대화
- 코파일럿에 음성 명령 설정하기
- 스크린샷에서 텍스트 추출하기
- 텍스트를 이미지로 꾸미기
- 이미지 만들기

미/리/보/기

윈도우 11에서 무료로 제공하는 코파일럿 앱을 통해 인공 지능 기능을 활용할 수 있습니다. 심심할 때 코파일럿과 음성 대화로 이야기를 나눌 수도 있고, 이미지에서 텍스트를 추출해서 꾸밀 수도 있습니다. 원하는 그림을 구체적을 설명하면 코파일럿이 그림도 그려줍니다.

01 코파일럿 살펴보기

▶ 코파일럿의 화면 구성

코파일럿은 마이크로소프트사의 AI(인공지능) 비서입니다. 작업 표시줄에 고정되어 있어서 빠르게 실행할 수 있고, 따로 AI 기능에 접속할 필요 없이 PC를 사용하면서 바로 질문할 수 있어서 편리합니다. 코파일럿은 모르는 질문에 대답해 주고, 그림도 그려주고, 문서 요약, 번역도 빠르게 처리해 줍니다.

작업 표시줄의 [Copliot( )]을 클릭하여 실행합니다.

❶ 사이드바 : 사이드바를 열고 닫습니다.

❷ 홈 : 코파일럿의 메인 페이지입니다.

❸ 빨리 보기 열기 : 코파일럿의 대화 창으로 엽니다.

❹ 전체 보기로 돌아가기 : 코파일럿의 대화 창에서 전체 보기로 전환합니다.

❺ 대화 입력 창 : 질문이나 명령을 입력하는 채팅 창입니다. 텍스트뿐만 아니라 음성으로도 대화할 수 있습니다.

❻ 대화 스타일 선택 : 대화 스타일 선택 옵션 중에서 선택하여 대화할 수 있습니다.

❼ 최근 파일 목록을 보여줍니다.

❽ 최근 사용한 앱에 대한 도움말을 볼 수 있습니다.

❾ 최근 대화 목록을 보여줍니다.

바로 가기 키 [Windows] + [C] 키를 눌러도 코파일럿 앱을 불러올 수 있습니다.

코파일럿 다루기

▶ 윈도우 기능에 대해 질문하고 답변받기

01 작업 표시줄의 [Copliot( )]을 **클릭**하여 실행합니다.

02 **대화 입력 창에 '방해 금지 모드 켜줘'라고 입력**한 후 Enter 키를 누르거나 [ ]를 클릭합니다.

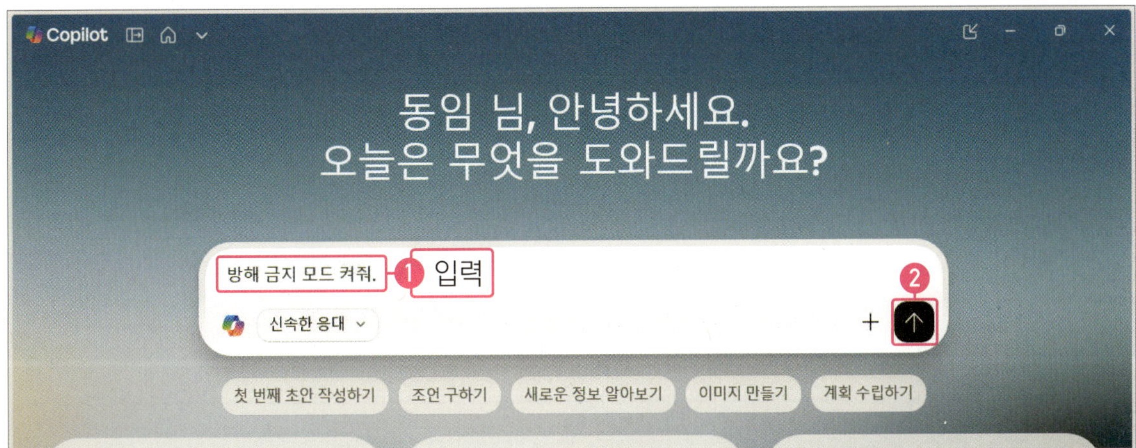

윈도우에 로그인한 마이크로소프트 계정으로 자동 로그인되어 있어 별도의 로그인 과정 없이 코파일럿을 사용할 수 있습니다. 로그인 창이 나타난다면 로그인 후 사용합니다.

03 코파일럿이 질문에 대한 답을 알려줍니다. 추가 질문(여기서는 오전 10시~오후 5시에 방해 금지 모드 활성화 요청)으로 **방해 금지 모드를 특정 시간에 자동으로 활성화해 달라고 입력**하고 Enter 키를 누릅니다.

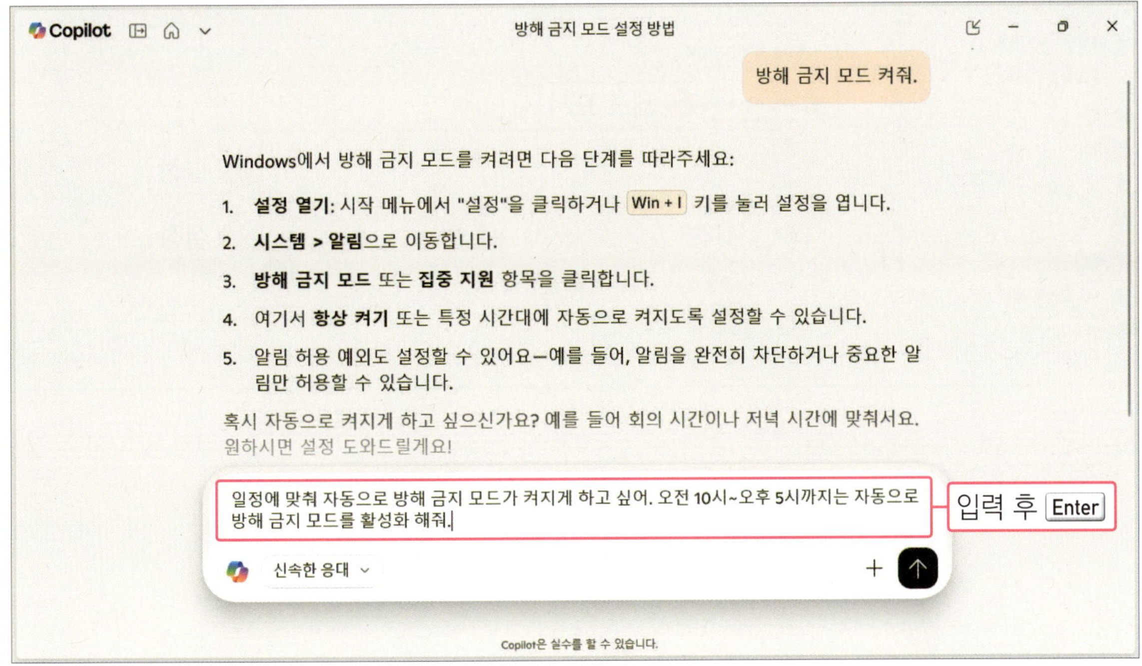

04 자동 방해 금지 모드 설정 방법을 알려줍니다. 계속해서 추가 질문으로 대화를 이어갈 수도 있지만, 새 대화를 하기 위해 왼쪽 상단의 **[홈(⌂)] 버튼을 클릭**합니다.

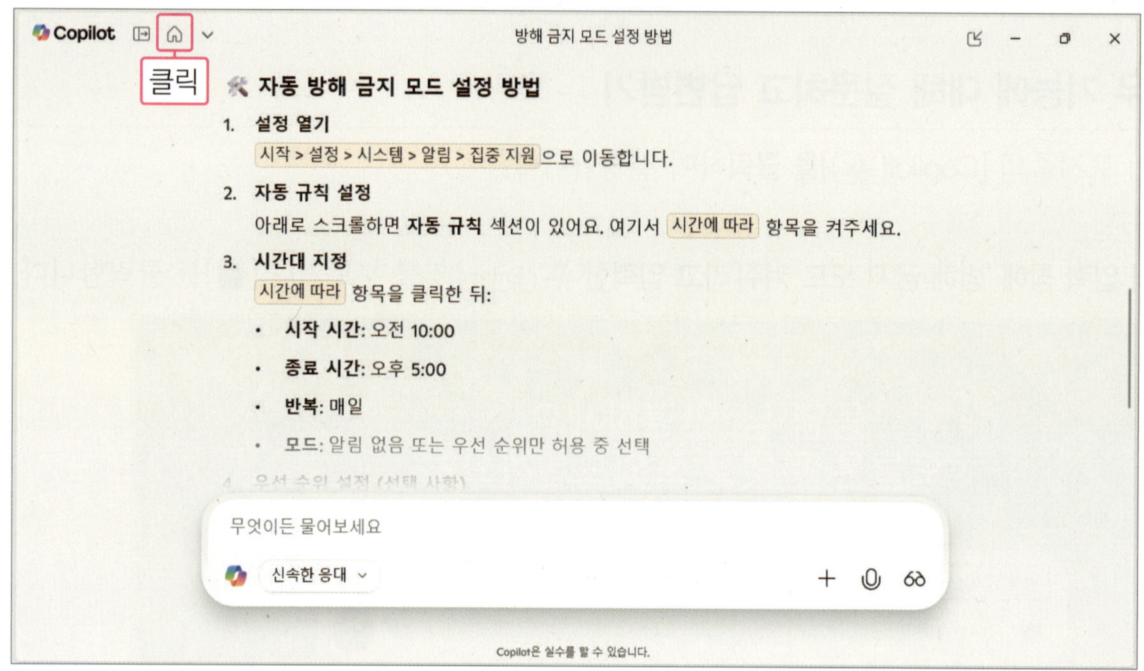

자동 방해 금지 모드 설정하기

[⊞] + [I] 키를 눌러 [설정] 창을 연 후 [시스템] – [알림]을 클릭합니다. '방해 금지'를 [켬]으로 설정하고, '자동으로 방해 금지 켜기'의 [⌄]를 클릭하여 [해당 시간 동안]에 체크 표시를 한 후 켜기, 끄기 시간을 설정합니다. 반복은 [매일]로 설정합니다. 그러면 매일 자동으로 해당 시간에 방해 금지 모드가 자동으로 설정됩니다.

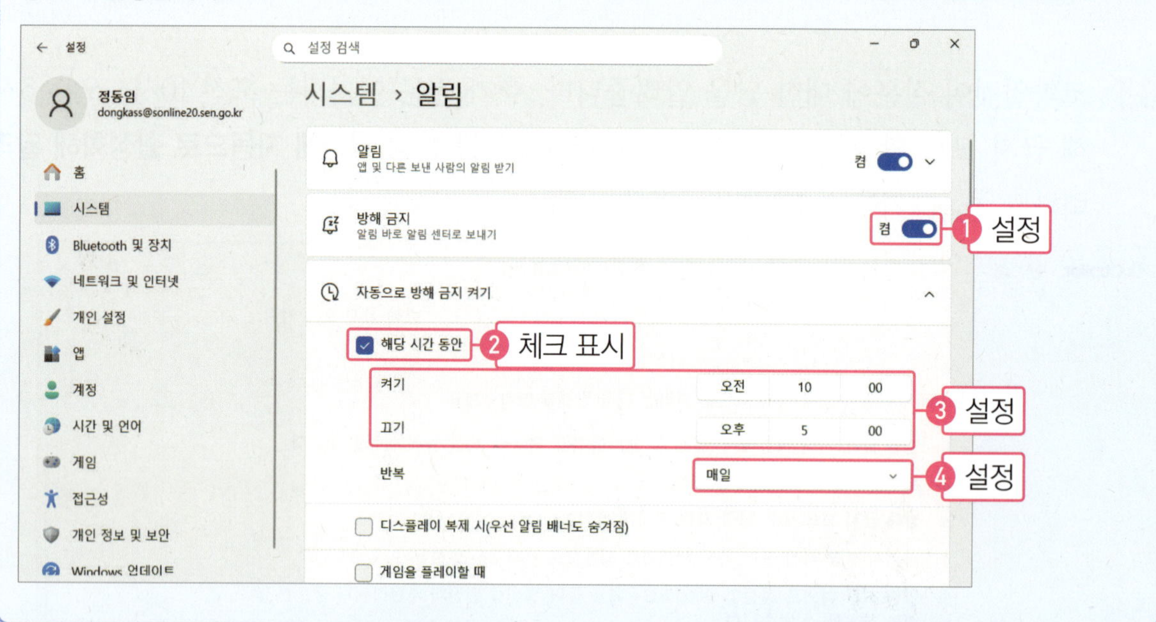

▶ 음성 명령 설정하기

01 코파일럿을 설정하기 위해 왼쪽 상단의 **[사이드바 열기( )] 버튼을 클릭**합니다.

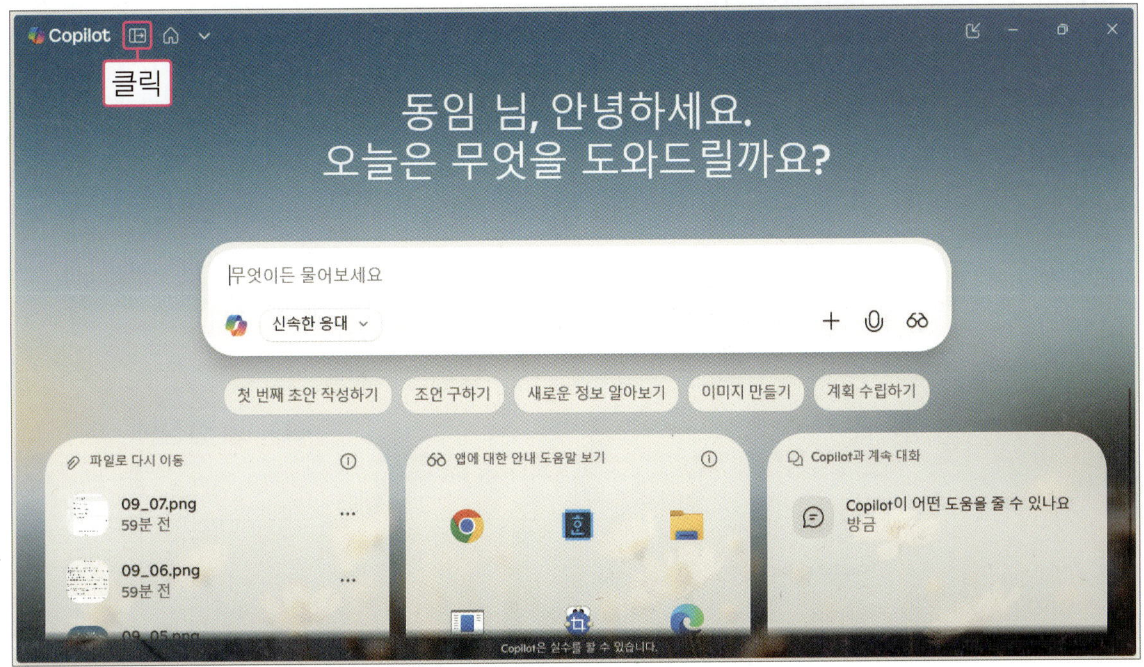

02 왼쪽 하단의 **프로필 아이콘을 클릭한 후 [설정]을 클릭**합니다.

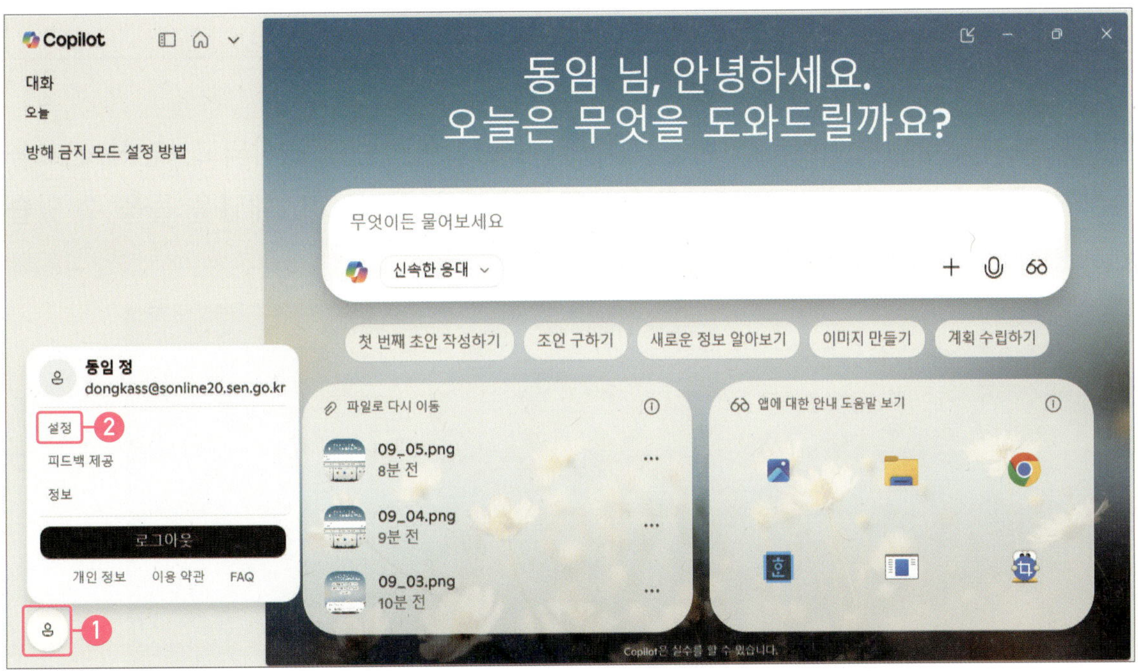

03 음성 모드에서 **'대화를 시작하려면 'Hey, Copilot'이라고 말하세요'**의 **[ ]를 클릭**하여 **활성화**합니다. 설정이 끝났으면 왼쪽 상단의 **[홈( )] 버튼을 클릭하고, [사이드바 닫기( )] 버튼도 클릭**하여 사이드바도 닫아줍니다.

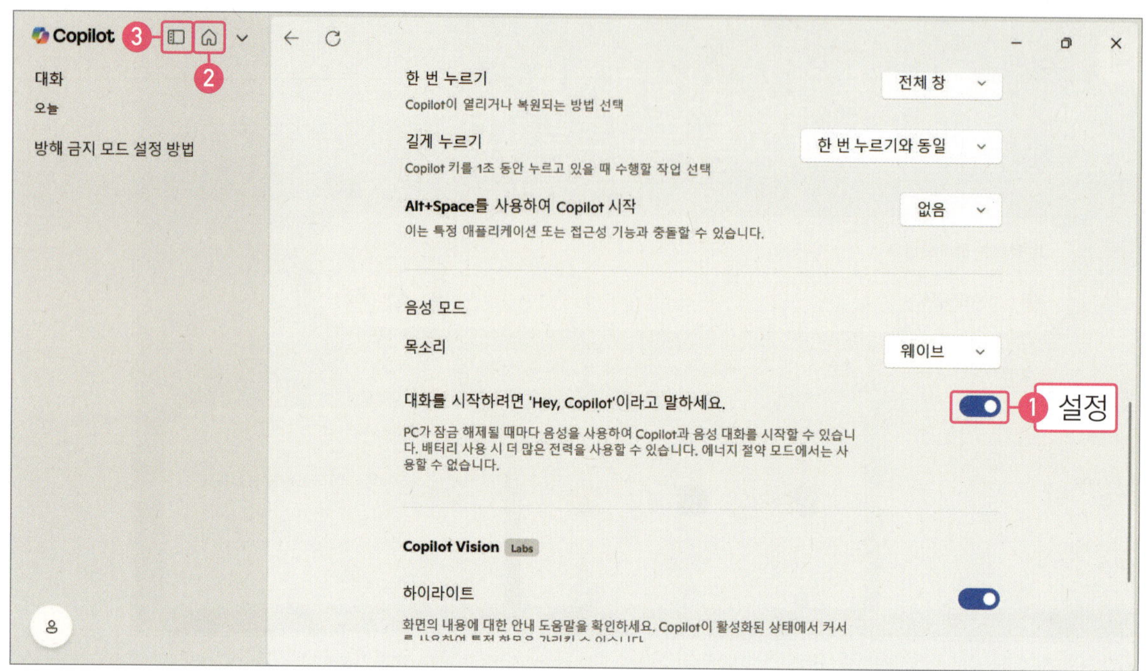

'목소리'의 [ ]를 클릭하여 원하는 목소리(여기서는 웨이브)로 설정할 수 있습니다.

04 호출어인 '헤이 코파일럿'이라고 말하면 화면에 마이크 아이콘이 표시되고, 인식 신호음이 울리며 대화가 시작됩니다. 코파일럿에게 궁금한 것을 물어보고, 대답을 들을 수 있습니다.

PC에 마이크가 설치되어 있어야 하며 윈도우 잠금 화면에서는 음성 명령을 사용할 수 없습니다.

▶ 문서 요약하기

01 대화 입력 창의 **[옵션 더 보기(+)]를 클릭하고 [업로드]를 클릭**합니다.

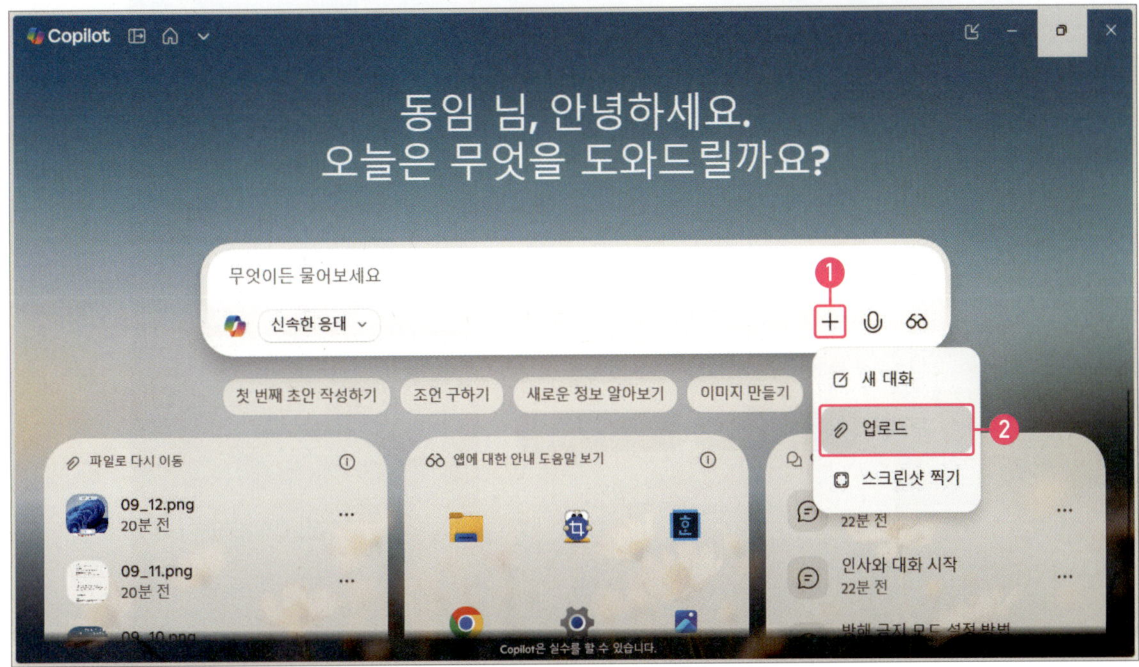

02 [열기] 대화상자에서 불러올 위치를 설정한 후 **요약할 문서(여기서는 '광장소개글.pdf')를 선택하고 [열기] 버튼을 클릭**합니다.

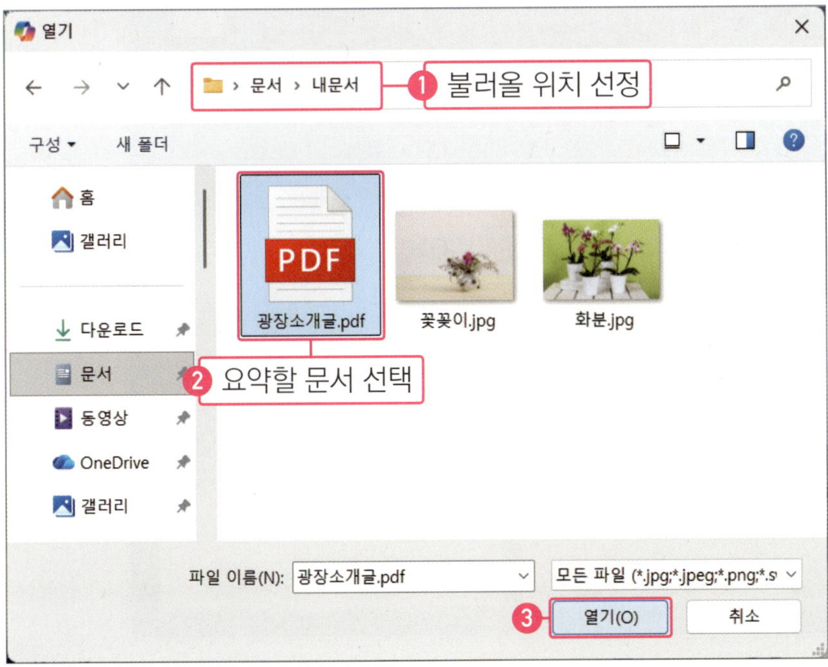

교재의 파일이 아닌 사용자가 요약하고 싶은 문서를 불러오면 됩니다.

03 사용자가 공유하는 정보를 처리할 수 있는 권한이 필요하다는 창에서 **[수락] 버튼을 클릭**합니다. 처음 이미지 파일이나 PDF 문서를 공유했을 때 나타납니다.

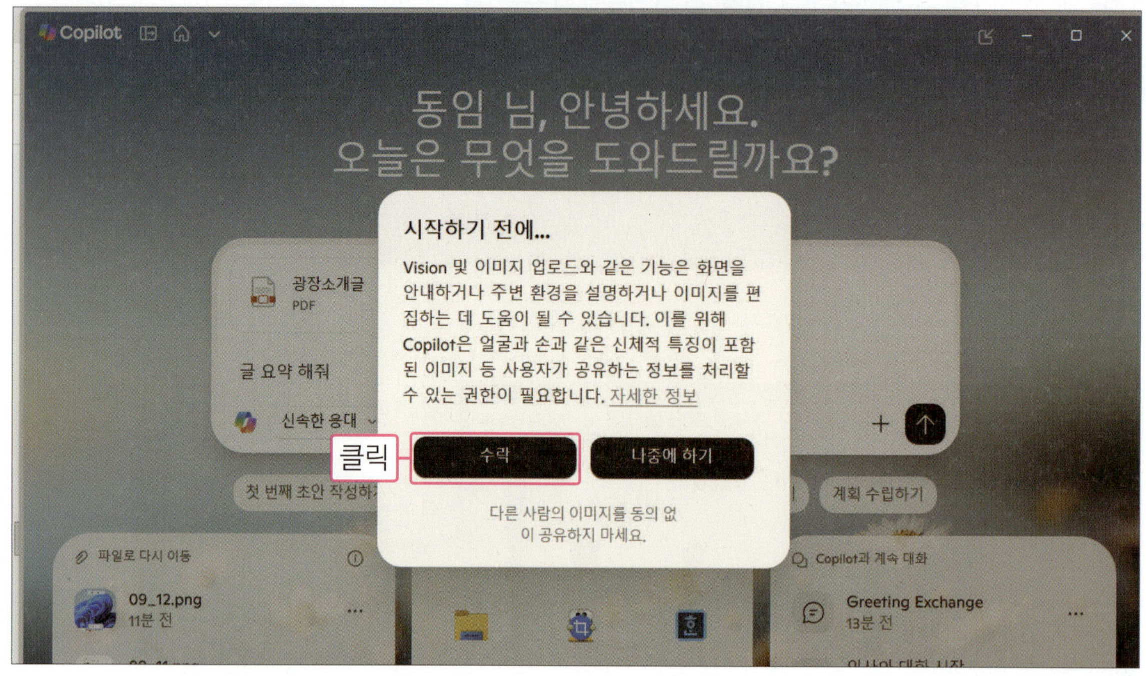

04 문서가 업로드되었으면, **대화 입력 창에 '이 글 요약 해 줘.'라고 입력**한 후 Enter 키를 누릅니다.

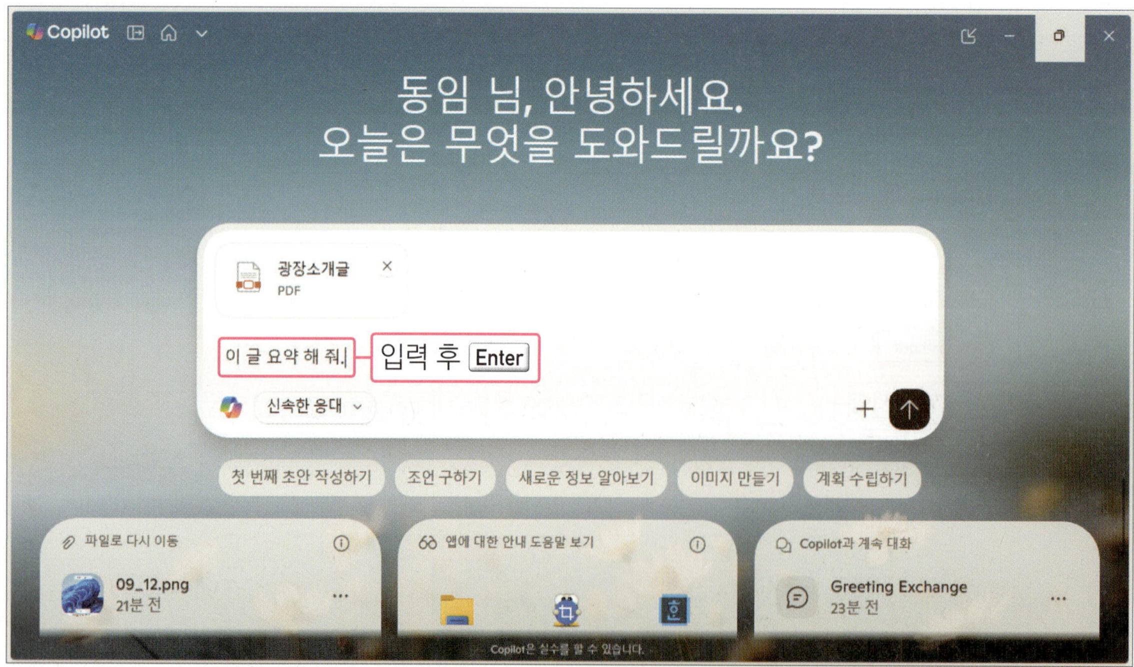

05 업로드한 문서를 요약해서 보여줍니다. 해당 글을 복사해서 다른 문서에 붙여넣기 하여 사용할 수 있습니다. 새 대화를 하기 위해 왼쪽 상단의 **[홈( )] 버튼을 클릭**합니다.

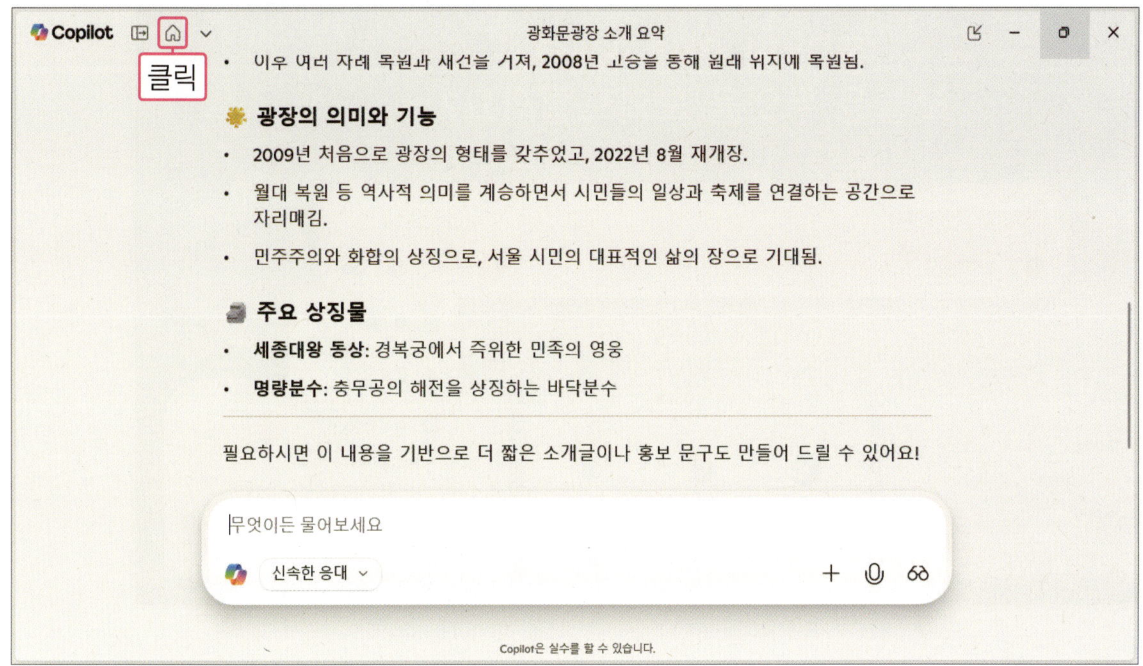

▶ 스크린샷에서 텍스트 추출하기

01 스크린샷을 찍고 싶은 창을 연 후 **[Windows] + [C] 키를 눌러** 코파일럿을 불러옵니다.

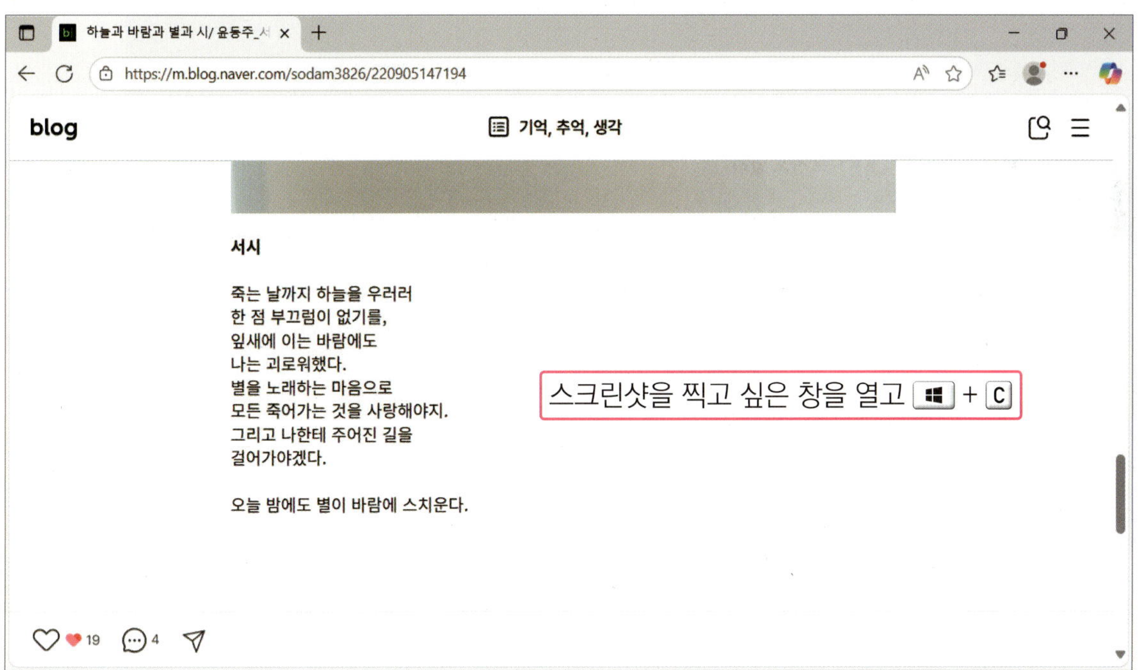

인터넷에서 찾은 텍스트 정보를 복사하고 싶은데, 이미지로 되어 있을 때 코파일럿의 스크린샷 찍기를 활용하여 텍스트만 추출할 수 있습니다.

02 대화 입력 창의 **[옵션 더 보기(+)]를 클릭하여 [스크린샷 찍기]를 클릭**합니다.

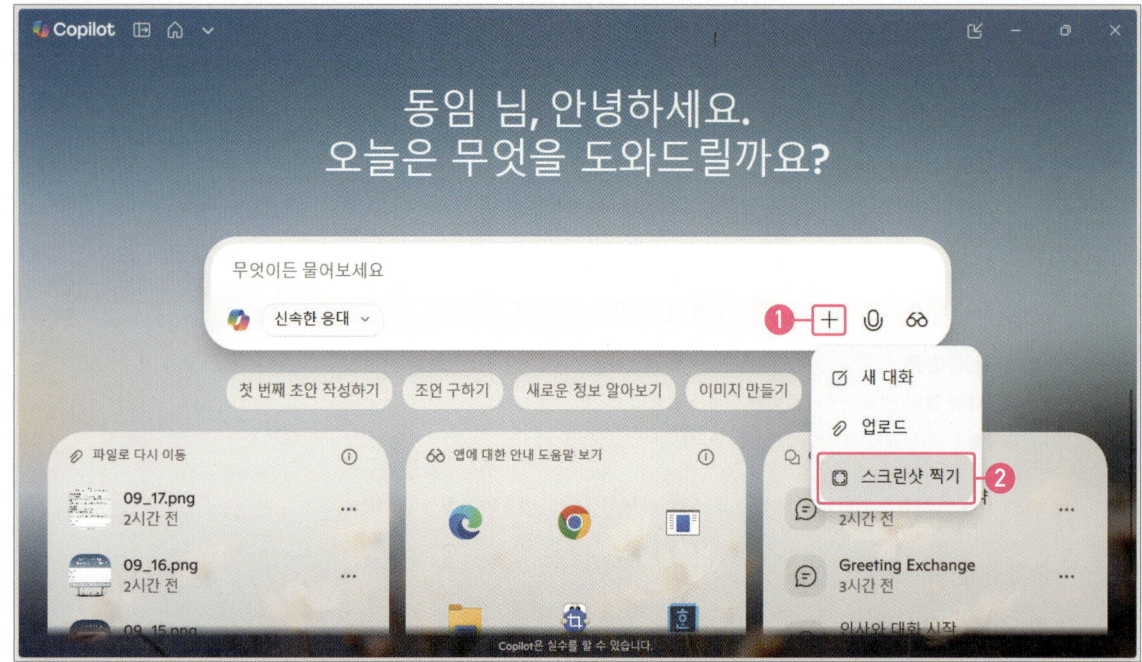

03 스크린샷을 찍을 창이 나타나면 **원하는 곳을 드래그**해 줍니다.

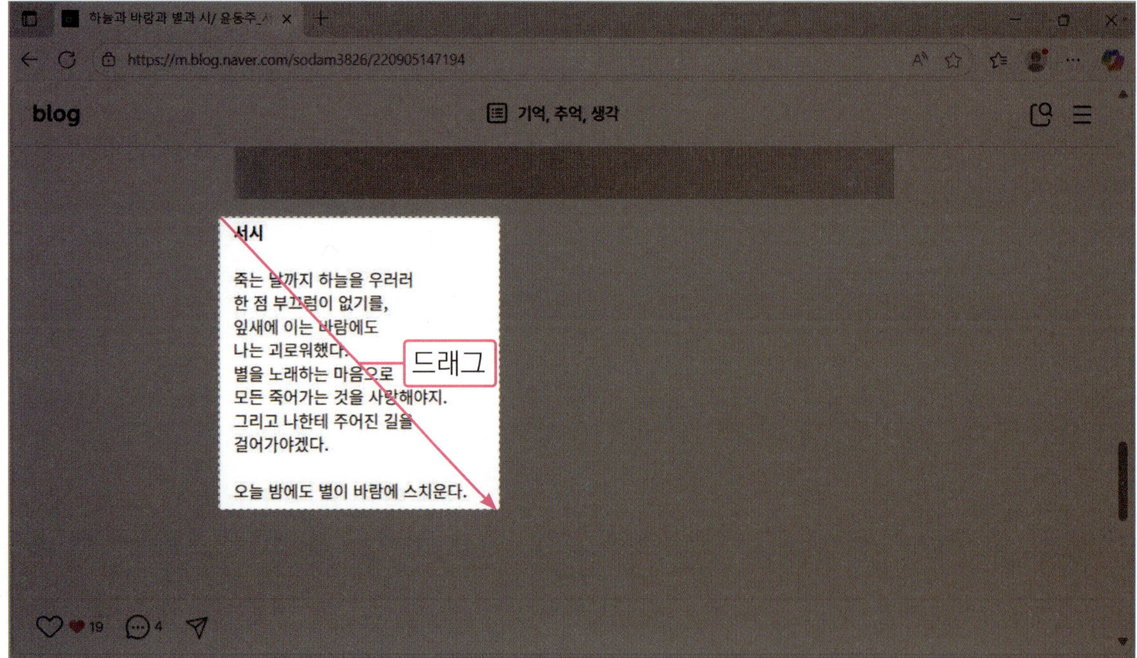

04 자동으로 코파일럿의 대화 입력 창에 스크린샷이 업로드 되었습니다. **대화 입력 창에 '이미지에서 텍스트만 추출해줘.'라고 입력**한 후 Enter 키를 누릅니다.

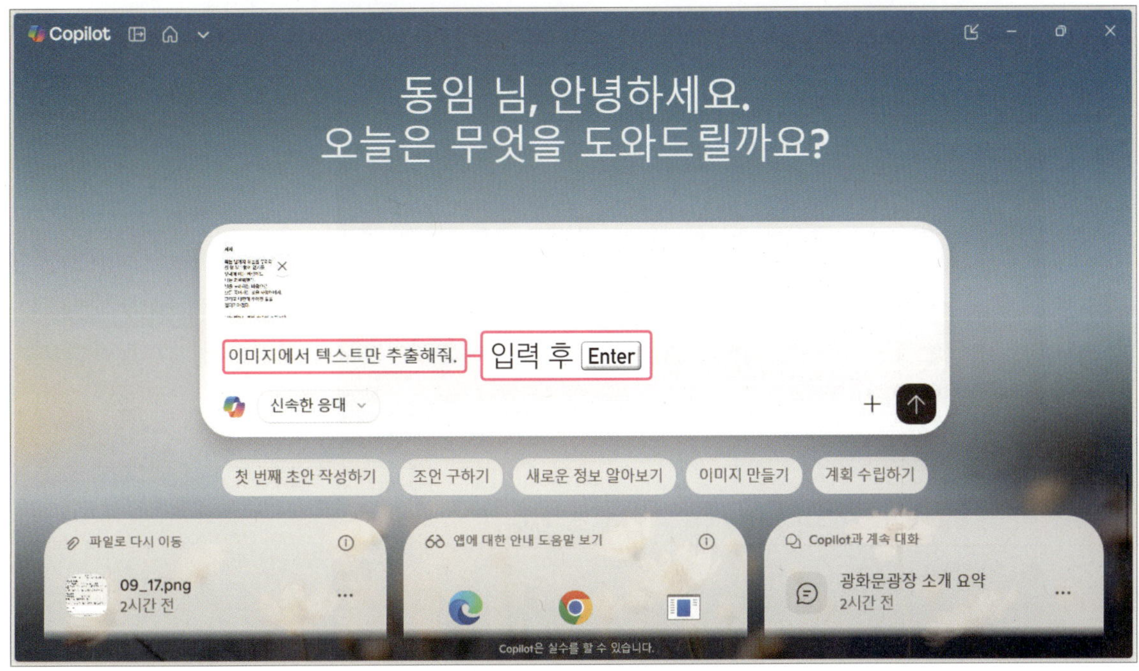

05 이미지에 담긴 텍스트만 추출되었습니다. **[복사]를 클릭**해서 다른 문서에 붙여넣기 할 수 있습니다.

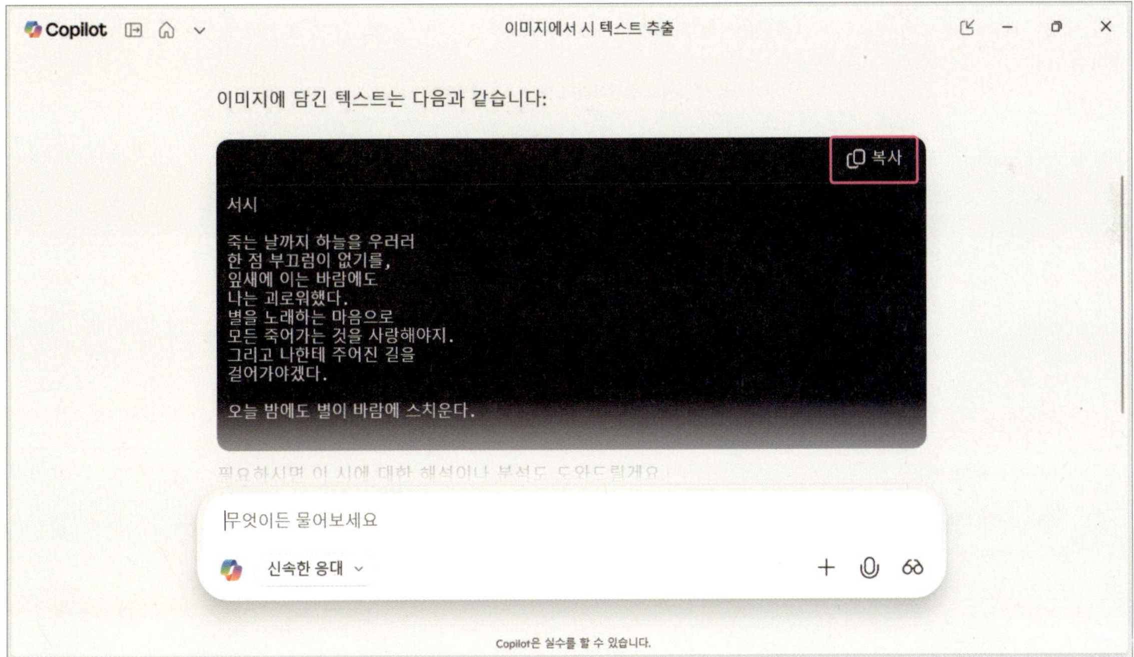

06 추가로 **대화 입력 창에 '텍스트를 붓글씨로 캘리그라피 한 것처럼 꾸며줘'라고 입력**한 후 Enter 키를 누릅니다.

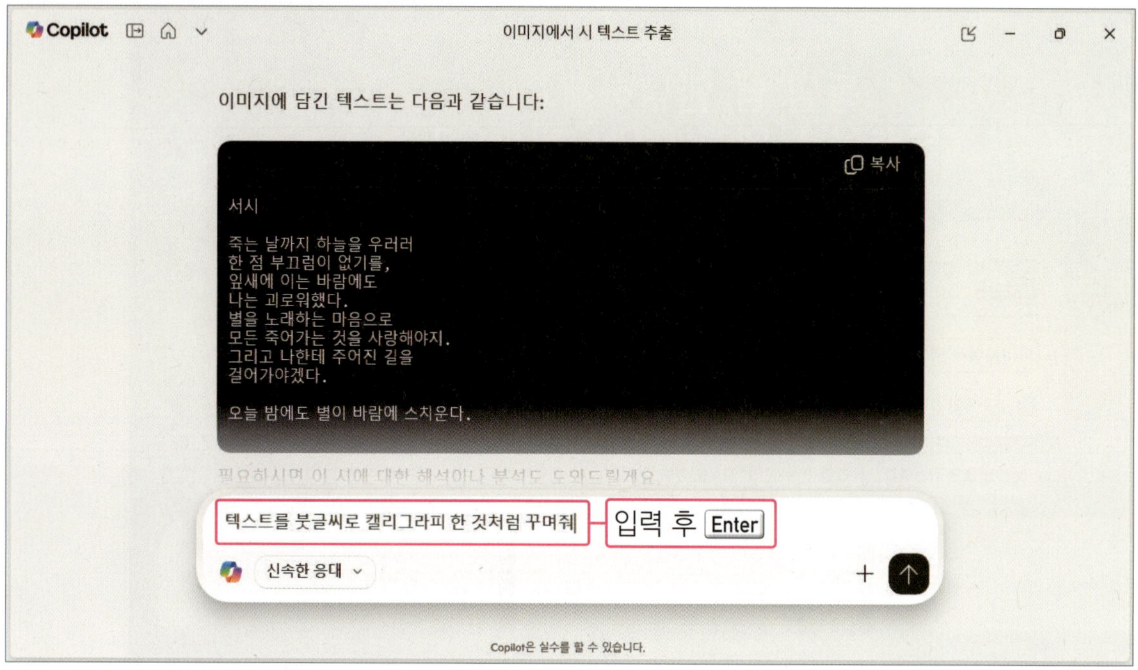

07 텍스트를 다시 이미지로 꾸미는 작업을 시작합니다. 요청한 내용이 많을수록 제작하는 시간이 오래 걸립니다.

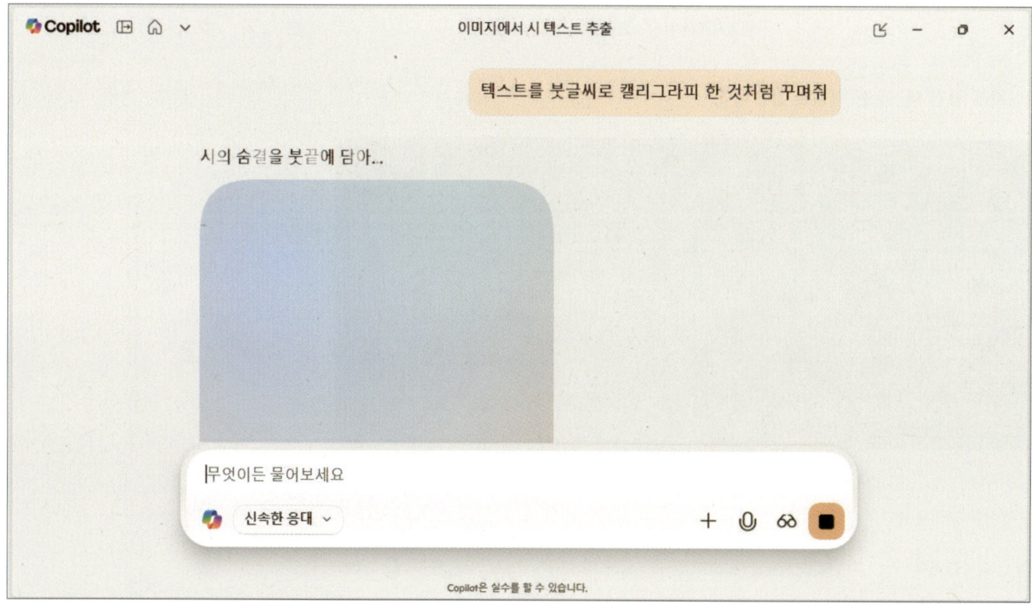

08 이미지가 완성되면 **[다운로드(⤓)]를 클릭**합니다.

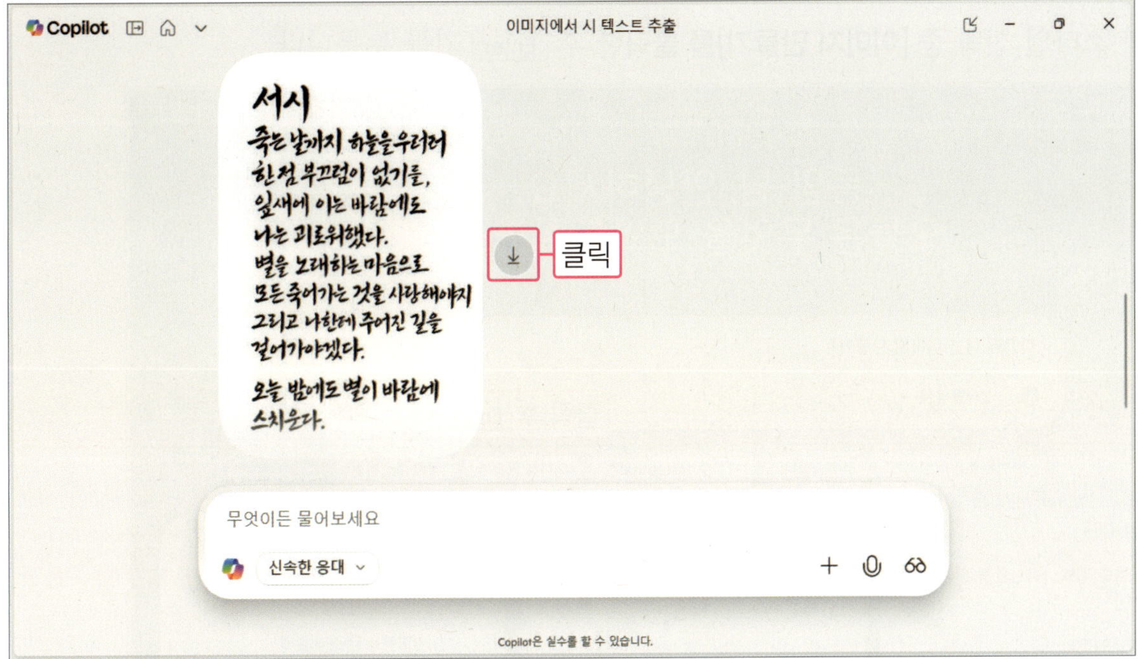

09 [다른 이름으로 저장] 대화상자가 나타나면 **저장 위치를 설정한 후 [저장] 버튼을 클릭**합니다. 새 대화를 하기 위해 **대화 입력 창의 [옵션 더 보기(＋)]를 클릭한 후 [새 대화]를 클릭**합니다.

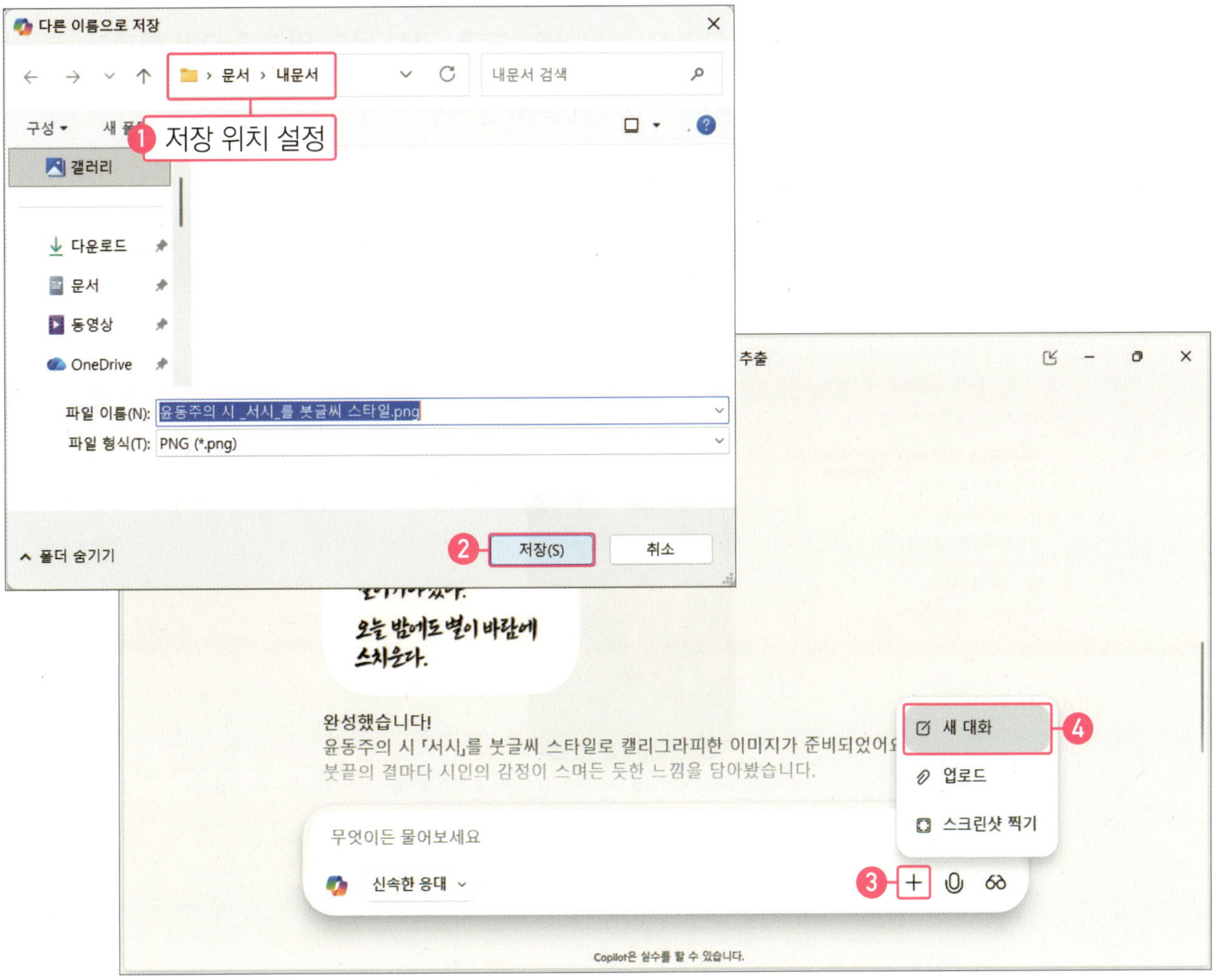

▶ 새로운 이미지 만들기

01 대화 스타일 선택 중 **[이미지 만들기]를 클릭**한 후 Enter 키를 누릅니다.

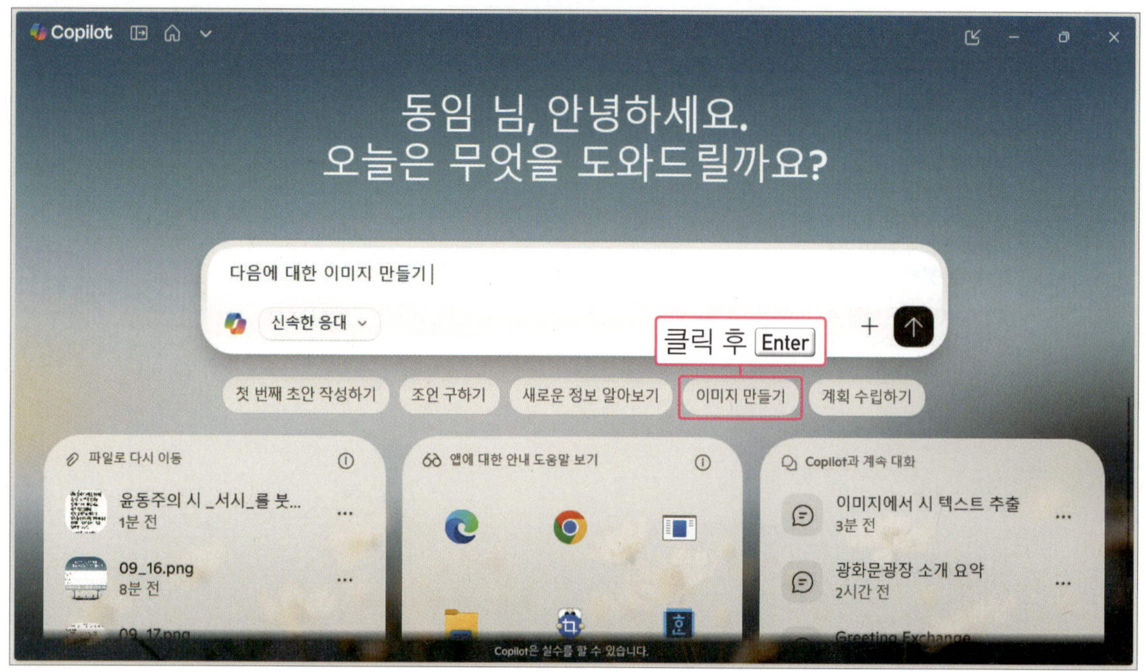

02 이미지를 만들 때의 요청 사항을 예를 들어 설명해 줍니다. **대화 입력 창에 만들고 싶은 이미지(여기서는 '똑똑한 이미지의 토끼를 그려줘. 눈은 맑고 크고, 멋진 옷도 입고 있으면 좋겠어.')를 입력**한 후 Enter 키를 누릅니다. 요청한 이미지가 만들어졌습니다.

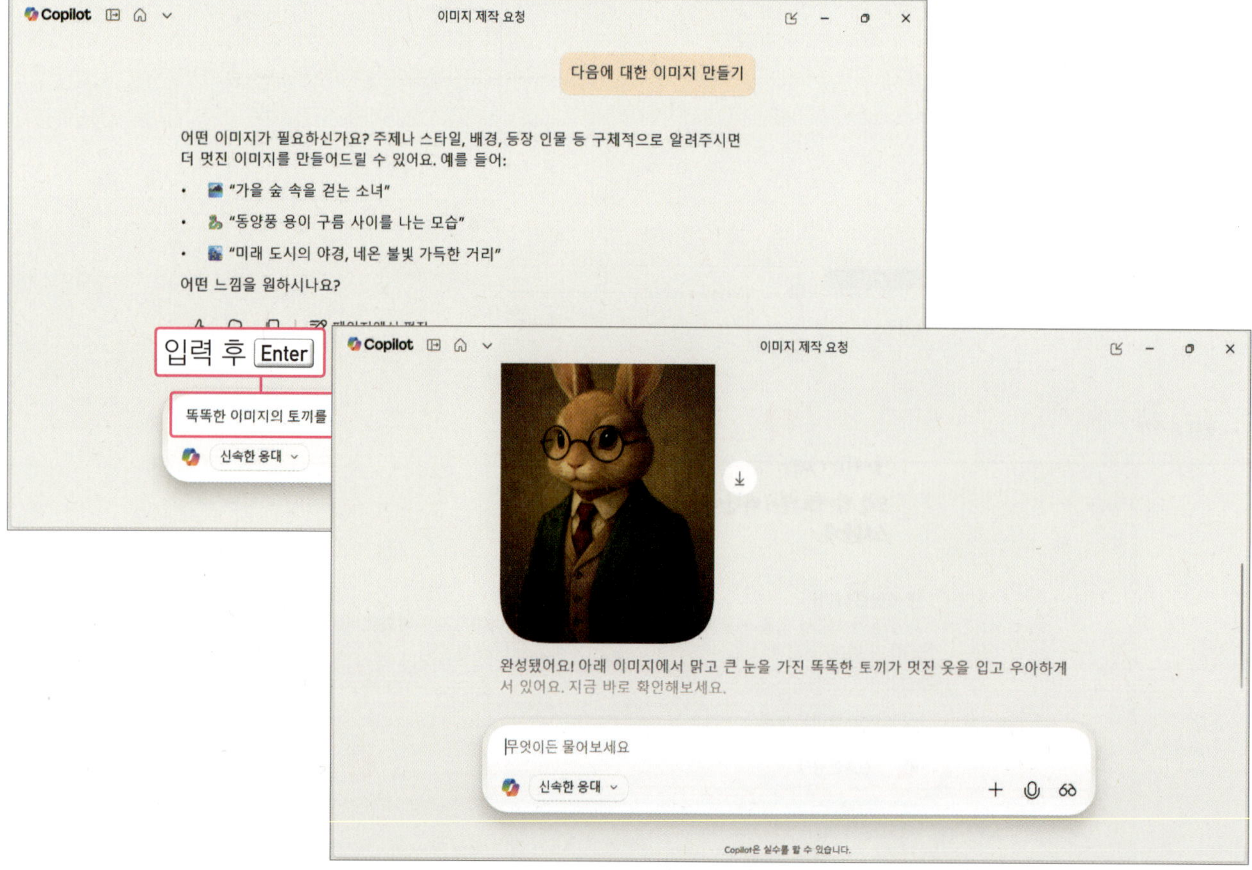

03 완료된 이미지가 마음에 들지 않으면 **추가로 요청 사항(여기서는 '토끼 캐릭터로 만들어줘. 상반신뿐만 아니라 다리까지 전신을 다 그려줘. 지적이면서도 귀여웠으면 좋겠어.')을 더 입력**한 후 Enter 키를 누릅니다. **이미지가 마음에 들면 [다운로드(⤓)]를 클릭**합니다.

04 [다른 이름으로 저장] 대화상자가 나타나면 **저장 위치를 설정한 후 [저장] 버튼을 클릭**하여 다운로드 합니다.

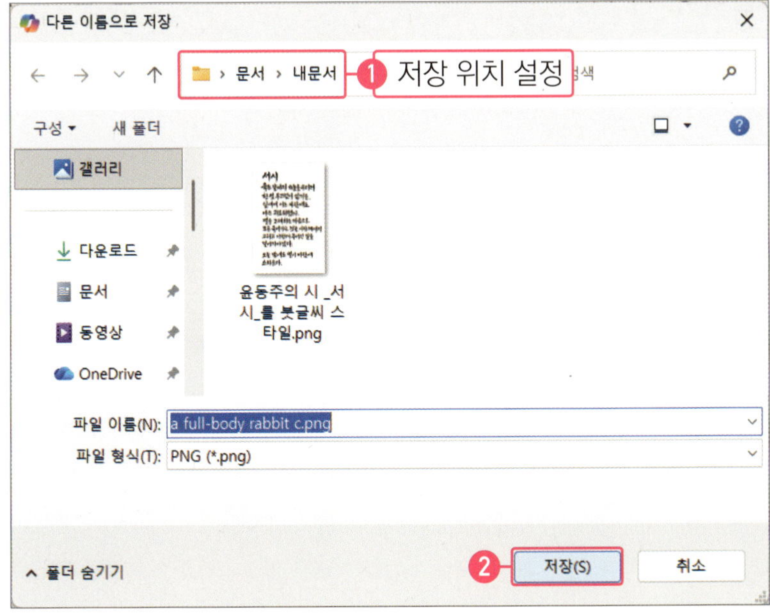

응용력 키우기

01 코파일럿의 대화 스타일 선택에서 '계획 수립하기'를 선택하여 다음과 같은 내용을 담아 여행 계획을 수립해 봅니다.

- 누가 : 60대 여자 4명
- 위치 : 한국과 가까운 곳의 해외여행
- 시기 : 겨울
- 비용 : 1인당 100만 원 정도
- 여행 기간 : 4박 5일

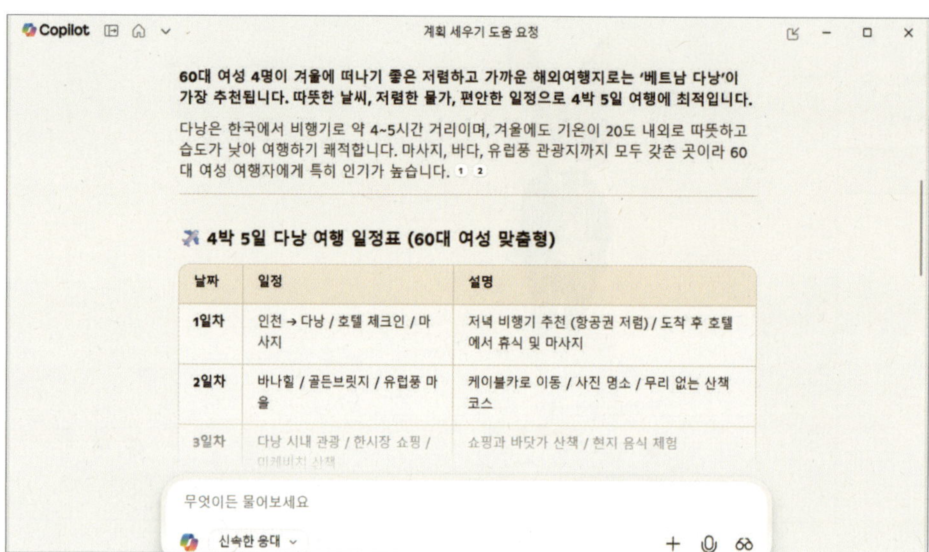

02 코파일럿을 활용하여 자신의 띠에 해당하는 동물로 자신만의 캐릭터를 만들어 봅니다. 캐릭터 이름도 추천받아서 이름도 넣어봅니다.

10 윈도우 고수로 가는 길!

- 기본 앱 설정
- 컴퓨터 정보
- 저장 공간
- 저장소 센스

미/리/보/기

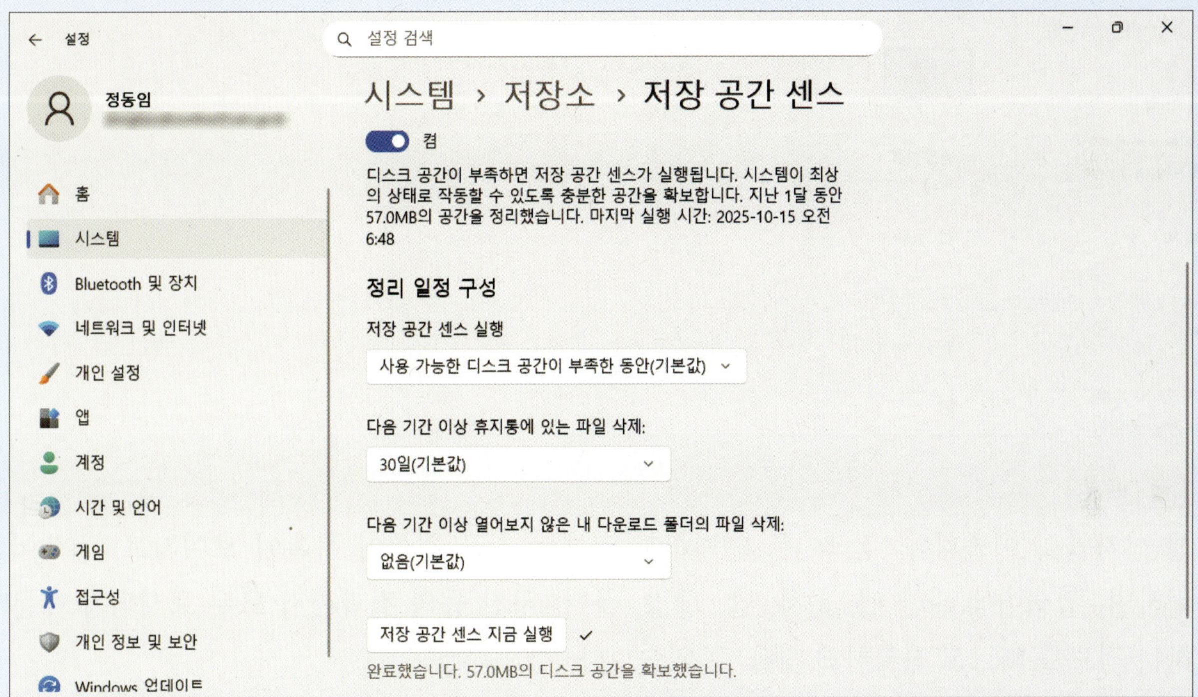

윈도우 11에는 멋지고 유용한 기능이 많지만 몰라서 사용하지 못하는 경우가 많습니다. 컴퓨터 사용자가 간편함을 취하고 시간을 절약하기 위해서 알아두면 좋은 기능들과 내 컴퓨터가 어떤 장치로 구성되어 있는지 알아보는 방법 등을 살펴보겠습니다.

윈도우 고급 기능 살펴보기

▶ ⊞ 키를 활용한 바로 가기 키

알아두면 편리한 몇 가지 바로 가기 키에 대해 알아보겠습니다.

• ⊞ + I

[설정] 창의 설정 화면을 표시합니다. [설정] 창에서는 디스플레이의 해상도, 배경 화면, 색상, 테마 등을 설정할 수 있습니다. 사진이나 동영상을 실행할 때 사용자가 사용하기 좋은 앱으로 기본 설정을 할 수도 있습니다. 컴퓨터 정보 등을 볼 수 있고, 사용자에 맞게 여러 가지를 설정할 수 있습니다.

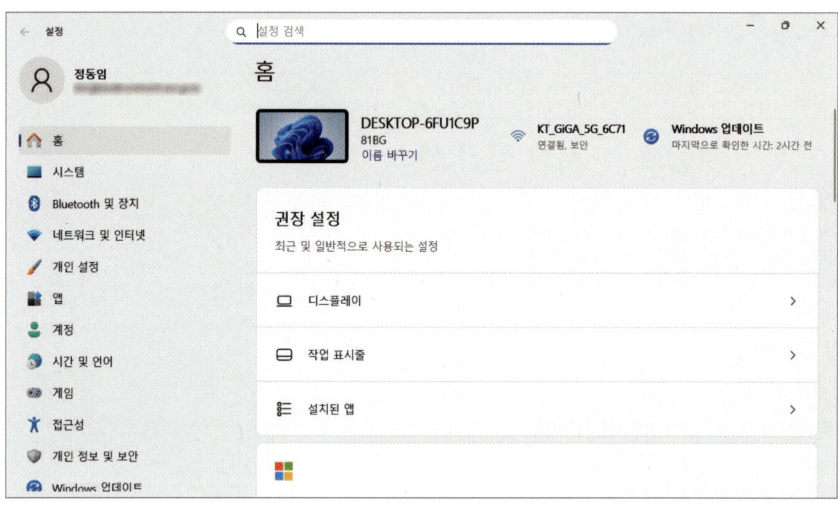

• ⊞ + S

검색 상자를 열어줍니다. 검색어를 입력하기 전에는 최근 검색어 목록이 보여지고, 검색어를 입력하면, 검색어에 관한 앱, 문서, 웹, 설정, 폴더, 사진 등의 결과까지 모두 표시되기 때문에 원하는 정보를 빠르고 정확하게 찾을 수 있습니다.

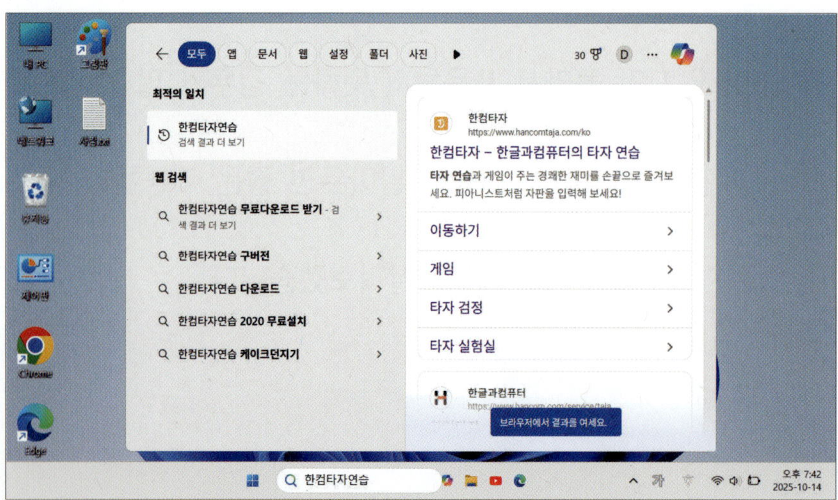

• [Windows] + [X]

윈도우 시스템 관리 메뉴가 활성화됩니다. 바로 가기 메뉴를 클릭하여 이동할 수 있습니다.

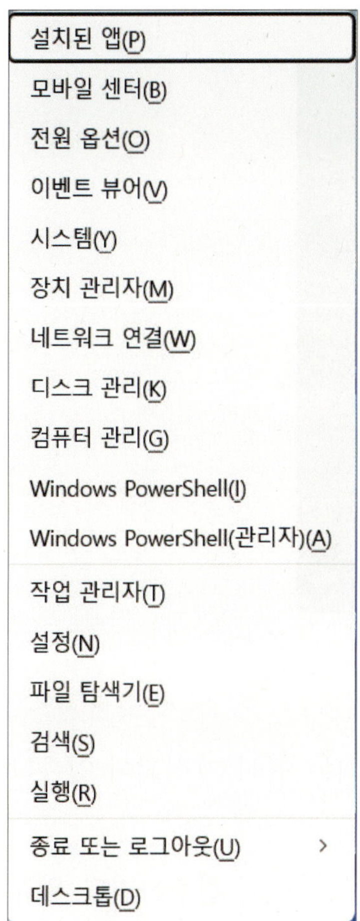

• [Windows] + [E]

[파일 탐색기] 창을 열어줍니다.

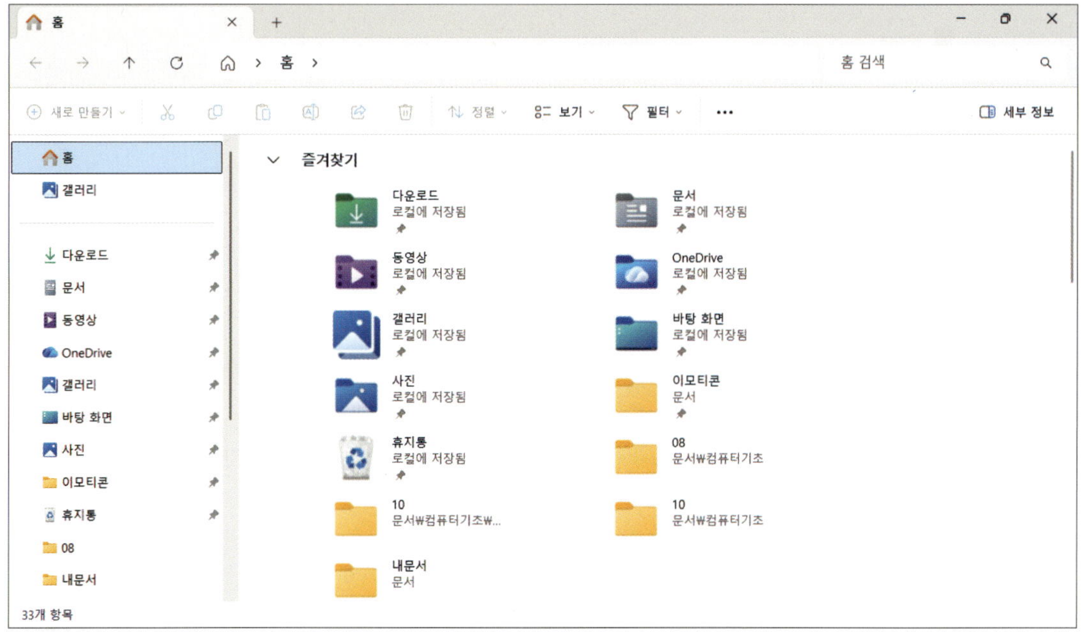

• ⊞ + L

잠금 화면으로 전환합니다. 작업하는 것을 남들이 보지 못하게 급하게 잠금 화면으로 전환하고 싶을 때가 있습니다. 이때 바로 가기 키를 사용하면 편리합니다.

▶ 기본 앱

문서, 음악, 사진, 영화, 웹 브라우저 등을 실행할 때 기본으로 연결되는 앱이 지정되어 있습니다.

[설정] 창의 [앱]에서 [기본 앱]을 클릭하면 설정되어 있는 앱을 다른 앱으로 변경하거나 원래 권장 앱으로 변경할 수 있습니다.

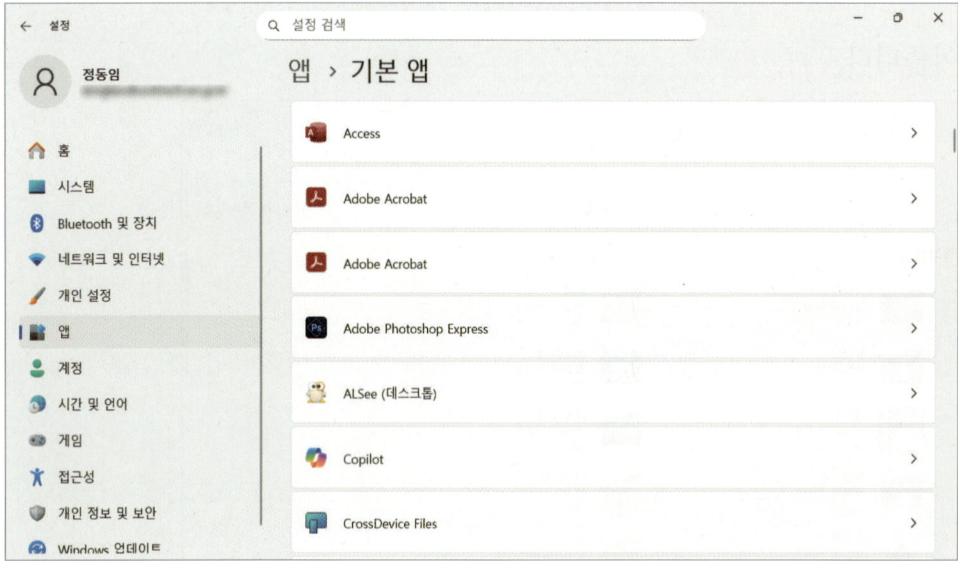

▶ 컴퓨터 정보

앱을 설치하다 보면 사용자 컴퓨터에서 제대로 작동할 수 있는지 확인하기 위해 컴퓨터 정보를 확인해야 하는 경우가 있습니다.

현재 사용 중인 컴퓨터의 정보는 [설정] 창의 [시스템]에서 [정보]를 클릭하거나 바탕 화면의 [(내 PC)] 아이콘에서 마우스 오른쪽 버튼을 클릭하고 [속성]을 클릭해 확인할 수 있습니다.

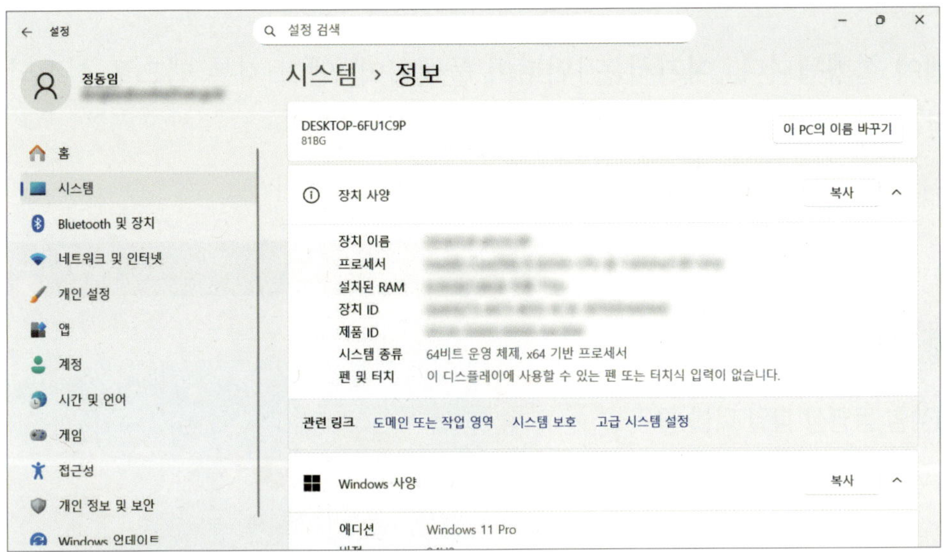

▶ 저장소 센스

저장 공간 센스를 활용해 주기적으로 불필요한 파일이 제거되도록 설정하면 공간을 자동으로 확보해 주기 때문에 편리합니다.

[설정] 창의 [시스템]에서 [저장소]를 클릭한 후 '저장소 관리'의 '저장 공간 센스'를 [켬]으로 설정하면 공간을 자동으로 확보하고, 임시 파일을 주기적으로 정리해 줍니다. [저장 공간 센스]를 클릭하여 '자동 사용자 콘텐츠 정리'의 일정을 설정할 수 있습니다.

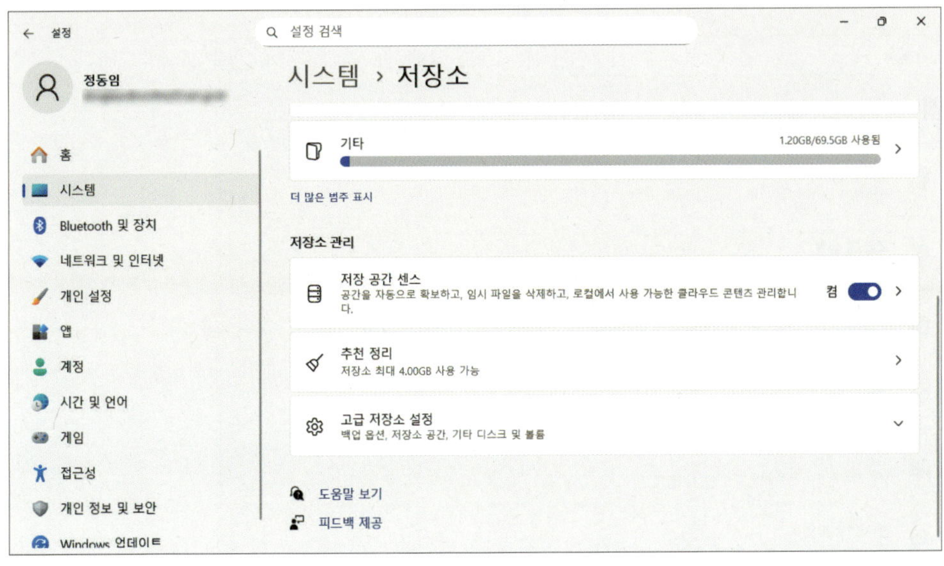

윈도우 기본 앱을 다른 프로그램으로 연결하기

▶ 기본 앱 확인하기

01 사용자 컴퓨터에 있는 **동영상 파일을 찾아 더블 클릭**합니다.

02 기본으로 설정된 앱이 실행됩니다. 여기서는 [미디어 플레이어] 앱이 기본 앱으로 설정되어 있습니다. [**☒(닫기)] 버튼을 클릭하여 종료**합니다.

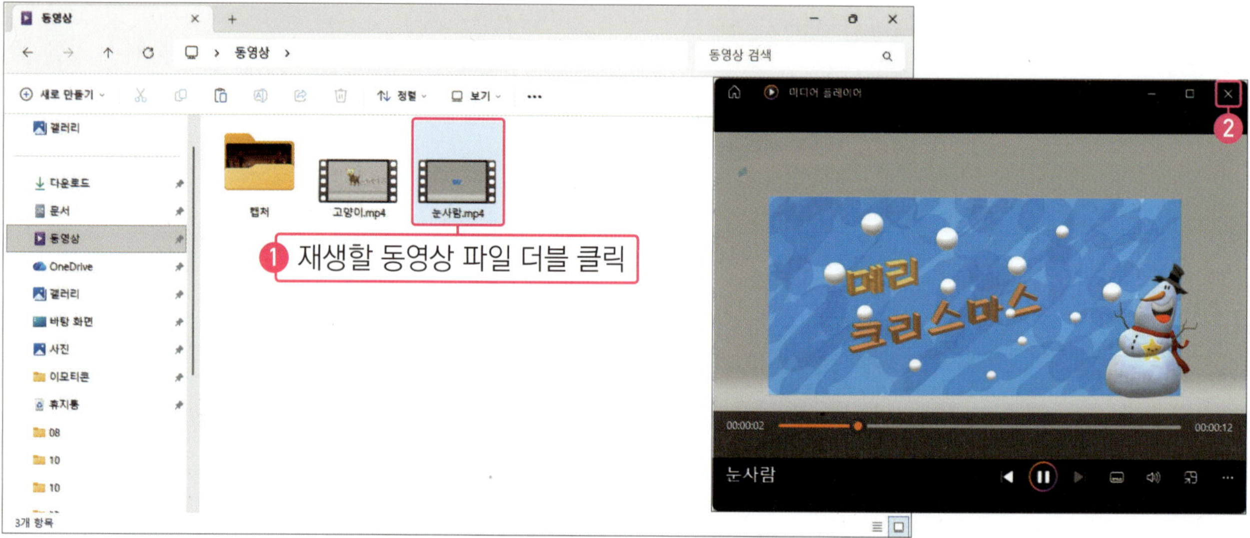

▶ 기본 앱 변경하기

01 [시작(■)] 버튼 – [설정(⚙)]을 클릭합니다.

02 [설정] 창이 나타나면 **[앱]을 클릭한 후 [기본 앱]을 클릭**합니다.

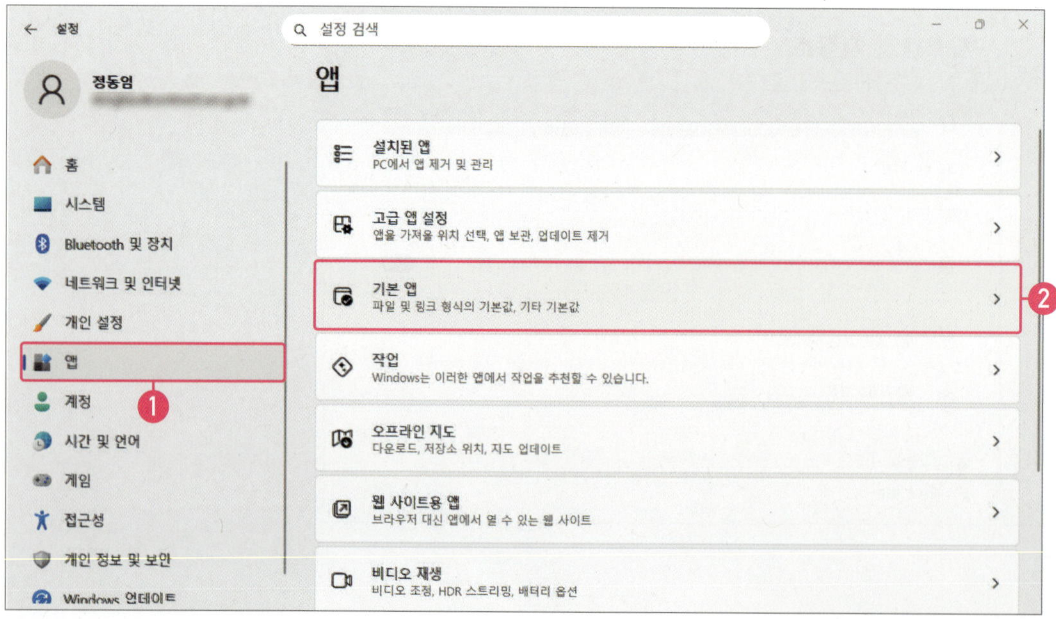

03 '파일 형식 또는 링크 형식의 기본값 설정'의 **검색 창에 변경하고 싶은 확장자(여기서는 '.mp4')를 입력**하고 Enter 키를 누릅니다. 현재 설정된 **[미디어 플레이어]가 검색되면 클릭**합니다.

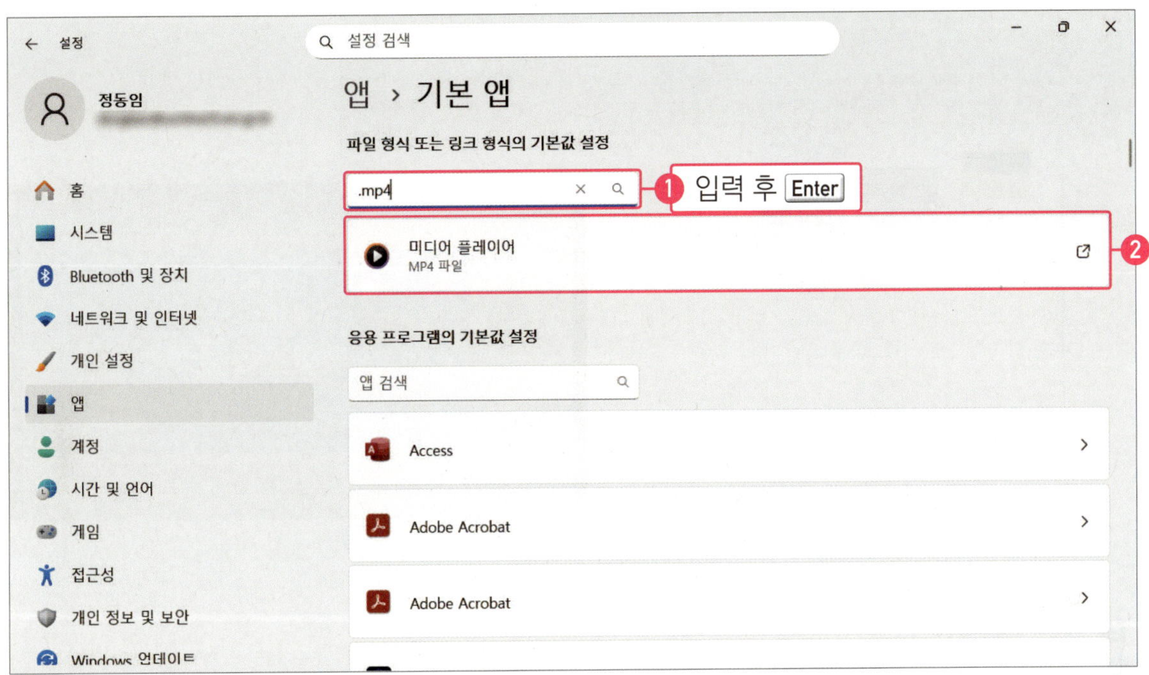

04 [파일의 기본 앱 선택] 창이 나타나면 **[영화 및 TV]를 클릭한 후 [기본값 설정] 버튼을 클릭**합니다.

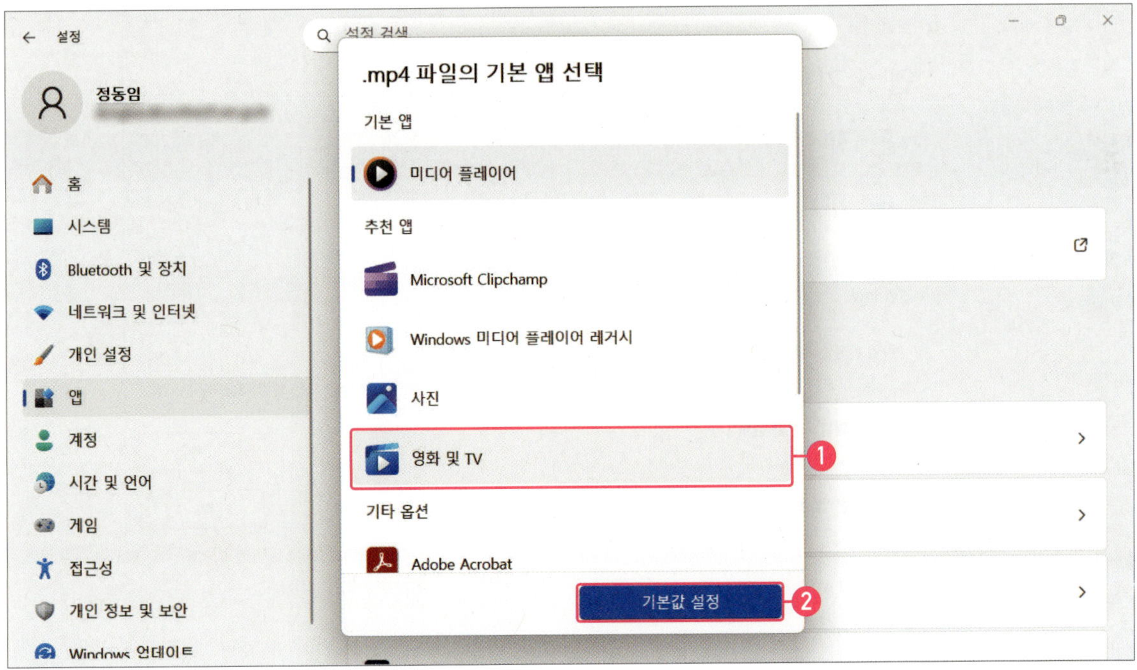

사용자의 컴퓨터 환경에 따라 나타나는 앱 목록이 다를 수 있습니다.

05 동영상 파일을 실행했던 폴더 창을 다시 엽니다. 동영상의 미리 보기 모습은 거의 비슷합니다. **더블 클릭하여 실행**합니다. '영화 및 TV' 앱으로 실행되는 것을 확인할 수 있습니다. **[☒(닫기)] 버튼을 클릭**하여 종료합니다.

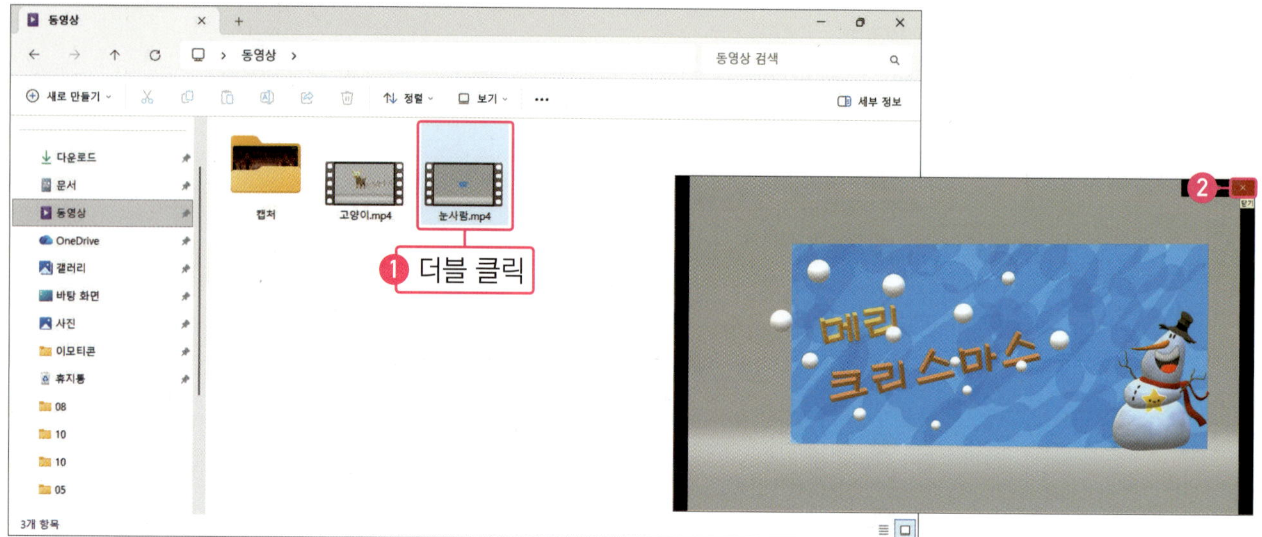

▸ 기본 앱 초기화하기

01 변경했던 기본 앱 설정값을 원래의 권장 기본값으로 되돌려보겠습니다. **[설정] 창의 [앱] – [기본 앱] 화면에서 '모든 기본 앱 초기화'의 [초기화] 버튼을 클릭**합니다. 기본 앱에 대한 모든 변경 내용이 다시 설정된다는 메시지 창에 **[확인] 버튼을 클릭**합니다.

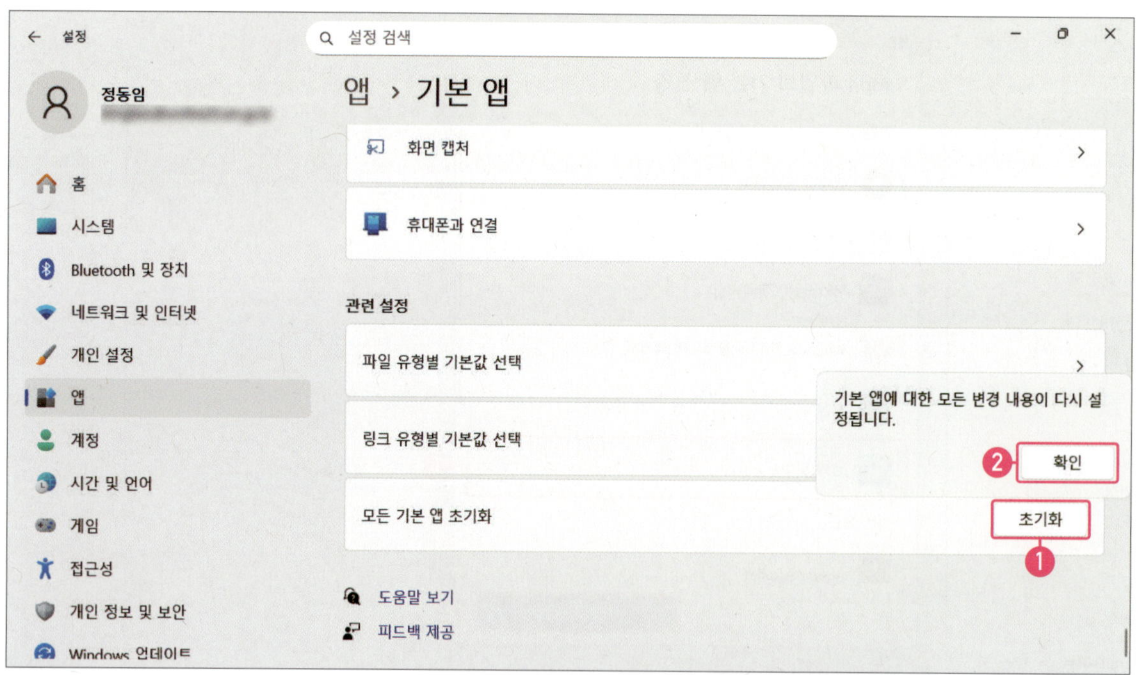

잠깐

사용자의 컴퓨터 업데이트 버전에 따라 일부 내용이 교재와 다를 수 있습니다.

02 파일 형식 또는 링크 형식의 기본값 설정의 검색 창에 **기본 앱을 변경했던 확장자(여기서는 '.mp4')를 입력**하고 Enter 키를 누릅니다. 기본 앱인 [미디어 플레이어]로 초기화된 것을 확인합니다. [☒(닫기)] **버튼을 클릭**하여 종료합니다.

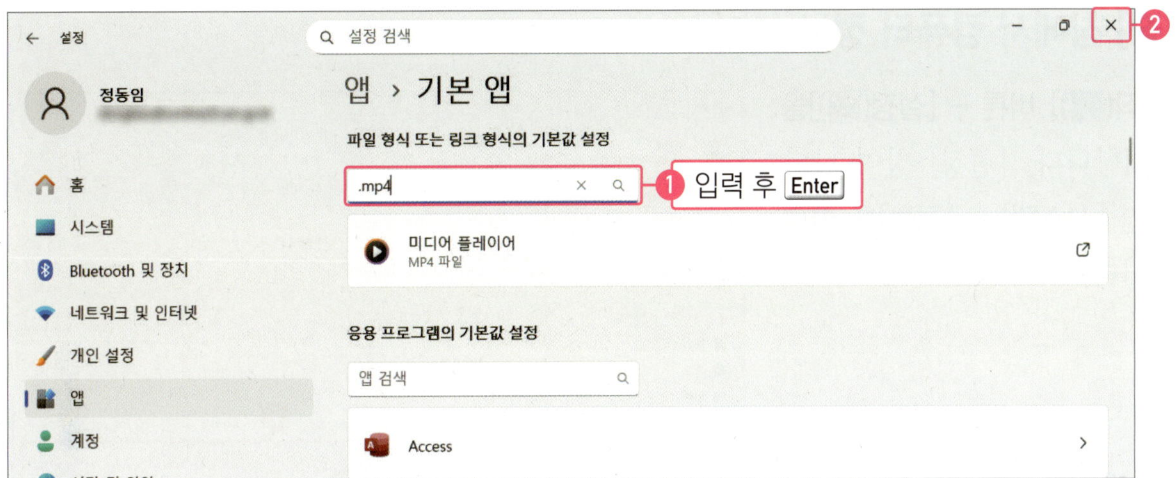

응용 프로그램의 기본값 설정

[기본 앱] 화면에서 '응용 프로그램의 기본값 설정'의 검색 창에 변경하고자 하는 앱(여기서는 '미디어 플레이어')을 검색한 후 검색된 [미디어 플레이어]를 클릭합니다. 미디어 플레이어로 설정된 파일 형식 목록이 나타나면 그중 변경할 파일 형식(여기서는 '.avi')을 클릭하여 다른 앱으로 변경해 줍니다.

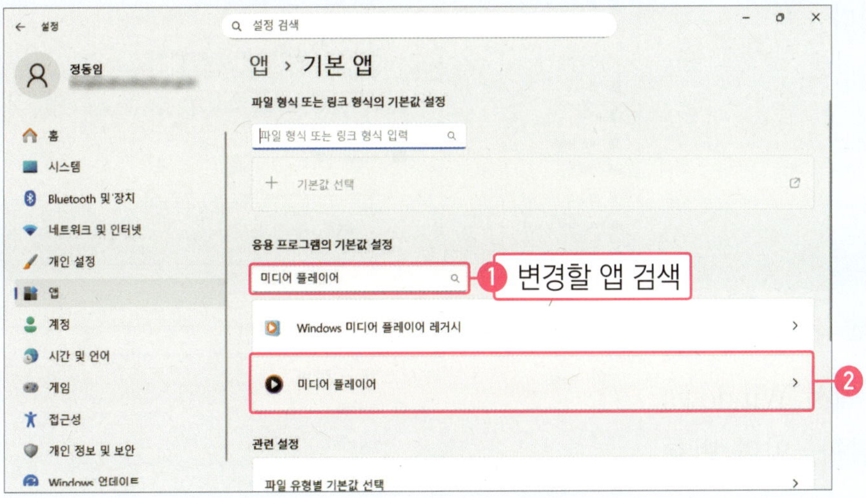

① 변경할 앱 검색
②
③ 변경할 파일 형식 선택
④ 변경할 앱 선택

03 내 컴퓨터 사양 확인하기

▶ [설정] 창에서 컴퓨터 정보 보기

01 [시작(■)] 버튼 – [설정(⚙)]을 클릭합니다. [설정] 창이 나타나면 [시스템] – [정보]를 클릭합니다.

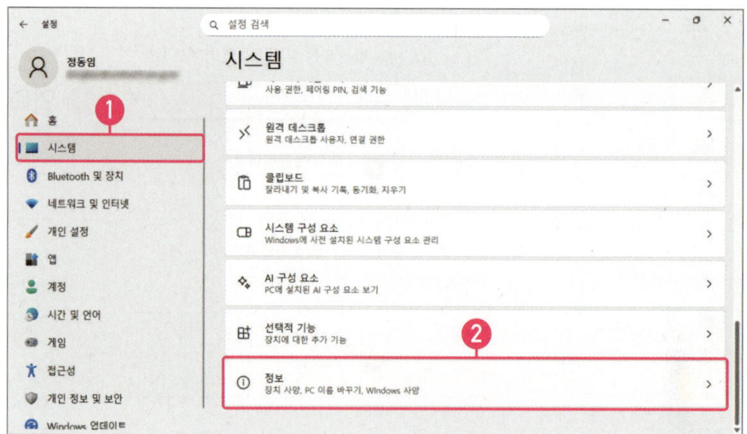

02 상하 막대(스크롤 바)를 내리면 '장치 사양'에서 설치된 RAM 용량, 제품 ID, 시스템 종류 등을 확인할 수 있습니다.

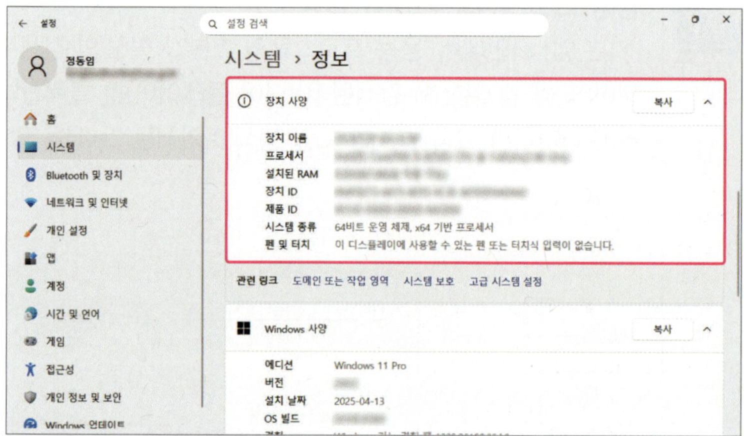

03 상하 막대(스크롤 바)를 내리면 'Windows 사양'에서 Windows의 버전, 설치 날짜, 일련 번호 등을 확인할 수 있습니다.

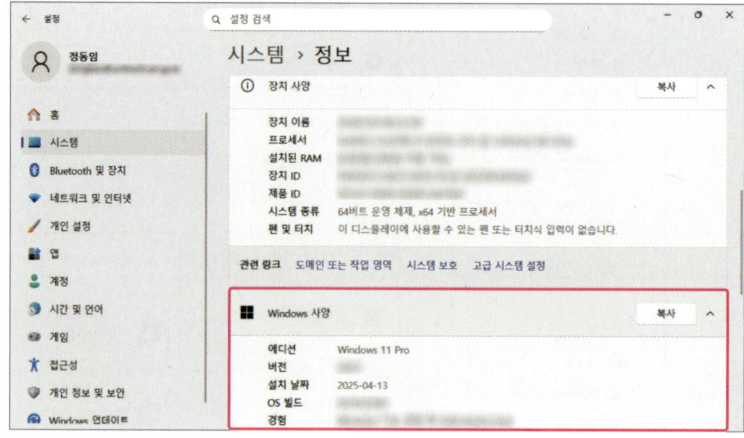

04 [☒(닫기)] 버튼을 클릭해 [설정] 창을 닫습니다.

▶ [내 PC] 속성으로 컴퓨터 정보 보기

01 바탕 화면의 [(내 PC)] 아이콘을 마우스 오른쪽 버튼으로 클릭한 후 [속성]을 클릭합니다.

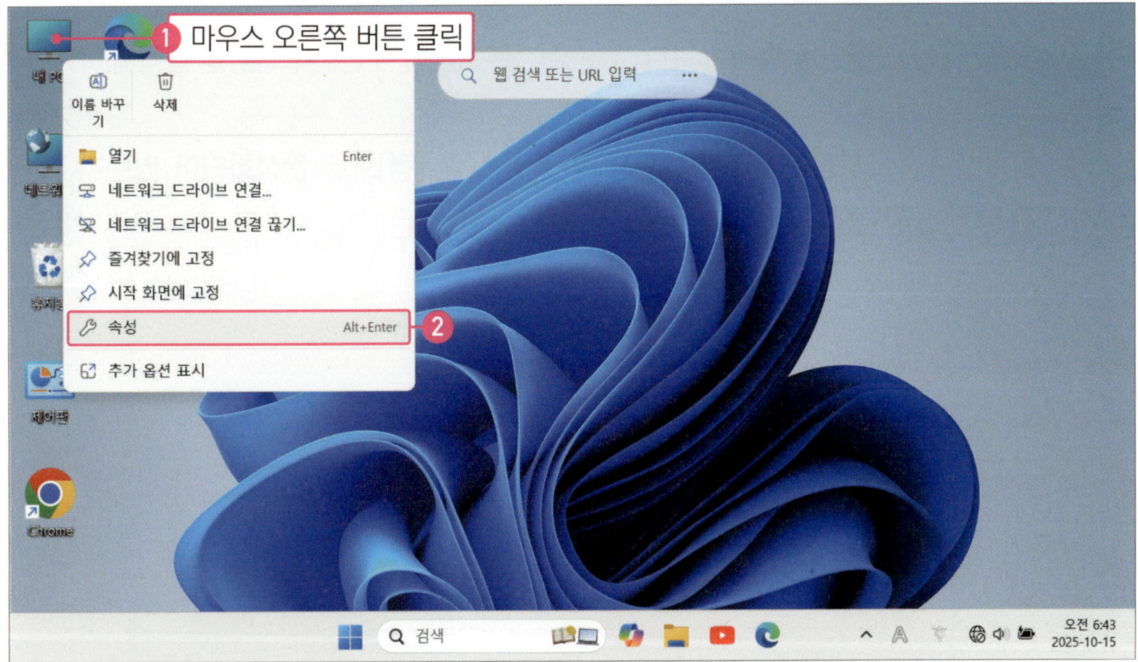

02 [설정] 창의 [시스템]에서 정보 화면이 나타납니다. 컴퓨터에 대한 기본 정보를 확인할 수 있습니다.

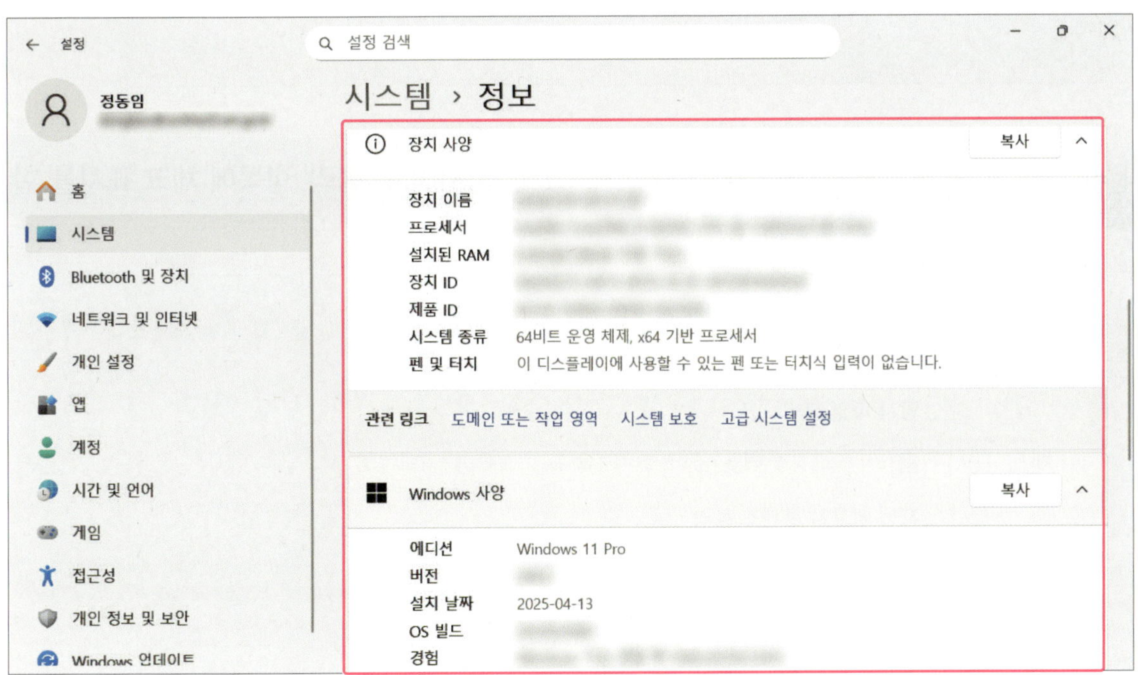

03 [(닫기)] 버튼을 클릭해 [설정] 창을 닫습니다.

저장소에서 불필요한 파일 정리하기

01 **[시작( )] 버튼 – [설정( )]을 클릭**합니다. [설정] 창이 나타나면 **[시스템]을 클릭**합니다.

02 **[저장소]를 클릭**합니다. **'저장소 관리'의 '저장 공간 센스'를 [켬]으로 활성화되어 있는지 확인한 후 '저장 공간 센스'를 클릭**합니다.

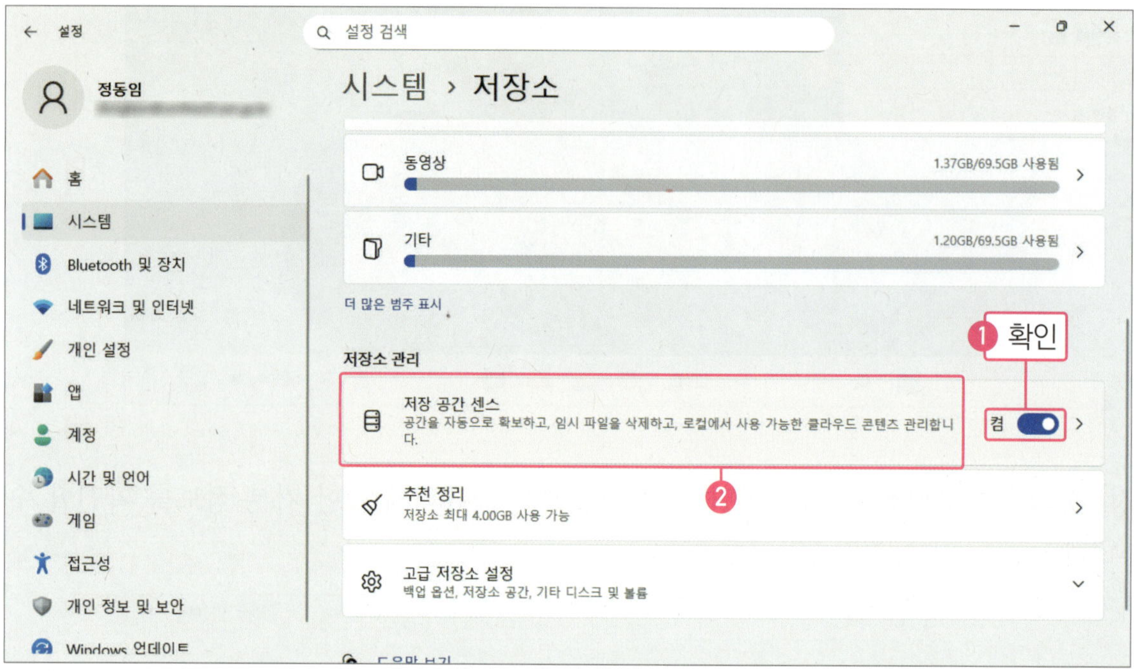

03 임시 시스템 및 앱 파일을 자동으로 정리할 수 있게 **'임시 파일 정리' 항목에 체크 표시**를 합니다.

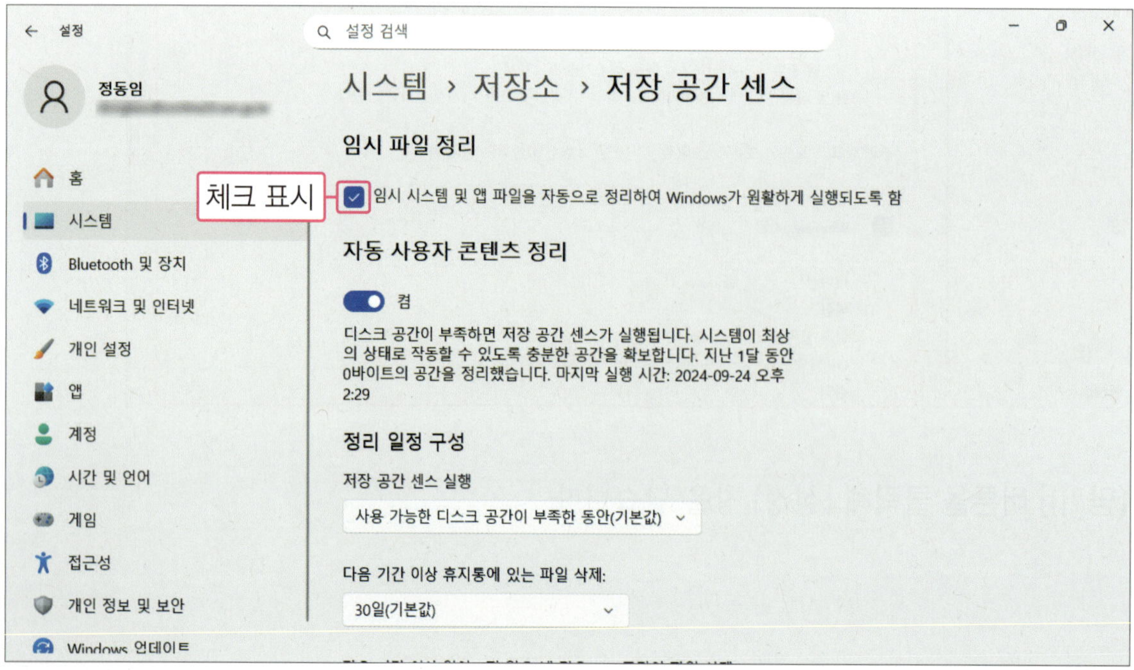

04 '정리 일정 구성'에서 **저장 공간 센스 실행은 [사용 가능한 디스크 공간이 부족한 동안(기본값)]으로, 휴지통 보관 기간은 [30일(기본값)]로 설정하고, 다운로드 폴더의 파일 삭제는 [없음(기본값)]으로 설정**합니다.

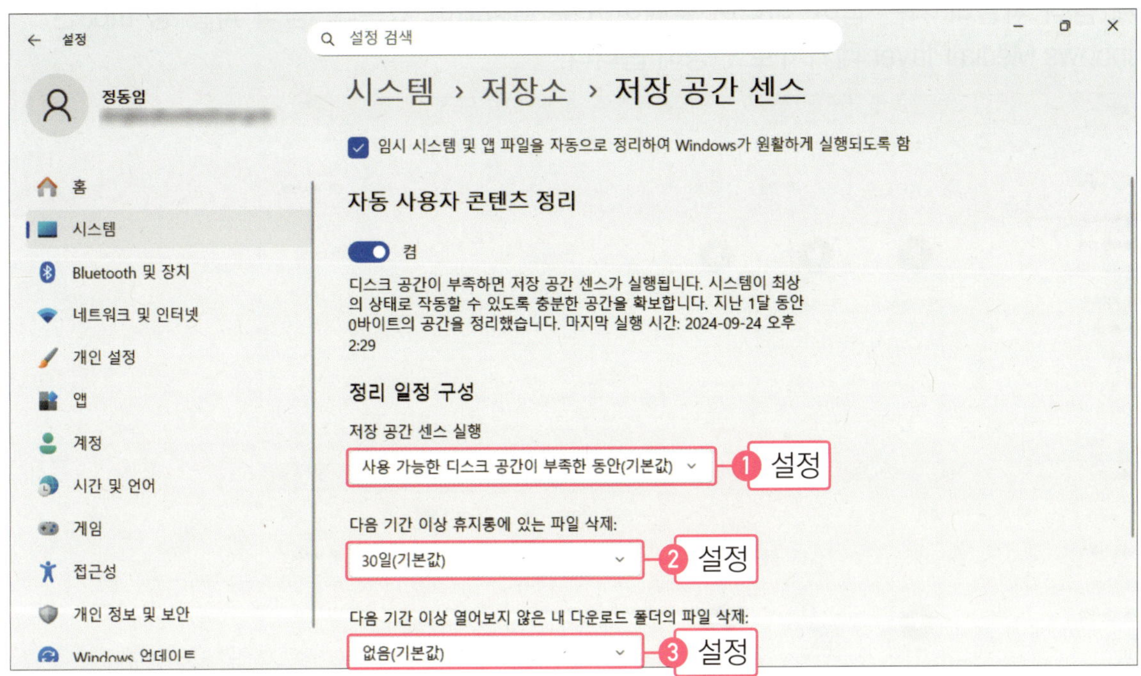

05 **[저장 공간 센스 지금 실행] 버튼을 클릭**하여 파일을 정리합니다. 불필요한 파일이 정리되어 확보된 디스크 공간이 표시됩니다.

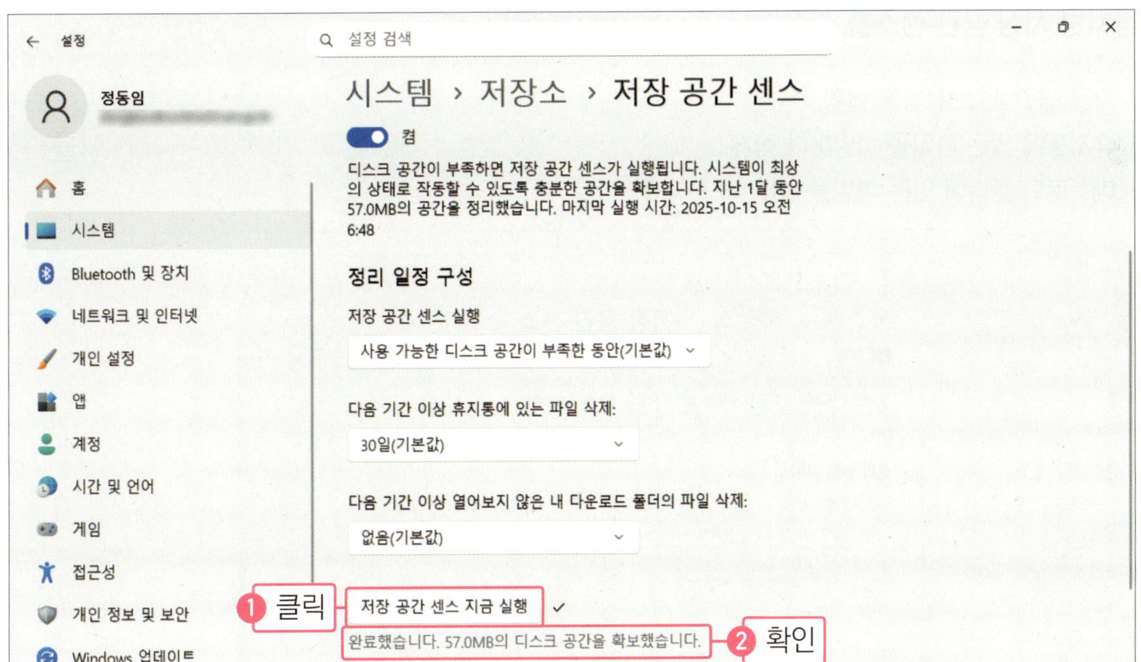

06 **[⊠(닫기)] 버튼을 클릭**해 [설정] 창을 닫습니다.

응용력 키우기

01 현재 음악 파일의 기본 앱이 '미디어 플레이어'로 설정되어 있는데, 음악 파일 중 mp3만 'Windows Media Player 레거시'로 변경해 봅니다.

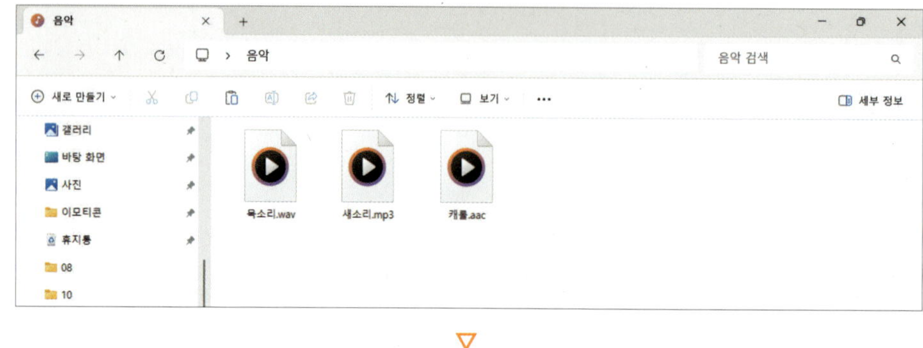

▽

02 다음처럼 저장 공간 센스를 설정해서 공간을 확보해 봅니다.

- 저장 공간 센스를 매월 실행
- 휴지통에 있는 파일을 14일마다 삭제
- 다운로드 폴더에 있는 파일을 30일마다 삭제

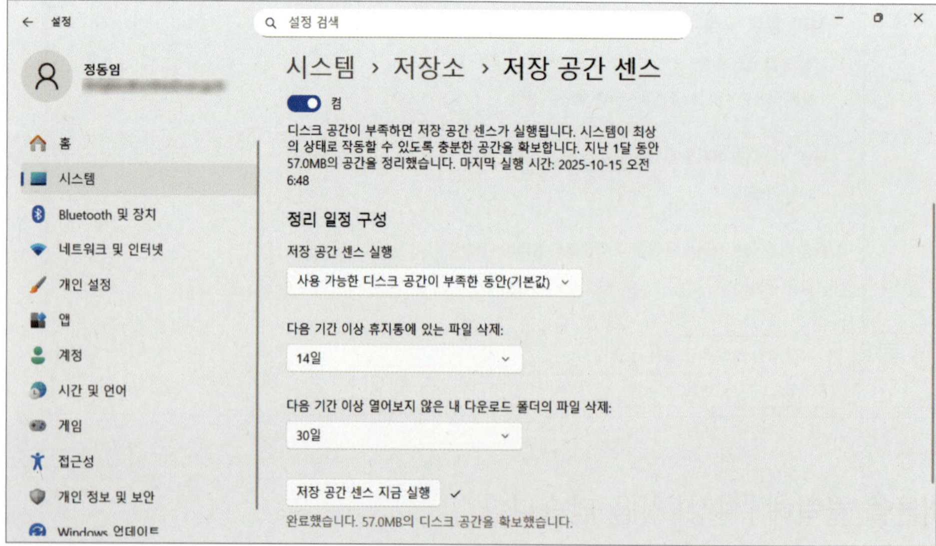

1 시대에듀 홈페이지(www.sdedu.co.kr/book)에 접속한 후 로그인합니다. 홈페이지 위쪽의 메뉴에서 [프로그램]을 선택합니다. 프로그램 자료실 화면이 나타나면 책 제목을 검색합니다. 검색된 결과 목록에서 해당 도서의 자료를 찾아 제목을 클릭합니다.

※ '시대에듀' 회원이 아닌 경우 [회원가입]을 클릭하여 가입한 후 로그인을 합니다. 홈페이지의 리뉴얼에 따라 위치나 텍스트 표현이 변경될 수 있습니다.

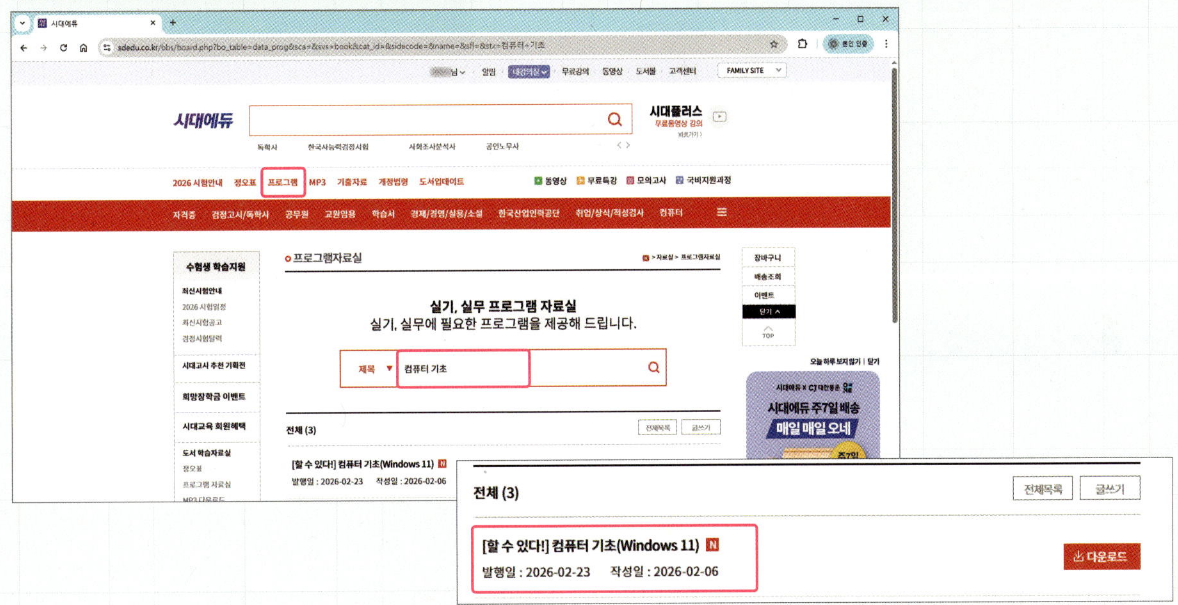

2 해당 페이지가 열리면 예제파일을 클릭합니다. 파일이 다운로드 되면 파일을 저장한 폴더로 이동합니다. 압축 해제 프로그램으로 '할수있다_컴퓨터기초(windows 11) 예제파일.zip' 파일을 해제하여 사용합니다.

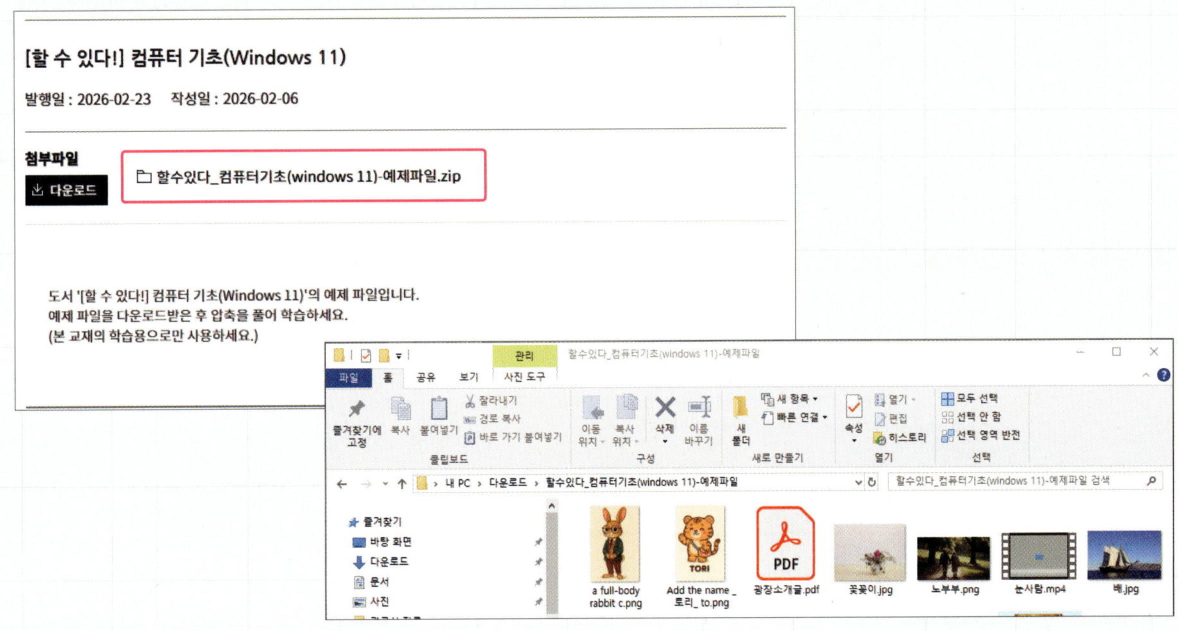

할 수 있다!

컴퓨터 기초 (Windows 11)

초 판 발 행	2025년 02월 23일
발 행 인	박영일
책 임 편 집	이해욱
저 자	정동임
편 집 진 행	IT교재연구팀
표 지 디 자 인	조혜령
편 집 디 자 인	신해니
발 행 처	시대인
공 급 처	(주)시대고시기획
출 판 등 록	제 10-1521호
주 소	서울시 마포구 큰우물로 75 [도화동 538 성지 B/D] 6F
전 화	1600-3600
홈 페 이 지	www.sdedu.co.kr

I S B N	979-11-434-1048-1 (13000)
정 가	12,000원

시대인은 종합교육그룹 (주)시대고시기획 · 시대교육의 단행본 브랜드입니다.